한국인에게 문화가 없다고?

한국인에게
문화가
없다고?

최준식 지음

사□계절

책을 내면서

『한국인에게 문화는 있는가』가 출간된 지도 어언 3년 정도의 세월이 흘렀다. 내가 그 책을 썼던 배경은 아주 간단한 것이었다. 당시 우리나라 사람들은 우리나라가 OECD에 가입하고 국민소득이 1만 달러를 넘는 등 이제 곧 선진국에 들어간다고 도취되어 있었다. 단군 이래 최고의 부를 누리는 나라가 되었다고 너무도 자신만만해하고 있었던 것이다. 그렇지만 나나 주위의 동료들은 "이게 아닌데…… 우리나라는 아직 멀었는데…… 이상하다. 이런 게 선진국 모습인가?" 하면서 매일 의아한 상태로 세월을 보내고 있었다. 내 생각에도 우리나라 정도의 '저급한' 사회문화를 가진 나라는 선진국에 '들어간 적도 없고,' '들어가서도 안 되고,' '들어갈 수도 없다' — 어디서 많이 듣던 표현 아닌가 — 고 항상 혼자 되뇌던 터였다. 하루하루 사는 게 짜증나고 간헐적으로는 하루가 멀다 하고 대형사고가 터지는 나라가 무슨 선진국이라고 팔자 좋은 타령을 하는지 당시로서는 당최 이해할 수가 없었다.

그렇다면 나로서, 다시 말해 언필칭 지식인이라는 사람*으로서 할

---

* 그러나 개인적으로 나는 나 자신을 지식인이라고 생각해 본 적이 없다. 한 사회에서 지식인이라는 것은 막중한 책임을 지닌다. 그러나 나는 나 자신을 지식인이라고 생각지 않는

수 있는 일이 무엇일까 하고 생각해 보았다. 아무리 생각해 보아도 우리가 사회에 봉사할 수 있는 길은 이 사태를 글로 알리는 길밖에는 없었다. 전생에 무슨 복을 지었는지 박사 공부를 할 수 있었고 게다가 전혀 생각지도 못한 교수가 되고 보니 내가 받은 많은 복덕을 이웃들과 나누긴 해야겠는데, 그 방법은 책을 내는 것밖에는 없는 것 같았다.

『한국인에게 문화는 있는가』를 쓸 때 나에게 전혀 어울리지는 않지만 나름대로는 꽤 비장한 심정을 가지고 임했었다. 이런 사회는 더 이상 좌시하지 않겠다고 말이다('자기가 좌시하지 않으면 어쩌게. 뭔 큰일이라도 난대' 하는 생각도 있었지만). 그래 한 2~3년 준비하고 1년 정도 집필을 해서 나온 게 그 책이다. 그게 1997년 9월의 일이었다. 그때 나는 우리 사회에 경종을 울리기 위해 그 책의 출간과 함께 다른 일도 기획하고 있었다. 내가 속해 있는 국제한국학회의 주최로 학술대회를 계획하고 있었는데 대회의 제목이 굉장히 야(野)했다. '한국 사회의 천박성과 그 극복'이라는 제목이었는데, 사실 이런 제목은 학술대회에는 전혀 어울리지 않는 것이다. 얼마간의 반대도 있었지만 요즘은 세태가 하도 '섹시한' 것을 좋아하니 그냥 그 제목을 고수하기로 했다. 학술대회 발표내용도 크게 다를 것이 없었다. 인문·사회 각 분야에서 우리 사회의 부조리한 면을 사정없이 까발렸으니 말이다.

그런데 이게 무슨 날벼락인가? 바로 그 다음 달(1997년 12월) 말 마

터라 그런 책임의식을 갖고 사회에 발언한 적이 없다. 나는 개인적으로 직접적인 사회참여보다는 사회나 인생에 대해 그저 흘러가는 대로 내버려두는 방관자적인 태도를 취하는 것을 좋아한다. 굳이 이야기하면 도가(道家)적인 피세(避世)의 태도라 할까. 사회에 적극적인 참여를 하는 공자와 은둔자적인 생활을 하는 장자의 입장 가운데 하나를 택한다면 전적으로 장자 쪽으로 가진 않지만 나는 장자의 태도를 훨씬 좋아한다. 세상이 언제 한 번이라도 정화된 적이 있었던가. 이 사바세계는 어차피 권력과 돈과 명예를 중시하는 사람들의 몫이다. 그러나 개중에 혹 눈을 뜨고 싶어하는 사람이 있다면 서로 벗삼아 가며 조용하게 살다 가는 게 내 인생의 목표이다.

른 하늘에 날벼락처럼 떨어진 IMF 금융위기 사태. 6·25 이후 최대의 국난이라던 IMF 사태가 영화 「딥 임팩트(Deep Impact)」에서 해일이 뭍을 덮치듯 우리나라를 송두리째 삼켜버린 것이다. "우리나라는 이런 저질의 사회문화를 갖고 계속 갈 수 없다, 이러다 뭔 일 난다" 하고 경고장을 계속 날리던 차에 이런 경고성적인 예언이 들어맞고 보니 힘과 맥이 다 풀렸다. 이런 예측은 들어맞지 않아도 하나도 섭섭지 않은데 말이다. 그동안 우리는 정신 못 차리고 흥청망청 나대고 오만불손하게 굴다가 머리를 망치로 한 대 크게, 그것도 졸도할 정도로 크게 얻어맞은 것이다. IMF 사태는 미국이 팍스아메리카나 정책의 일환으로 우리나라나 아시아의 다른 나라들을 미국의 경제적 속국으로 만들려는 음모라 하고, 그래서 우리 한국은 억울하게 당했다고 아무리 읍소한들 미리 간파해 막지 못한 것은 누구에게도 그 책임을 돌릴 수 없는 일이다.

사실 지금 우리가 IMF 위기를 졸업했다고는 하지만 우리나라의 사회문화는 달라진 게 거의 없다. 건국 이래 최초로 민주적인 정권교체를 이루었다는 이 국민의 정부 치하에서도 마찬가지이다. 씨랜드인가 뭔가 하는 데에서 그 귀한 우리의 아이들 20여 명을 불태워 개죽음시키더니 곧 인천 호프집에서는 다 키운 우리 새끼 50여 명을 직격으로 요단강 너머로 보내버렸다. 그래 놓고 수사를 하는지 마는지 그 뒤에는 언론에서만 어쩌고저쩌고 떠들다 다른 큰 사건이 터지니 그것에 가려 쑥 들어가 버렸다. 누가 어떤 처벌을 받았는지, 이제는 경찰과 유흥업자들의 검은 거래를 끊을 계책이 있는지 등등에 대해서는 아무 진지한 논의도 없이 그냥 그렇게 끝나고 만 것이다. 또 인간 백정이라는 이근안이라는 자는 어떤가? 그 자수한 변이 겨우 "이제는 형량이 적을 것 같아서"이다. 자기가 그렇게 괴롭힌 사람들에게는 아무 사과도 없다. 그자의 마누라도 "내 남편은 위에서 하라는 대로 했다"며 무죄를 주장한다.

이외에도 우리 사회의 참상은 아무것도 아닌 일인데 쉬쉬 감추다 온 나라를 들끓게 했던 옷로비 사건에서부터 필설로 다 할 수가 없다. 그리고 좀 지나간 일이지만 조금 이름있는 사람들은 국회의원 공천 받으려고 이당 저당 기웃거리고. 그저 위안이 되는 게 있다면 총선시민연대의 낙천·낙선 운동이 아니었을까? 이게 이른바 대망의 2000년 초의 우리의 모습이다.

그런 와중에 나는 얼마 전 내 책을 우연찮게 훑어보았다. 앞부분만 보았는데도 '야, 이거 아니구나' 하는 생각이 들었다. 생각들이나 구성 방법이 조야하기 짝이 없었다. 곧 다시 쓸 때가 됐다는 생각이 들었다. 그러고 나니 또 고민이었다. 다시 써봐야 그 소리가 그 소리일 텐데 어떻게 써야 할까 하는 생각으로 며칠을 끙끙거렸다. 그 책을 낸 뒤 사회로부터 미량의 호응을 얻고 적지 않은 곳에서 강연할 수 있는 기회가 있었다. 그런 기회를 통해 나는 사회 각 계층의 사람들로부터 여러 의견을 들을 수 있었다. 아울러 나 자신 속에서도 책에서 했던 이야기들이 나름대로 재정립되는 것을 느낄 수 있었다.

그런 과정 끝에 이제는 다시 쓰되 새로운 이야기를 쓸 수 있겠다는 확신이 어렴풋이나마 생기기 시작했다. 나는 보통때는 성격이 소심하고 두려움이 많지만 이런 때는 무모하게 일을 시작해 버린다. 그저 크게만 생각하고 아이디어가 잡혔다고 생각하면 그냥 시작해 버린다(그래서 실패도 엄청 많이 했다). 그리고 작은 세부적인 문제들은 진행하면서 해결한다.

내용 전개상 이 책은 크게 세 부분으로 나뉜다. 앞부분은 우리 민족의 가치관을 형성한 두 주요 종교인 유교(儒敎)와 무교(巫敎)의 입장에서 우리 문화를 분석한다. 그러니까 장이나 절을 내게 제일 편한 주제인 종교별로 나눈 것이다. 이 부분에서는 전권의 골격이 어느 정도 유지된다. 그러나 군살은 가능한 한 빼버렸고 그동안 새로 보고 듣고 했던 이야기들을 추가했다. 그리고 우리 한국인들을 더 일목요연하게 이해할 수 있게끔 서술구조를 간단하게 만들었다. 이 부분만 읽으면 한국의 사회문화가 다 드러나게끔 간단명료하게 서술하려고 했는데 독자들이 느끼기에 어떨지 모르겠다.

　　두번째 부분은 우리가 별 관심 없이 지내던, 그러나 매우 중요한 우리 문화의 여러가지 모습에 대해 다룬다. 우리 한국인들은 스스로나 자신들의 문화에 대해서 아직도 너무 모른다. 그러니 내가 항상 주장하듯이 문화적 열등감 혹은 자조감 속에 빠져 산다. 그러나 우리가 생각하듯이 우리나라가 그렇게 별볼일 없는 나라였다면 지구상에서 벌써 사라졌거나 아직까지 밥도 해결하지 못하는 후진국 신세를 면치 못하고 있어야 한다. 그런데 지금 우리는 많은 취약점을 안고 있음에도 불구하고 눈부신 경제개발을 통해 — 적어도 경제적으로는 — 세계에서 꽤나 중요한 나라가 되었다. 이것이 어떻게 가능했을까? 이는 다른 게 아니다. 우리 문화가 녹록치 않기 때문이다. 훌륭한 문화가 축적되지 않은 나라에서는 이런 기적이 일어날 수 없다. 그런데도 우리 자신은 이것을 인정하는 데에 주저한다. 그리고 항상 "우리한테 뭐 볼 게 있고 뭐 자랑스러운 게 있느냐"고 한다. 이제는 자신들의 문화에도 관심을 갖는 등 우리 사회의 분위기가 많이 달라졌음을 느끼지만 내가 보기에는 아직도 갈 길이 멀다.

　　우리 문화가 만만치 않다는 것을 '증명'하기 위해 우리는 굳이 신라나 고구려, 조선까지 올라갈 필요도 없다. 요즈음 우리는 우리나라가 괜찮은 나라라는 것을 보여주기 위해 툭하면 고구려나 발해로 올라가 이전에 우리나라가 지리적으로 얼마나 큰 나라였는가를 보여주려고 애를 쓴다. 그런 작업이 필요없는 것은 아니지만 우리나라가 문화적으로 괜찮은 나라라는 것을 보여주기 위해서는 그렇게까지 멀리 갈 필요가 없다.

　나는 극히 최근의 현상에서 우리가 탄탄한 문화를 가진 민족이라는 확신을 다시 한 번 갖게 되었는데, 그것은 대중예술 분야에서였다. 한 나라의 대중예술 가운데 가장 중요한 것을 꼽으라면 영화나 음악을 빼놓을 수 없을 것이다. 그런데 현재 세계의 대중음악계와 영화계는 대부분 미국이 주도권을 잡고 움직여나가고 있다. 가령 영화계를 보자. 지금 전세계에서 미국의 할리우드 영화에 밀리지 않는 나라가 어디 있을까? 오락성, 흥행성, 자본투자의 막대함 등등에서 다른 나라 영화들은 할리우드의 영화를 당해낼 재간이 없다. 그런데 1999년에 뜻밖에 반가운 소식이 날아왔다. 전세계에서 자국 영화의 시장점유율이 25%를 넘는 나라는 우리나라를 포함해 일본, 프랑스 이 세 나라밖에 없다는 것이다. 참으로 낭보가 아닐 수 없었다. 박 정권 때의 영화탄압이나 스크린쿼터 문제처럼 우리나라가 처해 있는 그 척박한 영화계의 현실을 극복하고 이런 쾌거를 이룩하다니 참으로 대단한 일이 아닐 수 없었다. 그런데 또 이상한 일이 생겼단다. 스크린쿼터 문제로 협상할 때 우리나라 영화인들은 한국 영화의 시장점유율이 40%가 넘으면 미국의 요구를 수용하겠다고 했는데 작년(1999년)에 「쉬리」의 돌풍을 업고 단번에 점유율이 40%를 넘었다는 것이다. 그래 한국 영화계는 이 현상을 두고 반겨할 수도, 반겨하지 않을 수도 없는 이상한 지경이 되었단다.

　무릇 영화란 예술의 모든 것이 동원되는 통전적인 예술이다. 이런 전체 예술에서 우리나라 사람들이 뛰어나다는 것은 한국인들이 그만큼 문화감각이 높다는 뜻이다. 또 조상들로부터 훌륭한 문화를 이어받았기 때문에 다른 나라에 뒤지지 않는 영화를 만들어낼 수 있었던 것이다.

　이것은 대중음악 분야에서도 마찬가지이다. 세계의 대중음악계 역시 완전 미국 일색이다. 그들의 하드록을 당해낼 재간이 없기 때문이다. 독일이나 프랑스 같은 유럽의 최고 국가들이 발버둥쳐 봐야 그곳의 대중음악계는 미국 노래 일색이다. 그런데 이게 또 우리나라에는 통하지 않는 모양이다. 현재 우리 대중음악계는 우리나라 가수들이 주름잡고 있다. 물론 그들이 하는 노래는 거의가 미국풍이지만 그래도 그들의 노래 안에는 무엇인가 한국적인 요소들이 있다. 또 그런 게 있는 노래가 히트하지 완전 미국풍 노래들은 성공하지 못한다는 게 대중음악 평론가들의 이야기이다.

간단한 예를 들어보자. 나처럼 40대 중반 혹은 그 근저리에 속한 사람들 가운데 영어로 된 유행가 하나 못 하는 사람은 없을 게다. 가령 지미 로저스의 'Today'나 비틀즈의 'Yesterday' 등 영어로 된 노래를 참 많이도 불렀다. 내가 고등학교나 대학에 다니던 1970년대에 미국 노래 열풍은 대단했다. 미국 민요에서 변형된 포크송만 부르고 살았으니 말이다. 그런데 지금 10대 아이들이나 대학생 중에 영어로 노래 부르는 친구가 몇이나 될까? 그들이 부르는 노래는 전부 '에쵸티(HOT)'나 핑클, S.E.S., 이정현, 신화 같은 한국 가수들이 부르는 노래뿐이다(물론 이들의 노래에는 가사 중간중간에 영어가 포함되어 있기는 하다). 이것은 그만큼 우리나라 가요 작곡자들이 우리 성정에 맞는 좋은 곡들을 많이 만들어낸다는 이야기이다. 그래서 음반시장에서도 국산 가요들이 미국 가요를 밀어내고 있다. 그런데 이런 나라는 흔치 않다고 한다. 아무래도 우리 한국인들은 음악에 남다른 데가 있는 것 같다.

나는 이런 현상들에서 우리 문화의 저력을 읽는다. 그렇다고 현재 우리가 향유하고 있는 문화가 우수하다는 것은 아니다. 우리 문화의 현주소는 그야말로 밑바닥이다. 그러나 위에서 본 몇 가지 현상을 통해 보면 지금부터 우리가 어떻게 하느냐에 따라 우리나라를 문화적으로 좋은 나라로 만들 수 있는지의 여부가 결정된다는 것을 알 수 있다. 나는 이 목표를 성취할 수 있는 강력한 잠재력이 우리에게 있다고 믿는다. 이 책의 2부에서는 바로 이런 능력의 밑거름이 될 만한 것들을 우리 전통 속에서 찾아 시험적으로 제시해 보려고 한다. 굳이 시험적이라고 한 것은 여기서 제시하는 전통문화의 아이템들이 반드시 우리 문화를 대표하는 것은 아니라는 생각 때문이다. 여기서 다만 나는 우리 한국인들이 마음 놓고 자랑해도 되는데 잘 모르고 있는 것들을 예로서 몇 가지만 골라 설명해 보려고 한다. 우리 것을 제대로 알아야 문화적 열등감에서 벗어날 수 있다. 또 자기가 속한 사회의 문화를 잘 알아야 자존감(自尊感, self-esteem)이 있는 성숙한 인간이 될 수 있다. 이런 문화인들이 두루 모이면 그 사회는 살기 좋은 곳이 된다. 우리가 지향하는 목표는 바로 이것이다.

그런가 하면 이 책의 마지막 부분인 3부에서는 위에서 거론한 것들을 가지고 우리 문화가 앞으로 어떤 방향으로 나아가야 하는가에 대해서 알아본다. 주위에서는 대안을 제시하라고 자주 조언하지만 대안이라는 건 쉽게 나오는 게 아니다. 또 앞의 1, 2부에서 설명하는 가운데 이미 한국 문화가 가진 가능성이 많이 밝혀지기 때문에 유달리 똑부러진 대안을 제시할 것도 없겠다. 다만 앞으로 우리 문화가 건실하게 발전하기 위해서 반드시 이루어야 하는 것이나 고려해야 하는 사항에 대해서 광범위하게만 제안하려고 한다. 보다 구체적이고 전문적인 대안의 제시는 각 분야의 전문가들이 모여 함께 연구하고 깊이 있게 논의한 뒤에나 가능할 것으로 생각하기 때문이다.

2000년 9월
최 준 식

2부 ▌ 우리 민족에게는 무엇이 있었을까?

우리가 세계에 자랑할 수 있는 정신적·물질적 문화유산

3부 ▌ 우리 문화, 어디로 가야 하나?

1부 | 한국인, 어디로 가고 있나?

들어가면서

이번 장에서는 앞에서 이야기한 대로 종교를 통해 한국인들의 현재 모습을 설명하려고 한다. 그러면 당장 나오는 질문은 "왜 하필 종교냐"일 것이다. 물론 기후 같은 자연조건이나 지리 같은 물리적인 조건도 한 나라 사람들의 성정(性情)이 형성되는 데에 지대한 영향을 주지만, 내 생각에 종교보다 더 큰 영향력이 있는 것은 없는 것 같다. 특히 인류사회가 급격한 세속화의 물결을 타기 전인 근대 이전까지는 종교의 영향이 절대적이었다.

예를 들어보자. 전통사회에서 — 조선에만 국한해서 보자 — 인생의 가장 중요한 마디는 주로 종교적 의례로 채워져 있었다. 인생의 중요한 마디란 무엇인가? 태어나고 성인이 되고 결혼하고 죽는 것이 그것인데, 이 각각의 전환기에는 항상 종교 의례가 있어왔다. 이전에 아기가 태어나면 양반 같은 경우에는 조상을 모신 사당에 고하고, 일반 백성은 뒷산 절에 가 칠성님께 아기의 무병장수를 빈다. 그 다음에는 관례(冠禮)라 일컬어지는 성년식이 있다. 따로 하는 경우도 있지만 이전에는 결혼[혼례, 婚禮]을 해야 어른이 되는 것이니 결혼식이 성년식 역할을 했다고 할 수 있다. 그 다음에는 죽는 일만 남았다. 사람이 죽었을 때 하는 게

상례(喪禮), 즉 장례식이다. 장례식은 짧은 기간 안에 끝나지만, 그 다음
은 어쩌면 영원히 계속될지도 모를 제례(祭禮), 즉 제사가 이어진다.

관례도 마찬가지이지만 혼·상·제례의 구조를 보자. 이 의례들은
철저하게 조선시대의 이념인 유교식 가르침에 따라 치러진다. 결혼은
음과 양이 만나는 우주적 사건으로, 혼례는 이에 따라 모든 순서가 짜여
져 있다. 장례는 유교의 지극히 현세적인 세계관에 기초해서 이루어지
는데, 유교에서 가장 중요한 존재인 부모를 잃은 슬픔을 극복하는 순서
로 치러진다. 모두 유교적인 생각에 철저히 뿌리박고 있는 것이다. 마지
막 단계인 제사가 유교 일색의 종교 의례라는 것은 더 이상의 설명이 필
요없다. 이렇듯 전통사회는 유교에 파묻혀 살았다. 구미도 크게 다르지
않다. 아무리 서구인이 교회를 멀리한다고 해도 일생에 세 번은 교회에
간다고 하지 않는가. 태어나고 결혼하고 죽을 때 말이다.

지금은 세속화의 물결 때문에 종교의 힘이 많이 쇠퇴했지만 이전에
형성된 종교적인 사고나 관습의 틀은 여전히 유지되고 있다. 가령 몇 년
전에 출간되어 전세계인의 주목을 받았던 새무엘 헌팅턴의 『문명의 충
돌』을 보면 저자는 전세계 문명권을 9개로 나누고 있다. 그런데 이 문명
권이라는 게 종교의 다르고 같음에 따라 나뉘어졌음을 알 수 있다. 서구
문명권 하면 기독교 일색이고 중화문명권 하면 유교를 따르는 나라들을
말한다. 그의 설명에 따르면 종교가 아직도 강한 힘을 가지고 있다는 것
을 알 수 있는 게, 민족은 같을지라도 종교가 다르면 곧잘 대립하는 국
면으로 발전하는 양상이 있기 때문이다. 물론 그의 주장을 곧이곧대로
다 받아들일 필요는 없지만 — 실제로 최근에 『문명의 충돌』 내용을 반
박하는 『문명의 공존』이라는 책이 나오기도 했다 — 이러한 현실을 통해
우리는 종교가 아직도 인류 생활에 강한 영향을 미치고 있음을 확인할
수 있다.

그럼 우리에게 가장 큰 영향을 미친 종교는 무엇일까? 새삼스레 되물어볼 필요도 없이 위에서 언급한 유교와, 조선조 동안 서로 파트너 역할을 했던 무교가 그 주인공이다. 간혹 불교다, 기독교다 하는 답변도 나오지만 그렇게 볼 수는 없다. 기독교는 들어온 지 100~200년밖에 안 되는 신종교이고, 불교는 조선조 때 극심한 탄압으로 사회의 주세력(major force)의 자리에서 물러났기 때문이다. 따라서 이 두 종교는 한국의 사회문화가 형성되는 데에 큰 영향력을 남기지 못한다.

기독교는 현재 우리나라 제일의 종교라는 영예(?)에도 불구하고 그 짧은 선교기간 때문에 아직 한국 사회에 그 영향력을 각인시키지 못하고 있다. 반면 불교는 지난 600년 동안 계속해서 그 영향력이 희석되는 방향으로 치달았고, 최근 몇십 년 동안에 와서야 이전의 화려한 영향력을 서서히 복원하고 있는 중이다.

유교와 무교의 막강한 힘 | 그럼 유교와 무교는 어떤 연유로 그렇게 막강한 힘을 발휘한다고 하는 것일까? 이유는 간단하다. 먼저 유교부터 보자. 사이버 공간이 생기고 디지털 혁명의 시대가 오고 있다는 이 최(最)현대라는 시점이 과연 어떤 시기일까? 조선조가 망한 지 100년도 지나지 않았다. 그런데 조선이란 나라는 어떤 나라인가? 전세계에 지금까지 존재했던 나라 가운데 가장 유교적인 국가가 조선이라는 데에 이의를 달 사람은 아마 없을 것이다. 유교의 종주국인 중국인들도 조선인들의 유교에 대한 열정을 경하해 마지않았다. 중국에서 시키지도 않았는데 스스로 소중화라 자칭하고 중국의 '꼬붕' 역할을 자임했던 나라가 조선이다. 그리고 철저하게 사회의 모든 규범과 관습을 유교(혹은 성리학)적 이념에 맞추어 재편성했던 나라가 조선이다.

그런 조선이 망한 지 100년도 안 됐다는 것이다. 문화의 형성에서

100년이란 그다지 긴 세월이 아니다. 특히 소프트웨어적인 가치관은 형성되는 데에는 오랜 시간이 걸리지만 한번 형성되면 몇백 년은 그냥 간다. 그리고 조선조가 망한 다음에 들어온 일제 정권도 같은 중화문명권에 속한 정권이다. 일제 40년 동안 우리는 계속해서 유교의 우산 아래 있었던 것이다. 그러니 우리가 실제적으로 유교의 그늘에서 벗어나기 시작한 것은 해방이 되고 서양(미국) 문명이 들어온 다음부터가 되는 셈이다. 그래서 나는 문화(사)적으로 볼 때 현재의 대한민국 — 북한도 포함해서 — 은 조선 후기의 연장으로 간주해야 한다고 늘상 주장해 왔다.

유교와 연관해서는 참으로 할 말이 많다. 아직도 우리에게 너무 강한 영향력을 행사하고 있기 때문이다. 가령 우리나라의 유교는 중국의 그것과 비교해 볼 때 도대체 어떤 특징을 갖고 있을까, 조선 유학의 학문적인 수준은 어떠했을까 하는 등등의 의문은 단골로 등장하는 의문들이다. 여기에 대해 아주 간단하게만 보자.

우리나라 유교의 특색은 그 학문에 있지 않다. 흔히들 우리나라에는 퇴계나 율곡 등과 같은 거유(巨儒)가 있어 학문적으로도 굉장히 앞섰을 것으로 생각하기 쉬운데, 그건 좀 지나친 생각이다. 어떻게 유교의 종주국인 중국을 누르고 그들의 학문을 능가할 수 있겠는가. 현재 유학 연구에서 세계적인 대가인 드 베리(de Bary)나 줄리아 칭(Ching) 같은 학자들은 입을 모아 조선 유교의 특징은 학문의 깊이보다는 그 실천의 강도에 있다고 주장한다. 유교가 전파된 나라 가운데 그 실천력에 있어 조선이 가장 뛰어났다는 것이다.

실천력이 강한 만큼 그에 비례해서 유교의 폐해도 심하게 나타나지 않을 수 없었다. 유교는 내 관점에서 볼 때 불교나 기독교, 이슬람과 같은 다른 '세계 종교'와 비교해 보면 — 물론 그 자체는 훌륭한 가르침인 것이 확실하나 — 상대적으로 보편성은 얼마간 떨어지는 것처럼 보인다. 유림에서 들으면 펄쩍 뛸 견해이지만 이 이야기는 다른 게 아니라 유교가 너무 중화적인 문화만을 대표하는 가르침이라는 것이다. 지역적인 특성이 너무 강조되다 보니 유교는 세계의 '보편적인' 종교로는 발전하지 못했다. 예를 들어보면, 유교는 부자(父子)간의 관계를 지나치게 중시했다. 그러니 부자간의 관계가 중요시되지 않는 문화권에는 전교되기가 어렵다. 또 유교에서는 기독교나 불교에서 말하는 무조건적인 용서나 사랑, 자비를 강조하지 않는다. 세계의 '보편적인' 종교가 된 가르침들은 한결같이 무조건적인 사랑을 가르친다. 그런데 공자는 원수를 사랑하라는 이야기는 거의 하지 않았다. 오히려 원수들에게는 곧음[직, 直]으로 대해야 한다고 가르쳤다. 그렇지 않으면 인(仁)을 낭비한다는 것이다. 또 남녀노소, 가진 자, 못 가진 자, 계급에 관계없이 모든 인간이 평등하다는 가르침은 유교에서는 발견되지 않는다. 항상 상하를 나누고 남녀를 구별하는 등 너무 많은 차별을 강조했다. 이런 유교의 상대적인 약점은 후대에 많은 폐해를 가져왔다(물론 다른 종교들도 상대적인 약점들을 많이 갖고 있다).

그런 유교가 조선을 500년 이상 지배하자 후기가 되면서 말로 다할 수 없는 폐해가 생겨났다. 너무 윗사람 중심의 권위주의적인 윤리는 사회를 질식시켰고 남성 중심의 강령은 여성을 비하시켰다. 또 가족이나 가문을 지나치게 중시하다 보니 더 큰 공동체인 사회나 나라에 대한 관심이 약하게 되었고 파벌의식만 양산되는 기현상을 낳기도 했다. 이러한 폐해로 말미암아 급기야는 지난해(1999년)『공자가 죽어야 나라가 산다』라는 선정적인 제목의 기이한 책이 출간되는 사태가 벌어졌다. 나는 그런 제목을 달게 된 배경은 이해하지만 너무 지나치다고 생각한다. 유교가 우리에게 많은 폐해를 가져다 준 것은 사실이지만 유교는 부정할 수 없는 우리의 소중한 뿌리이다. 그것을 그렇게 원색적으로 무시하면 우리 문화 자체가 흔들린다.

우리는 근세에 유교를 무조건 부정만 했지 정식으로 해체해(decon-struct) 보지는 못했다. 우리는 유교를 근원까지 다 까발려서 해체해 놓고 거기에서 현대에 맞지 않는 것은 과감하게 버리고 그래도 살아 남는 것은 다소의 개혁을 통해 우리의 소중한 문화자산으로 재편입시켜야 했다. 나는 유교와 관련해서 오늘날 우리가 대면하고 있는 진정한 문제는 공자만 죽이면 되는 게 아니라 여성까지 포함해 이 시대에 진정한 선비 혹은 군자가 없다는 데에 있다고 생각한다. 이 시대에 진정하게 유교의 덕목을 실천하는 선비가 전국 각 도에 한 명이라도 있다면 우리 사회가 이렇게 개판이지는 않을 것이다. 가령 율곡 같은 선비들은 대단히 탄력적이고 개혁적이면서도 모던한 생각을 가진 사상가이다. 그런 선비를 배출할 생각은 안 하고 무조건 유교를 때려부수자 하면 과연 우리에게 무엇이 남을 수 있을까. 우리가 이 세계에서 경쟁력을 갖고 살아 남으려면 우리가 가장 잘할 수 있고 익숙한 것을 재창출하는 수밖에 없다. 사정이 그럴진대 유교는 우리가 가진 자산 가운데 대단히 훌륭한 자산임에 틀림없다.

유교에 대해서는 본론에 가서 다시 보기로 하고 이제 우리 한국인들의 영원한 종교인 무교에 대해서 보자. 무교가 왜 그렇게 우리에게 중요한 종교인지에 대해서는 많은 지면을 통해 이야기했기 때문에 다시 상세하게 논할 필요를 느끼지 못한다. 단군, 박혁거세, 남해차차웅 등과 같은 우리나라의 초대 왕들이 무당이라는 것은 이제 상식에 속한다. 단군이 무당이라고 해서 그의 권위가 실추되는 것은 아니다. 단군은 정권(政權)과 신권(神權)을 모두 지닌 최고의 존재이기 때문이다. 그런데도 이러한 나의 의견을 아주 못마땅하게 생각하는 사람들이 있다. 우리의 성스러운 시조가 어떻게 그런 천한 무당과 같을 수 있느냐는 것이다. 이런 주장을 하는 사람들은 제발 고대사의 기본도 모르는 무식한 얘기는 안 했으면 좋겠다.

어쨌든 이렇게 시작된 무교의 역사는 한 번도 끊어지지 않고 지금까지 계속 이어져왔다. 종교의 자유가 완전히 보장된 현대가 되자, 오히려 무당들은 물고기가 물을 만난 듯 번성하기 시작했다. 지금 무당의 숫자가 20만이 넘는다고 하니 한국은 가히 무당 나라라고도 할 수 있겠다. 기독교인들의 활동이 하도 왕성하니까 겉으로는 한국이 마치 기독교 국가가 된 것처럼 보이지만 속으로는 여전히 무당들의 나라이다.

한국이 무당 나라처럼 보이는 현상은 대학생과 같은 어린 사람들에게서도 읽어낼 수 있다. 학교에서 한국 종교를 가르치다 보면 매학기 겪는 일이 있는데, 그것은 학생들이 무교에 대해 갖는 시각교정 현상이다. 학생들은 그동안 잘못된 교육 탓에 열이면 열 무교를 미신이라고만 생각하고 있다. 그러다 강의를 듣고 책을 읽고 무당의 이야기를 직접 들으면 자신들이 무당들에 대해 이전에 가졌던 태도가 잘못된 것임을 금세 알아차린다. 거기에서 끝나는 게 아니라 학생들은 곧 무당을 좋아하게 되고 친숙함을 느낀다. 나는 이런 일을 겪을 때마다 우리의 피 속에는 어쩔 수 없이 면면이 무교의 피가 흐르고 있다는 것을 절감하게 된다. 그렇지 않고서야 한 번도 무교에 노출되지 않았던 어린 학생들이 그렇게 재빨리 무당을 좋아하게 될 수 있겠는가?

나는 한국 문화를 공부하면 할수록 무교가 우리 문화의 뿌리라는 것을 어쩔 수 없이 확인하게 된다. 다른 책에서 이미 밝힌 대로 전통예술, 특히 춤이나 음악에서는 반 이상이 무교에서 연유한 것이니, 가장 한국적인 것은 무교적인 것이라는 등식이 성립할 정도로 우리 전통문화와 무교의 연관성은 깊다. 그래서 나는 무교를 모르면 한국 문화 공부는 날샌 것이라고 표현한다.

그런데 그게 굿판 몇 번 쫓아다녀보고 책 몇 권 봤다고 알 수 있는 게 아니다. 굿은 그야말로 총체적인 종교적 예술이기 때문에 그 전체를 한 개인이 다 안다는 것은 불가능하다. 또 지방마다 다르니 굿을 마스터 한다는 것은 애초부터 그른 것이라고 보아야 한다. 무당의 굿을 보고 있노라면 마치 우리 일상생활을 들여다보는 것 같은 착각이 든다. 그만큼 우리에게 굿은 자연스러운 것이다. 과연 이런 샤머니즘은 우리에게 어떤 족적을 남겼을까? 이것이 유교 다음 부분의 내용을 이룬다.

이같이 해서 유교와 무교는 우리 한국인들의 성정을 이루어왔다. 그런데 이 두 종교가 관장하는 부분은 조금 다르다. 의식이 성성할 때 한국인들은 완전히 유교의 규범 혹은 관습에 따라 생활하는 것처럼 보인다. 다시 말해 항상 위아래를 따지고 개인보다는 자기가 속한 집단을 중시하는 삶을 산다는 것이다. 이때의 삶은 매우 규격적인 것으로 항상 남을 의식하고 눈치를 보며 사는 것과 같은 모습으로 나타난다. 그러나 이 모습만 보고 한국인을 다 이해했다고 생각하면 곤란하다.

이런 한국인의 모습은 매우 소심하고 적극적이지 않아 보인다. 그러다 이런 의식이 약해지거나 꺼질 때가 있다. 가령 싸울 때나 술을 마실 때가 그렇다. 술이 조금 들어가 표층의식에서 행해지던 규제가 약해지면 소심한 한국인들의 태도는 매우 적극적으로 바뀐다. 내면에 잠재되어 있는 샤먼적인 에너지가 풀리는 것이다. 평소 조용해 보이는 사람들도 이 야성적인(?) 에너지가 풀리면 노래와 춤에 빠져들고 자유를 만끽한다. 이게 조금 정도를 지나치면 안하무인이 되고 평소에 눌린 것이 폭발하면서 싸움으로 발전한다. 한국인들의 술자리가 으레 그런 난장판으로 끝나는 것은 이런 순서에 따라 차근차근 발전한 결과이다. 그래서 1950년대에 미국 인류학자 오스굿(Osgood)은 한국인들은 평소에는 곰처럼 과묵하다가 유사시가 되면 갑자기 호랑이와 같은 용맹함을 보인다고 관찰한 바 있다.

그러니까 한국인들은 유교적인 질서의식과 샤머니즘적인 무질서의
식을 동시에 보유하고 있는 것이다. 그래서 어떤 때는 자신이 무엇을 좋
아하고 싫어하는지에 대해 의견 표명을 꺼리는 타자 중심의 생각을 갖
고 있다가 어떤 때는 극히 소아적으로 자기중심적이 되는 상반된 모습
을 보인다. 이제 이렇게 극단적인 태도 사이에서 왔다갔다하는 한국인
의 구체적인 모습을 보기로 한다.

1. 유교가 우리에게 남긴 것

유교가 우리에게 어떤 의미가 있는가는 위에서 대강 언급했다. 그런데 유교에 대한 본격적인 설명을 하기에 앞서 일반적으로 잘못 인식하고 있는 부분이 있어 언급하고자 한다. 내가 보건대 가장 잘못 인식된 부분은 가부장제의 항구성에 대한 것이다. 일반 한국인들은 우리가 고유의 사회문화처럼 견지하고 있는 가부장제가 매우 오래된 제도로 생각하기 쉽다. 즉 처가(妻家)를 우습게 알아 처가와 뒷간은 멀리 있을수록 좋다느니, 처제나 처남에게는 암만 나이 들어 만나도 반말을 써도 되는 등의 처가 무시 태도가 꽤 오랜 역사를 가진 것으로 생각하기 쉽다. 그런데 이 가부장제가 우리나라에 완전 정착된 것은 약 300년 전의 일이기 때문에 이 제도는 꽤나 새로운 제도이다. 새롭다고 말한 것은 신석기시대부터 해서 한 7천 년이라는 우리의 전체 역사와 비교하면 300년 전에 정착된 가부장제는 매우 최근에 생긴 제도이기 때문이다.

기실 잘 알려진 바와 같이 우리나라는 조선 초까지만 해도 모계 쪽이 꽤 강한 사회였다(그렇다고 해서 조선 이전의 사회가 가부장제가 아니었다는 것은 아니다). 이것은 상속제도나 결혼제도 등과 같은 사회제도의 변천사를 보면 알 수 있다. 상속은 원래 아들딸 구별하지 않고 분배하는 것이 조선 초까지의 관행이었다.

결혼제도를 보면 훨씬 더 명확하게 나타난다. 독자들은 요즘 결혼식을 할 때 폐백을 왜 드리는지, 또 폐백에는 왜 신랑집 친척들만 참석할 수 있는지에 대해 의문을 가져본 적이 있는가? 이것을 알려면 우리나라의 결혼제도를 일별해야 한다. 우리나라의 가장 전형적인 결혼제도로 보통 고구려의 서옥제(婿屋制)를 꼽는다. 서옥제란 신랑이 폐백 — 즉 선물 — 을 많이 갖고 신부집으로 가서 그것을 장인집에 쌓아놓고 신부와의 합방을 허락받는 순서로 진행된다. 그렇게 해서 결혼이 성사되면 곧 자기집으로 돌아오는 것이 아니라 처가에 살면서 애도 낳아 기르고 일도 해준다. 그런 식으로 몇 년을 산 다음에야 신랑은 식구들과 함께 자기집으로 돌아간다. 이런 혼인제도는 천년 이상 계속되어 왔는데 조선조가 되면서 위정자들은 주자가례에 따라 모든 것을 남자집 중심으로 바꾸려 했다. 그러나 오랜 기간에 걸쳐 형성된 제도를 쉽게 바꿀 수는 없었다. 한참의 진통 끝에 결혼식만 처가에서 하고 바로 본가로 돌아가는 것으로 낙착을 보았다.

현재 우리가 고수하고 있는 폐백제도는 바로 이 제도에서 나온 것이다. 식은 처가에서 하고 하루 이틀 뒤에 시가로 가 시댁 식구들한테 인사를 올리는 게 바로 폐백제도이다. 그러니 당연히 시댁 식구들만 참여할 수밖에. 이렇게 보면 현대 한국인들이 결혼식에서 올리는 폐백은 할 필요가 없는 순서이다. 이전에는 처가에서 식을 올렸으니 — 다시 결혼식을 할 수는 없는 노릇이고 — 시가 쪽의 행사인 폐백제가 필수적인 것이었지만, 지금은 예식장이라는 제3의 장소에서 양가가 같이 식을 올리니 굳이 또 시가 쪽에만 대고 인사드릴 필요가 없는 것이다. 그러나 전통 고수의 차원에서 굳이 폐백을 하고 싶다면 당연히 양가 식구가 같이 참여해야 한다.

어떻든 이렇게 보면 가부장제는 생긴 지 얼마 안 된 제도라는 것을 알 수 있고, 또 일천한 역사 때문에 우리는 지금 다시 모계가 강조되는 이전의 사회로 돌아가고 있는 듯한 느낌을 받는다. 요즘 아이들이 엄마 쪽 친척들과 더욱 친한 관계를 갖는다든가 남자들이 결혼한 후에 처가에 관심을 갖지 않으면 살아 남지 못한다는 것, 그리고 가정에서 모든 게 엄마 중심으로 돌아가는 게 그렇다. 물론 여권주의자들은 이러한 상황이 여성해방을 논하기에는 아직 너무 부족하다고 할 터이지만 요즘 남자들도 그렇게 좋은 처지는 아닌 것 같다. 이전에 가부장으로서 갖고 있던 권위는 그게 옳든 그르든 다 잃어버리고 돈 버는 기계로 전락해 버린 사람들, 이게 요즘의 남자들이다.

그러나 무엇보다 남자들이 불쌍하게 생각되는 것은 그들의 전용 공간이 없어졌다는 데에 있다. 이 공간 문제는 대단히 심각하다. 이전에는 남자들에게 사랑방이라는 자신만의 공간이 있었다. 지금은 어떤가? 아파트에 남자를 위한 공간이 어디에 있는가? 아내 아니면 아이들의 공간만 있을 뿐이다. 남자들에게 집이란 그저 잠만 자고 나오는 하숙집과 같은 것이다. 그래 갖고는 아무 권위도 갖지 못한다. 이걸 타개해 보겠다고 어떤 남자들이 사랑방 만들기를 시도했다는 소리도 들린다. 서로 얼마간 돈을 모아 오피스텔 같은 것을 하나 사서 집에 가기 전에 모여 사랑방 공간을 누리다 가자는 의도로 그렇게 했다는 것이다. 이런 것을 통해서도 우리 사회가 이전의 가부장 사회에서 조선 초 이전의 사회로 빠르게 돌아가고 있음을 알 수 있다. 그럼 이제 유교의 본령부터 알아보자.

유교의 핵심은?

우리는 유교 하면 매우 잘 알고 있다고 생각한다. 사실 모른다고는 할 수 없지만 정확히 알고 있는 것은 아니다. 가령 유교의 핵심이 무엇인지 물으면 여러 대답이 나오지만 정확한 대답은 나오지 않는다. 이에 대한 가장 모범적인 답안은 "유교는 인(仁)의 종교, 혹은 종교적 가르침이다"라는 것이다. 그런데 이것 가지고는 불충분하다. 인, 즉 '어짊'이라는 게 무엇인지 잘 모르기 때문이다. 인의 내용 가운데 가장 중요한 것은 무엇일까? 그것을 위해서는 그 시발을 보면 된다. 인의 실현을 위해서 우리는 무엇으로 시작해야 할까? 여기서 유교는 다른 종교들과 전혀 달라진다. 인은 다름아닌 효에서 출발한다. 아, 우리가 그렇게 중요시하고 신성시하는 효가 바로 여기서부터 시작된 것일 줄이야. 유교는 성인이 되고 군자가 되는 길을 불교나 기독교처럼 세간을 넘어서 구했던 것이 아니라 일상생활에서, 그 가운데에서도 가장 중요한 가정사에서 찾으려 했던 것이다.

그럼 효는 또 무엇일까? 강의할 때마다 이 질문을 던지지만 정확한 대답이 나오는 경우는 거의 없었다. 너무 친숙해서 그런 것인지 대답은 항상 주위에서만 빙빙 돌고 정곡을 찌르지 못한다. 유교는 두 사람 혹은 두 계층 사이의 관계를 중시하는 가르침인데, 그렇다면 효는 누구와 누구의 관계를 말하는 것일까? 이 질문에 나오는 대답은 보통 부모와 자식 간의 관계라는 것이다. 이 대답이 틀리는 것은 아니지만 좀더 정확해야 한다.

효는 정확하게 말해 아버지와 아들의 관계를 말한다. 여기에서 어머니는 아버지의 아내이기 때문에 간접적으로 관계가 되지만 딸은 거의 의미가 없다. 이게 가부장제도다. 물론 어머니의 더 큰 의미는 차세대 — 즉, 아들 — 를 만들어냈다는 데에서 찾아야 한다. 만일 딸만 생산했다면 그런 여자는 유교 사회에서는 사회적인 생존 가치가 없어진다.

그런데 아직 끝나지 않았다. 효란 아버지와 아들의 어떤 관계일까?

효는 부자간의 쌍방적인 관계가 아니다. 효는 정확히 말해서 아들이 아버지를 섬기는 것, 다시 말해 상향적인 사랑을 말한다. 윗사람의 의무보다는 아랫사람의 의무를 강조하는 것이다. 유교에서 효와 더불어 중시되는 충은 효의 확장에 불과하다. 아버지 대신 그 자리에 임금이 들어가고 아들 자리에 백성이 들어가는 것이다. 따라서 충은 효의 하위 개념으로 생각해도 무방하다. 내 아버지를 공경하는 것은 내 가문, 혈통을 중시하는 것으로 이것은 자연스럽게 내 가족(혹은 가문)만을 중시하는 가족주의로 발전하게 된다. 이 내 가족 우선(유일)주의는 우리나라 사회문화의 뼈대를 이룬다. 한국 사회를 이해하려 할 때 이것을 파악하지 않으면 처음부터 아무것도 되지 않는다. 한국 사회의 모든 양상은 바로 이 내 가족 우선주의에서 파생된다. 뒤에서 그 양상을 구체적으로 보게 될 터인데, 나는 이것을 간단하게 정리해서 '가부장적인 집단주의'라고 부른다.

가정에는 효말고 중요한 덕목이 또 하나 있다. 효에서 아버지와 아들 사이의 관계를 정리했다면 아들간의 질서도 잡아야 한다. 이것을 한 글자로 하면 제(悌)다. 제란 무엇일까? 형과 아우의 관계이다. 여기서도 자매란 아무 의미가 없다. 어머니는 그래도 아버지의 아내이고 가계를 계승하는 '아들'의 어머니이기 때문에 의미가 있지만 자매는 어디에 서고 의미를 찾을 수 없다. 딴 데로 시집가면 그만이다. 유교는 이렇듯 여성에 대한 배려가 약하다. 아무리 아니라고 해도 어쩔 수 없다.

유교적 실천의 근간이 되는 오륜을 보아도 여성에 대한 언급은 '부부유별'이라는 아주 제한적인 데밖에는 없다. 그것도 여성의 고유성을 강조하기보다는 여성을 제약하는 의미가 강하다. 그렇다고 유교를 전근대적인 가르침이라고 폐기처분할 것인가? 그럴 필요는 없다. 유교를 재해석해서 현대에 맞는 가르침으로 탈바꿈시키면 된다.

어쨌든 제에서는 효에서와 마찬가지로 아랫사람인 아우의 의무만이 강조된다. 제란 형에 대한 아우의 공경심을 말하기 때문이다. 여기에서 나이 따지고 항상 아래위를 가르는 한국인의 서열 중심주의가 나온다. 그런데 상하를 지나치게 구분하는 것은 곧 권위주의로 발전하게 된다. 그래서 나는 이것을 '서열을 중시하는 권위주의'라고 불러왔다. 이것을 도표로 그리면 다음과 같다.

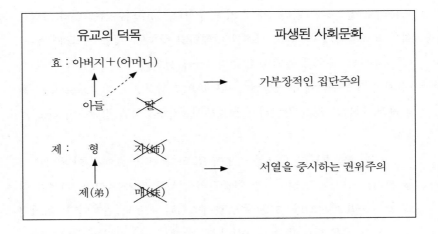

한국의 사회문화는 이 '가부장적인 집단주의'와 '서열을 중시하는 권위주의'라는 두 축으로 움직인다. 이 두 가지를 제대로 이해하면 한국 사회는 거진 다 이해한 거나 다름없다. 이 두 항목은 오륜에서는 '부자유친'과 '장유유서'라는 용어로 되어 있는데, 오륜 가운데 아직도 위력을 발휘하고 있는 덕목은 이 두 가지뿐이다. 그러면 그 중요도를 따져볼 때 효보다 조금 밀리는 제부터 보자. 효는 가장 중요한 덕목이니 뒤에서 더 자세하게 보자.

제(悌)에서 파생된 한국의 사회문화

우리 한국인들은 사람을 처음 만나면 항상 하는 일이 있다. 나이를 확인하는 작업이다. 이전에는 만나면 아예 "나는 무슨 생이오" 하고 대놓고 말했지만 요즘은 그렇게 까놓고 말하지는 않는다(그러나 어떤 때는 "주민 등록증 까보자"는 거친 표현도 쓴다). 빙 둘러서 "누구하고 연배이신 것 같은데"라든가 "띠나 학번이 어떻게 되시냐"고 말하는 경우가 많다. 혹시 사무적인 일로 만나 나이 이야기를 못할 경우일지라도 나중에 식사 자리나 술좌석에서는 반드시 나이를 확인한다. 한마디로 한국인들은 나이를 확인하지 않으면 불안해서 견디지 못한다.

그러면 한국인들은 왜 이렇게 나이를 죽어라 하고 밝히려 하는 걸까? 물론 항상 서열과 질서를 중시하는 사회문화가 사람들의 뇌리에 깊숙이 각인된 까닭이다. 그런데 그 나이 확인 작업 속에 어떤 의도나 심산이 있는 것은 아닐까? 혹시 나이를 확인해서 상대방보다 조금이라도 연장자라는 것을 밝히려는 것은 아닐까? 유교적 사회는 앞에서 설명한 것처럼 항상 연장자 중심으로 짜여져 있기 때문에 자신이 연장자가 되면 조금이라도 편하겠거니 하고 생각하는 것은 아닐까? 아랫사람에게는 조금 실수해도 용인이 되니 다만 몇 달만이라도 먼저 태어났다는 것을 확인하고 싶어하는 것이리라. 아랫사람이 윗사람을 모시는 것이 유교적 사회의 불문율이니 그 섬김을 받아보려 하는 것이다.

사실 이 서열을 중시하는 권위주의가 그 자체로 나쁠 것은 없다. 사람 사는 사회에는 반드시 권위가 필요하다. 에리히 프롬은 권위를 둘로 나누었다. 그가 말하는 인본주의적(humanistic) 권위는 꼭 필요하다. 그러나 권위주의는 종종 두번째 유형인 전제적(authoritarian) 권위로 추락하기 쉽다. 우리 사회도 크게 볼 때 이 두번째 권위주의에 물들어 있다. 위에서 효와 제를 검토할 때 드러난 것이지만 이 두 덕목의 문제점은 너무 아랫사람의 의무만을 강조하는 데에 있다. 그러다 보니 사회가 전부 나이 많은 사람들 중심으로 움직인다. 젊은 사람들의 의견이 쉽게 무시된다. 또 아랫사람들의 새로운 의견들이 위로 잘 전달되지 않는다. 이런 집단은 빨리 노쇠한다. 또 획일화되고 경직화된다. 이런 집단에서는 창조적인 생각이 나오지 않는다. 앞으로 문화의 세기가 온다, 디지털 혁명 시대가 온다고 하는데 이런 권위적인 사회문화로는 그런 시대에 대비할 수가 없다. 혹자들은 우리도 스필버그 감독 같은 문화적 천재를 배출하자고 역설한다. 그가 만든 「쥬라기 공원」에서 벌어들인 돈이 우리나라가 한 해 동안 외국에 자동차를 판 이익과 맞먹기 때문이란다. 그런데 우리의 권위적인 사회문화로는 스필버그 같은 친구를 배출하기가 쉽지 않다.

사실 지난번 책을 내고 나는 우리 사회를 개혁할 수 있는 대안이 뭐냐는 질문을 많이 받았다. 섣부른 판단일지도 모르겠지만 이것을 가장 간단하게 제시한다면 "우리 사회의 주도권을 잡고 있는 세력의 나이를 60대 이상에서 (3)40~50대로 낮추는 것"이라 할 수 있다. 우리나라는 세대교체만 된다면 단연코 지금보다 적어도 몇 배는 더 좋은 나라가 될 수 있다고 나는 확신한다. 구세대 사람들은 물론 나름대로 많은 경험과 높은 경륜을 가지고 있다. 그러나 사람은 누구나 나이가 들면 강한 고정관념을 갖게 마련이다. 이렇게 되면 새로운 생각을 못하고 따라서 변화를 이끌어내지 못한다. 나는 지금처럼 나이든 분들이 계속해서 모든 권한을 잡고 있는 것은 그들 스스로를 모독하는 것이라고 생각한다. 그들은 열심히 일했고 자신을 희생하면서 다음 세대들을 교육시켰기 때문에 지금의 (3)40~50대라는 훌륭한 청장년들을 배출할 수 있었다. 지금 이 젊은 세대들 중에는 정말 능력이 출중한 사람들이 많다. 이들이 나라를 경영한다면 우리나라는 정녕 좋은 나라가 될 수 있을 것 같다. 그리고 이런 훌륭한 젊은이들을 키워낸 건 전적으로 60세 이상 세대들의 공이다. 따라서 이 노년층들은 자신들의 업적과 공의 빛이 바래지 않도록 하기 위해서도 하루빨리 자리를 물려주어야 하지 않을까 싶다. 이게 서로가 사는 길이다.

젊은 사람들이 이 나라의 운영을 맡아야 한다는 것은 16대 총선에서 벌어졌던 국회의원들에 대한 낙천·낙선 운동을 보면 잘 알 수 있다. 우리는 그동안 이 국회의원들 때문에 얼마나 속을 썩었는가. 우리는 그동안 학계에서, 문화계에서 아무리 개혁을 외쳐봐야 정치에서 안 바뀌면 아무것도 안 된다는 것을 너무 뼈저리게 느껴왔다. 그래서 국회의원을 잘 뽑자고 했지만 국민들의 수준도 그저 그래 꼭 그 수준의 의원들만 뽑았다. 국회의원들의 수준은 꼭 우리 국민들의 수준이라고 보면 된다. 정치란 원래 적나라한 것이기 때문이다.

그런데 이번 선거에서 시민단체들이 연대해 엄청난 일을 했다. 그 난공불락처럼 보이던 국회의원들이 벌벌 떨기 시작한 것이다. 그런데 이 시민연대의 대표들을 보라. 여기 어디에 60대가 있는가. 아니, 심지어는 50대도 거의 발견되지 않는다. 전부 40대 이하의 젊은 세대들이다. 이렇게 젊은 사람이 모여야 변화를 이끌어낼 수 있다. 이 나라를 계속해서 60대 이상에게 맡겨놓으면 이 나라는 희망이 없다. 이젠 대통령도 나이를 훨씬 낮추어야 한다. 네 번씩이나 재수를 해서 70이 훌쩍 넘은 사람 같은 이들은 절대로 다시 나와서는 안 된다.

모두 각설하고, 우리나라의 권위주의나 비민주적인 사회문화를 조장시키는 게 있는데, 이것은 다름아닌 너무 구별이 심한 존비어(尊卑語) 문제이다. 전세계에 우리나라처럼 존비어가 발달한 나라는 많지 않을 게다. 사실 존비어 자체가 큰 문제가 되는 것은 아니다. 문제는 반말이다. 아무래도 반말을 쓰는 사람은 존대말을 쓰는 사람을 내리깔고 대할 수 있다. 말로 일단 무시하고 들어가는 것이다. 그러면 쌍방간에 평등한 관계에서 의사교환이 잘 안 된다. 말은 생각과 세계관을 담는 그릇이기 때문에 그 중요성은 말로 다할 수 없다. 인간은 모든 것을 말로 행한다. 그래서 이 말이 사회에 끼치는 영향은 실로 막대하다. 제대로 된 토론을 하려면 쓰는 말에 상하가 있어서는 안 된다. 한번 시험삼아 존비어 구분이 없는 영어로 회의를 해보라. 훨씬 민주적인 분위기를 느낄 수 있을 것이다. 상대방을 뭐라고 불러야 할지 걱정할 것 없이 사장이든 대통령이든 그냥 'you'라고 하면 되니 말이다. 앞으로 이 문제는 정말 진지하게 생각해 보아야 한다.

그래서 나는 가능하면 누구한테든지 존대어를 쓰자고 주장하곤 했다. 물론 반말이 가진 매력도 있다. 아주 친근하고 사적인 사이에서는 반말이 좋다. 반말은 친근함을 좀더 심화시켜 주기 때문이다. 그러나 그렇지 않다면 어린이에게든 부하 직원에게든 존대어를 쓰는 게 올바른 민주문화의 정착을 위해서 좋을 것 같다. 이와 더불어 한국인들은 이제 더 이상 나이를 확인하는 작업을 하지 않았으면 좋겠다. 나는 그것을 위해 다소 우스꽝스럽기는 하지만 '묻지 마 나이' 캠페인이라도 벌여야 하지 않을까 하고 생각해 본다. 공연히 나이 따지는 것은 누구에게도 도움이 안 된다. 그리고 존대말 쓰기 캠페인도 더불어 벌였으면 하는 생각도 해본다.

다시 주제로 돌아가서, 우리말의 경어체제가 복잡하다 보니까 잘못된 용례가 너무 많이 눈에 띈다. 그 가운데에서도 존칭 어미인 '시'자의 남발이나 존칭 접미어인 '님'자의 남발을 대표적인 사례로 꼽을 수 있다. '시'자의 남발은 지난번 책에서 충분히 밝혔으니 생략하고 '님'자의 남발사태만 다시 잠시만 보자. 호칭을 쓰면서 아무 데나 님자를 붙이는 것은 이제 갈 데까지 다 간 것 같은 느낌을 받는다. 형사님, 기자님, 의

원님, 주부님 등등 이제는 하도 들어서 무뎌지기는 했지만 원래는 이런 단어에는 님자를 붙이면 안 된다. 나는 이 님자 행렬을 완성시킨 게 '대통령님'이라는 칭호라고 말해왔다. 이번 김대중 정권이 들어서면서 대통령은 자신을 대통령님이라고 불러달라고 주문했다. 그런데 이건 너무 어색하다. 대통령이란 말은 원래 왕통을 계승하는 우두머리라는 뜻에서 나온 것이니 말 자체에 이미 엄청난 존경의 뜻이 있다. 여기에 님자를 붙이면 오히려 어색하기만 한데 이제는 전부 그렇게 쓰니까 혼자서만 안 쓴다고 할 수도 없는 지경이 되었다.

그런데 또 문제는 이런 님자를 당사자 앞에서만 쓴다는 데에 있다. 남자 회사원이 집에 돌아가서 아내에게 "오늘 우리 사장님이 그러셨어"라고 하지는 않을 게다. 그냥 "오늘 우리 사장이 그러대"라고 할 게다. 이런 게 바람직할까? 이런 언어습관은 사회문화를 천박하게 만들고 이중적으로 만든다. 다시 말해 앞과 뒤에서의 태도가 달라진다. 존칭 접미어와 호칭 문제는 앞으로 우리가 풀어야 할 난제 중의 하나이다.

어떻든 우리는 이 권위주의적인 문화를 극복해야 한다. 또 윗사람 중심의 문화도 어떤 식으로든 바뀌어야 한다. 윗사람을 그 나름대로 존중하면서도 민주적인 사회문화를 만드는 것은 앞으로 우리나라가 좋은 나라가 되는 데에 필수불가결한 일이다. 그러기 위해서는 윗사람들이 솔선수범하는 것 외에는 다른 방법이 없다.

이것과 관련해서 최근 고무적인 일을 겪었다. 일 때문에 어떤 잘 나가는 회사를 방문한 적이 있었는데 사장이 비서를 부를 때 이름에 님자를 붙여 부를 뿐만 아니라 더욱 놀라운 것은 그 비서도 사장에게 그렇게 하는 것이었다. 그리고 복장도 모두 평상복 차림이었다. 이렇게 하는 내역은 너무나 뻔한 것이었다. 회사 내에 팽배한 권위주의를 희석시키기 위한 조치였던 것이다. 이 회사에서는 지위 고하를 막론하고 무조건 이름에 님자만 붙이게 했단다. 원래 상인들이란 변화에 민감하고 스스로의 개혁을 주저하지 않는 사람들이다.

나는 회사에 다니는 사람들을 만나면서 이들이 소위 배울 만큼 배운 교수 같은 지식인들보다 훨씬 마음이 열리고 건실한 사고를 갖고 있는 것에 놀란 적이 한두 번이 아니었다. 권위주의적인 문화가 능률 향상에 침해를 가져온다는 것을 알게 되자, 지체없이 호칭문화를 바꾸어버린 것이다. 물론 회사 내의 분위기가 일신됐으리라는 것은 불보듯 뻔한 일이다. 내가 만났던 그 회사의 임원도 처음에는 그 새로운 호칭이 이상했지만 곧 적응할 수 있었고 지금은 오히려 이 호칭이 자연스럽다고 하면서 훨씬 민주화된 회사의 분위기를 못내 즐거워했다(그런데 술자리 같은 사적인 자리에서도 같은 호칭을 쓰는지 영 궁금하기만 하다). 이렇게 바꾸기로 마음만 먹으면 뭐든지 다 바꿀 수 있다. 다만 합리적으로 생각하고 서로의 중지(衆智)만 모으면 말이다. 어떻든 이 권위주의 문화는 바뀌어야 한다.

효에서 나온 한국의 사회문화

이제 한국의 사회문화가 형성되는 데에 지대한 역할을 한 효에 대해 보기로 하자. 나는 앞에서 한국 사회를 한마디로 정의한다면 '가부장적인 집단주의 사회'라고 할 수 있다고 했다. 가부장제에 대해서는 이미 설명했고 이제 집단주의에 대해서 볼 차례이다.

집단주의와 개인주의 | 세계에는 수많은 문화가 존재하는데 그 많은 문화들을 어떻게 이해하느냐 하는 것은 쉽지 않은 일이다. 많은 시각이 있을 수 있는데 그중 아마도 가장 효율적인 시각은 개인주의 문화와 집단

주의 문화로 나누어보는 것인 것 같다. 집단주의 문화라는 것은 이해하기에 어려울 게 없다. 우선 크게 말해서 개인(의 이익)보다 집단(의 이익)이 중시되는 사회를 말한다. 그러니까 개인보다는 항상 집단을 앞세운다. 그래서 그 개인은 자신이 속한 집단에서 벗어나기가 힘들다. 이런 문화에서는 개인이 튀는 것을 용납하지 않는다. 개인의 개성보다는 집단에 어떻게 동조하느냐가 중요한 관건이 된다.

지금 세계는 대부분 집단주의 국가들로 구성되어 있다. 개인주의 문화권은 이른바 서구 국가들뿐이다. 개인주의 문화권에서는 자기 색을 강하게 내는 것이 미덕으로 되어 있다. 두 문화권의 차이를 알려고 하면 아주 간단한 예가 있다. 미국 사람과 한국 사람이 자기 소개하는 것을 보면 된다. 한국인들은 자기 소개를 할 때 자신의 이름을 먼저 말하는 법이 거의 없다. 항상 무슨 회사, 혹은 무슨 학교의 무슨 과에 있는 누구라고 순차적으로 말한다. 이름이 제일 나중에 나온다. 그러니까 자신보다 자기가 속한 집단이 더 중요한 것이다. 그러나 미국인은 항상 "My name is……" 하면서 자기 이름부터 말한다. 모든 일을 자기를 중심으로 보기 때문이다. 그래서 우리나라 사람들은 자기 소개를 할 때 주변 이야기만 하다가 이름 말하는 것은 잊어버리고 그냥 앉는 경우가 종종 있다.

한국 사회가 개인주의화되었다는 말을 많이 하지만 내가 보기에는 별로 그렇지 않다. 이러한 사실은 우리나라의 결혼문화만 보면 금방 알 수 있다. 전통사회에서는 개인성이라고는 거의 존재하지 않았다. 그래서 결혼하는 것이 자기와 평생을 같이해야 하는 배우자를 고르는 중차대한 일임에도 불구하고 자신이 선택할 수 있는 여지가 거의 없었다. 자신이 속한 집단, 즉 그 집안의 대표자라 할 수 있는 할아버지나 아버지가 정해주는 대로 그냥 따라야 했다. 이게 집단주의 사회의 전형적인 모습이다. 그 집단의 이해관계에 따라 개개인의 운명이 결정되는 것이다. 항상 집단의 이익이 개인의 이익보다 우선한다.

그런데 이런 상황이 지금은 어떻게 바뀌었을까? 지금은 배우자만 큼은 자기가 정할 수 있다. 그러나 연애를 하든 중매를 하든 두 사람이 결혼 약속을 하면 반드시 상대방 집을 찾아가서 부모의 허락을 받아야 한다. 그리고 양가 부모는 호텔 같은 데에서 만나 혼수 문제나 여러 가지 부수적인 일들을 논의한다. 다시 집단적으로 움직이는 것이다. 그러니까 우리 사회는 배우자를 정하는 만큼만 개인주의화한 것이다. 이렇듯 한 사회의 문화란 쉽사리 바뀌는 게 아니다.

요즘 튄다는 n세대 아이들이 개인주의화되었다고 하지만 그들도 집단성에 묻혀 있기는 마찬가지이다. 대표적인 게 유행에 민감하다는 것이다. 한 아이가 호출기를 사면 어느새 전국의 학생들이 호출기를 다 갖고 다닌다. 그러던 게 이동전화가 등장하니까 어느새 도미노처럼 학생들은 너도나도 손에 이동전화기를 거머쥐기 시작했다. 내가 그토록 학생들에게 너희들한테 이동전화기가 왜 필요하냐고 해도 막무가내이다. 이게 정말 나한테 필요한가 필요하지 않은가에 대한 개인적인 성찰이 없다. 그저 자기가 속한 집단에서 하니까 아무 생각 없이 따라 하는 거다. 집단과 동일시하지 않으면 따돌림받을까 두렵다. 이게 꼭 아이들만 그런 게 아니다. 우리나라 이동전화 보급률은 세계에서 알아주니 말이다. 이런 전화는 아주 바쁜 상인들이나 갖고 다니는 거지 일반인들은 거의 필요없다. 그런데 우리는 집에서 그냥 살림하는 아줌마들도 갖고 다닌다. 엄청난 전화공해를 만들어 가며 말이다.

나는 우리나라의 이 이상과열된 이동전화붐을 보면서 한국인들의 강한 집단성을 느낀다. 거의 광적이라고 할 만한 집단성이다. 이 집단성이 지난 IMF 사태 때에는 전세계를 놀라게 했던 금모으기를 가능하게 했다. 그러나 여기에는 개인성에 대한 냉철한 성찰이 없었다. 그 힘 자체는 놀랍고 긍정적으로 평가할 수 있지만 제대로 방향을 잡지 않으면 극히 맹목적인 위험한 힘이 될 수도 있다. 이 힘을 제어할 수 있는 사회의 지성이 필요하다. 그런데 아직은 그런 지성이 확고하게 자리를 잡지 못하고 있다.

이야기가 조금 빗나가지만 요즈음 학생들의 이동전화붐 때문에 치명적인 사건이 일어났다. 학생들이 책을 사보지 않는 건 어제 오늘의 이야기가 아니지만 요즘은 강도가 심하단다. 교수들하고 출판업 종사자들이 머리를 짜내어 이유를 생각해 보았더니 그 결정적인 이유가 이동전화에 있다는 것이다. 그도 그럴 것이 전화료가 한 달에 한 4만~5만 원은 될 터인데 이게 학생들에게는 결코 적은 돈이 아니다. 나는 학생들이 이 돈을 어떻게 조달하는지도 궁금하지만 이렇게 지출되니 다른 데에서 줄이는 수밖에 없다. 아마 책값은 줄이는 순위로 하면 1순위가 될 게다. 이거 도대체 뭐 하는 짓인지 모르겠다. 전혀 쓸데없는 전화기 때문에 학생들에게 제일 필요한 책이 멀어지고 있으니 말이다. 왜 이렇게 한국인들은 감각적인 것을 잘 따라갈까? 뭐 하나 새로운 게 나오면 유행을 따라가지 않으면 배겨내지 못한다. 인터넷이 나오니까 전국민이 미쳐 돌아간다. 마치 인터넷이 모든 것을 다 해결해 준다고 생각하는 것 같다. 장담하지만 인터넷이 아무리 발달해도 책은 절대로 없어지지 않는다.

올해(2000년) 1월 말 『타임』지에 한국인들의 인터넷붐에 대한 기사가 나왔단다. 우리나라 사람들이 하루에 '야후'에 접속하는 횟수가 천만이 넘는다고 하는데 이것은 서유럽 사람들이 하루에 사용하는 숫자보다 많다고 한다. 물론 이런 현상에는 양면성이 있다. 우선 앞서가는 문물을 재빠르게 수용하는 기민성과 개방성이라는 긍정적인 측면이 있다. 반면 과거를 차근차근 다지고 소화해 가면서 외부 문물을 받아들이는 냉철한 사려가 부족한 것도 사실이다. 그런데 원래 자신의 문화적 정체성을 잘 유지하는 사람들은 외부 문물이 바뀐다고 그렇게 호들갑을 떨지 않는다. 사실 촌사람들은 — 이때 촌이라는 것은 물리적인 의미가 아니라 정신적인 의미이다. 도시에도 촌사람은 얼마든지 있다 — 유행을 따라가지 않으면 큰일나는 줄 안다. 그러나 진중한 명문가(名門家)에서는 절대 그렇게 가볍게 행동하지 않는다. 자신의 입장에서 선택적으로만 받아들인다. 우리나라의 현재 형편이 어떤지는 다시 이야기하지 않아도 알 수 있을 게다. 그러나 우리는 언제든지 개선될 수 있고 지금도 많이 나아지고 있다.

한국인의 혈연 중심주의 | 집단주의 이야기하다 옆으로 많이 샜다. 그러나 나는 아직도 하고 싶은 이야기가 많다. 다만 이야기의 본령에서 너무 벗어날까봐 다시 우리의 주제로 돌아올 뿐이다. 자, 사정이 이렇다면 한국인에게 가장 중요한 집단은 무엇일까? 답은 위에서 이미 나왔다. 바로 자기 집안이다. 한국인들에게는 자기 집 이상의 중요한 집단이 없다. 이전에는 특히 그랬다. 그래서 집안에서 자식을 꾸짖을 때에도 "이놈, 족보에서 네 이름을 지워버리겠다" 하면 제일 큰 위협이 된다. 가문에서 퇴출된다는 것은 사회적 죽음을 의미한다.

사실 옛날에는 집에서 쫓겨나면 어디고 갈 데가 없었다. 지금은 그런 경향이 많이 약화됐지만 우리들이 항용 쓰는 말에는 아직도 그 흔적이 남아 있다. 가령 어떤 이가 자신이 행한 일의 성공을 장담하면서 "이게 잘못되면 내 성을 갈겠다"라고 하는 경우가 있다. 그까짓 성을 가는 게 뭐 그리 중요할까마는 자신의 가문에서 스스로 떨어져나오겠다는 것이니 보통 비장한 게 아니다. 또 친구간이나 부부간에 싸울 때에도 절대로 피해야 하는 욕이 있다. 상대방의 부모를 욕해서는 안 된다는 것이다. 그러면 "나를 욕하는 건 참아도 우리 아버지 욕하는 건 못 참겠다" 고 악을 바락바락 쓴다. 그렇게 되면 그 관계는 회복할 수 없는 데로 치닫고 만다. 자기 아버지란 자기의 혈통을 의미한다. 한국인에게 있어 혈통은 자기보다 더 중요한 것이다.

한국인의 혈연 중심주의는 세계가 알아준다. 모든 게 집이다. 이건 지난번 책에서 상세하게 설명했으니 더 설명할 필요가 없겠다. 길에서 아무나 부를 때에도 '아저씨', '아줌마'라는 친족 호칭을 쓴다. 누구를 처음 만나서 조금 친해지면 곧 '형님', '언니'라는 친족 호칭을 쓴다. 학교에서도 고학년 선배들을 부를 때 무조건 언니, 형 하는 것도 마찬가지이다. 우리는 이게 너무 관습적인 게 되어서 별 생각을 안 하지만 이걸 영어로 바꾸면 여간 이상한 게 아니다. 가령 이제부터 선배언니를 언니라 부르지 말고 '시스터(민정)'라고 불러보라. 얼마나 어색한가. 미국 친구들은 자기 친언니를 부를 때도 시스터란 말을 사용하지 않고 그냥 이름을 부르는데 우리는 생면부지의 남을 만나도 나이가 확인되면 곧 친족 명칭으로 부른다. 온 사회가 가족의 확대판이 되는 것이다. 여기에서도 한국인들이 가족에 대해 갖는 집착을 엿볼 수 있다.

사실 이전에는 관청도 관가(官家)라 불렀다. 만일 회사라는 용어가 이전에 있었다면 분명 거기에도 집 '가'자를 써서 용어를 만들었을 게다. 우리 주위에는 가족에 대한 용어가 흘러넘친다. '한지붕', '한가족', '한솥밥' 등, 심지어는 회사에서 신입사원을 모집할 때에도 "우리는 (삼성)가족을 찾습니다"라는 신문광고를 낸다. 그러나 미국의 신입사원 모집에 "We are searching for new Coca-Cola family"라는 문구를 사용하지는 않는다. 미국에서 가족을 생각하면 금방 마피아가 생각난다. 마피아야 좀 병적인 가족 조직이지만 가족 사이의 그 끈끈한 정은 우리와 너무 닮았다. 우리 사회에서는 모든 것을 가족관계로 풀려고 한다. 오죽하면 지난번 인천 호프집 참사를 일으킨 주인공인 정 사장이라는 친구가 형사들에게 접근할 때에도 "홀로 커서 외로우니 친동생처럼 돌봐달라"고 했을까?

이 가족은 바로 '우리주의(Weism)'로 이어진다. 이 우리주의야말로 한국이 선진국으로 발돋움하는 데에 걸림돌이 되는 가장 대표적인 요소라 할 수 있다. 물론 우리주의 자체가 나쁜 것은 아니다. 인간으로 살면서 우리를 챙기지 않고 관심을 갖지 않는다는 것은 어불성설이다. 그런데 한국인들의 우리의식은 너무 폐쇄적이고 범위가 작다는 데에 문제가 있다. 아마 한국인처럼 우리라는 단어를 많이 쓰는 사람도 지구상에 많지 않을 게다. "너 어디 가니?"라고 물어보았을 때 "엉, 나 '내' 집가"라고 대답하는 한국인은 거의 없을 게다. 서양인들은 자기 나라를 부를 때에도 그냥 '아메리카', '프랑스' 하지 'our nation' 혹은 'mon état'라고는 잘 하지 않는다. 우리는 노상 '우리 우리' 한다. "우리 것은 좋은 것이여" 하는 광고 문구가 나올 정도로 말이다.

이 때문에 외국인들의 눈에는 한국인들이 매우 국수적인 사람으로 보이는 모양이다. 이 말이 맞다면 사실 촌스러운 짓이다. 우리는 그동안 너무 순종지향적으로 살아왔다. 반만년의 역사를 자랑하고 단일의 배달민족이라고 하면서 남은 전혀 알아주지 않는데 국내용으로 엄청 선전해 왔다. 또 그렇게 교육을 해왔다. 그런데 그 단일민족이라는 게 전부 환상이다. 가령 우리나라가 같은 언어를 쓰는 문화공동체라고 한다면 그건 아무 문제가 안 된다. 사실이기 때문이다. 그런데 피가 하나도 섞이지 않은 순수 혈통이라는 것은 애시당초 말이 안 된다. 그 순수하다는 혈통의 원조는 무엇일까? 그것조차도 확실하지 않을 뿐더러 우리 민족은 그 사이 다른 민족과 많이 섞여서 살았다.

가령 함경도 지방 같은 곳은 이전에는 만주에 있던 많은 민족들이

살던 곳이었다. 거기서는 여진족과 말갈족 등 수많은 민족들이 우리 조선 사람들과 피를 섞으며 살았다. 그런가 하면 고려 때에는 중앙아시아 지방의 사람들도 많이 들어왔다. 일례로 덕수 장씨는 시조가 위구르인이라고 한다(덕수 장씨 종친회에서는 아랍인이라고 하지만). 신라의 처용은 어떤가. 신라 때에는 당시 중국 양자강 이북에 몇만이 모여 살면서 교역을 하는 신라촌을 이루기도 했다. 또 남쪽으로는 일본과의 접촉도 만만치 않았다. 그런데 여기 무슨 순종이 있을 수 있겠는가? 아니, 머리카락이 곧지 않은 사람들은 전부 순종 몽골리안이 아니라고 한다. 순종 몽골리안은 직모(直毛)이기 때문이다.

또 우리 고유 문화라는 것도 전부 환상이다. 고유 문화 하면 우리가 만들어내고 하나도 변하지 않은 채 계승된 것을 생각하기 쉬운데 세상에 그런 것은 없다. 우리가 고유의 것이라고 생각했던 것은 거개가 외국으로부터 들어온 것들이다. 가령 씨름을 예로 들어보자. 지금 우리는 씨름이 우리 고유의 놀이 혹은 스포츠라는 것을 전혀 의심하지 않는다. 그러나 전공학자들의 연구에 의하면 씨름은 이란 지방에서 들어온 것이라고 한다. 그것은 고구려 고분벽화를 보면 안다. 거기에는 씨름하는 사람들을 그려놓은 게 있는데 그 사람들의 얼굴이 서역 지방 사람들의 얼굴이다. 그렇게 들어온 씨름은 계속해서 한국화되어 이제는 한국 스포츠의 대표 명사처럼 되었다. 그렇게 어떤 것이든 고유화시키면 그냥 우리 게 되는 것이다. 이런 예는 너무 많아 생략한다. 관심이 있는 독자는 김광언 교수가 쓴 『우리 문화가 온 길』(민속원)이라는 책을 참고하면 된다.

사실 문화는 잡종지향적인 성향이 강한 것이다. 이것은 한국항공대 최봉영 교수의 설인데, 매우 일리가 있어 한번 인용해 본다. 문화에는 순종지향적인 것이 있고 별종이 있고 잡종이 있는데, 자기 문화만 고집하면 순종지향적인 것이 된다. 그러다 별종이 생겨나는데, 이것은 하나의 변종이지 이것이 주도적인 문화가 되지는 못한다. 그러나 이 별종이 자리를 잡으면 잡종이 되고 문화로서 대단한 포용력을 갖게 된다. 그런데 지금 세계를 이끌고 있는 나라들은 모두 이 잡종 문화국이라는 것이다. 미국이 대표적인 나라이다. 사실 미국에 고유의 문화가 어디 있겠는가. 있다면 인디언들의 문화일밖에. 그런데 미국은 수많은 다양한 문화를 수용할 줄 알고 그것의 귀중함을 진작에 깨우쳤다. 그래서 세계의 모든 것은 지금 다 미국에 있다. 하다못해 동양 종교인 불교도 종파로 하면 미국에 제일 많다. 모든 문화를 수용하고 그것을 자기 것으로 만들 수 있는 미국 문화의 탄력성은 잡종 문화국이 얼마나 강한가를 여실히 보여준다. 우리는 그동안 너무 순종, 순종 타령만 했다. 대표적인 게 조선 문화이다. 성리학 외에 일체 다른 설을 용인하지 않았으니 말이다. 그러다 보니 잡종은커녕 별종의 문화도 수용하지를 못했다.

이렇게 노상 우리, 우리만 되뇌다 보니 우리나라는 아시아에서 외국인들이 살기에 가장 힘든 나라가 되어버렸다. 싱가포르의 어떤 권위있는 연구기관(Political and Economic Risk Consultancy)에서 「외국인들이 느끼는 아시아 각국의 삶의 질의 비교」라는 제목으로 발표한 연구결과를 보면 참으로 가관이다. 아시아의 10개 국가를 비교한 것인데 우리나라는 1997년에는 꼴찌에서 두번째였고 1998년에는 드디어 영예의 꼴찌를 마크했다. 물론 여기에는 문화적인 것말고도 건강이나 교육, 주택 등 하드웨어적인 것들이 포함되어 있지만, 그 근저에는 우리나라 사람들이 갖고 있는 배타성이 큰 몫을 했을 것이다. 그저 우리, 우리만 찾고 있으니 그 우리에 포함되지 않는 외국인에 대해 어떻게 대했는지 충분히 상상이 간다. 이것을 학술용어로는 '외국인 공포증(xenophobia)'이라고도 한다.

식당이나 공공기관, 버스나 택시 같은 데에서 자국 손님한테도 서

비스 정신이 턱없이 부족한데 언제 외국인에게까지 온정을 베풀까? 한 1년 전쯤에 희한한 사건이 있었다. 교보빌딩 앞에서 택시를 잡던 외국인이 하도 택시가 안 서니까 택시를 갈취해 자신이 운전해서 자기 집까지 몰고 간 것이다. 그 외국인을 지나친 택시는 무려 40여 대. 물론 그다음날 돈 3만 원과 함께 파출소에 차를 반납했지만. 외국인이니까 지레 겁을 먹고 택시기사들이 안 태워준 것이다. 한국인들에게는 우리와 다른 것은 위험하다는 생각이 깔려 있다. 그래서 무조건 멀리한다. 노상 우리끼리만, 그것도 가족처럼 친밀한 사람들하고만 모여 살았으니 조금 다른 것을 보면 포용할 만한 여력이 없다. 그렇게 훈련받지 않았기 때문이다. 이것은 한국인들이 못났다거나 머리가 나쁘다는 게 아니다. 다만 그런 사회문화 속에서 살았기 때문에 그런 태도를 갖게 된 것뿐이라는 것이다. 자조(自嘲)할 것도 없고 스스로를 치켜세울 것도 없다. 그게 잘 못됐다는 것을 알면 고치면 된다.

어쨌든 우리 민족이 훌륭한 문화를 만들기 위해서는 고칠 것이 꽤 된다. 무엇보다도 세계시민의식의 함양이 필요하다. 우리는 그동안 너무 우리의 문제에만 몰두해 있어서 세계에 대한 관심이 적었다. 그런 중에 최근 매우 고무적인 사건이 있었다. 지난해(1999년) 터키에 엄청난 지진이 났을 때의 일이다. 정부에서는 공식적인 원조금으로 겨우 7만 달러를 보냈다. 독자들은 생소할 테지만 그곳에서 공부하고 돌아온 사람들의 이야기를 들어보면 터키 사람들의 한국에 대한 사랑은 남다른 데가 있다고 한다. 그런데 우리가 너무한 것이었다. 지진 같은 재해는 범인류적으로 대처해야 하는 사건이다. 안 되겠다 싶어 우리 시민들이 일어났다. 사회 각계각층의 인사들이 모여 "우리 한국 사람들 정말 이러면 안 된다. 위난에 빠진 인류를 못 본 체하는 것은 그야말로 반인류적이다"라고 하면서 시민들을 설득했다. 그 결과 많은 돈이 모였다. 그 액

수는 세계의 민간단체들이 터키에 위로금을 준 것 가운데 두번째로 많았다고 한다. 그 때문에 반한파 인사로 분류되던 주한 터키 대사가 완전히 친한파로 돌아섰다고 한다.

　이런 예에서 볼 수 있듯이 우리 한국인들의 성품은 애초부터 배타적인 게 아니다. 솔직히 말해서 나는 우리 한국인들이 다른 나라 사람들보다 더 착하다고도 생각하지 않고 그렇다고 더 악하다고도 생각하지 않는다. 그저 일정한 사회문화 속에 살면서 사회에서 주입한 대로 살 뿐이다.

한국적 집단주의의 문제점 | 앞에서 전세계에는 집단주의 문화에 속한 나라가 많다고 했다. 그러면 이 나라들의 집단주의 문화는 다 같은 것일까? 그럴 수는 없는 일이다. 그러면 우리나라의 집단주의 문화는 다른 나라의 그것과 어떻게 다를까? 우리의 집단주의 문화가 갖고 있는 특색은 유교에서 찾아야 한다. 아랍의 집단주의 문화가 아랍 고유의 부족 중시 풍조나 그네들의 신앙인 이슬람에 뿌리박고 있다면 우리의 집단주의 문화는 가족을 가장 중시하는 — 그중에서도 아버지와 아들의 관계를 가장 중시하는 — 유교 문화와 가장 깊은 연관을 갖고 있다. 그래서 유교가 갖고 있는 문제는 고스란히 우리나라의 집단주의 문화에도 나타난다. 앞에서 언급한 대로 유교는 가문을 매우 중시하는 가르침이다. 가문이란 커봐야 그게 그거다. 그래서 한국인들이 생각하는 집단은 대부분 크기가 작다. 한국인들은 작은 집단을 자꾸 만들어낸다. 우리는 큰 집단에 그리 익숙한 것 같지 않다. 큰 집단에 속해 있더라도 다시 작은 집단을 만들어내 그 작은 집단에 더 충성심을 보인다. 국회의원들이 계파를 나누는 나라는 일본과 우리밖에 없다고 한다.

　한국 사회에는 혈연이나 지연 같은 매우 원초적인 인연을 넘어선

2차 집단이 거의 없다. 2차 집단이란 가족을 넘어서 그것보다는 느슨하지만 관심이 같거나 비슷한 흥미를 가진 사람들이 모인 사교모임 같은 것을 말한다. 예를 들어 포도주를 좋아하는 사람들이 다른 특별한 인연 없이 만나 친구 이상으로 서로의 경조사에 관여하고 긴한 친밀 관계를 유지하는 그런 집단을 말한다. 그런데 우리에게는 이런 모임이 별로 없다. 굳이 말하면 회사 집단이 그런 역할을 하는데 그것도 직장을 바꾸면 그냥 끝나는 인연이니 2차 집단이라고 하기도 힘들다. 또 요즘에는 마니아들이 모이는 집단이 많이 생겨났지만, 그것도 구성원들간에 아주 긴밀한 관계가 없다는 의미에서 2차 집단이라고 할 수 없을 것이다. 그러니까 우리 한국인들은 피[血]나 지역 같은 뭔가 끈적끈적한 게 있어야 제대로 된 단체라고 생각하는 것 같다. 이런 사사로움을 떠나서 개인의 취향에 맞는 '객관적인' 모임을 만드는 것은 뭔가 어색하다. 한국인들이 좋아하는 단체는 동문회, 향우회 등과 같은 것인데 이것들은 모두 학연이나 지연과 같은 '원초적인' 인연으로 형성된 단체들이다.

물론 한국인들은 이런 단체를 만드는 것으로 끝나지 않는다. 곧 그 안에서 비슷한 배경을 가진 사람들끼리 또 작은 집단을 만들기 시작한다. 가령 내가 다닌 고등학교의 동문회를 보면 전체 동문 모임말고 지역별로 모이는 모임이 있다. 신촌 지역이다, 여의도 지역이다 하면서 또 모인다. 우리는 길을 가다 가끔 듣도 보도 못한 초등학교의 지역 동창회 간판을 보는 경우가 있는데 이것도 여기에 속한다. 가령 '재경(在京) ○○초등학교 동창회' 같은 것이 그것이다. 그런가 하면 이 소모임에서 다시 가지를 쳐서 또 모임을 만든다. 가령 골프나 등산처럼 같은 취미를 가진 사람들끼리 다시 모인다.

동문회와 직접 관계되는 것은 아니지만 나는 최근 학교에서 비슷한 일을 겪었다. 학기가 끝날 무렵 e메일로 이상한 통보가 날아왔다. 처음

들는 교수의 이름으로 왔는데 내용인즉 "8년 전에 같이 '이화'에 들어온 사람들끼리 한 번 모이자"는 것이었다. 그리고 그때 우리를 뽑아준 당시 총장님과 점심식사라도 함께 하자는 것이다. 이 소식을 접하고 나는 '한국 사람들은 정말로 모임 만들기를 좋아하는구나' 하고 작은 실소를 터뜨렸다. 같이 입교(入校)한 게 무슨 공통점이라고 모이자고 할까. 거기다 뽑은 총장이 나와 무슨 관계가 있는 것일까? 이건 마치 조선시대에 어떤 양반이 과거 급제를 하면 그 뽑아준 채점관과 스승과 제자의 관계가 되어 평생을 가는 것과 똑같은 것이다. 아아, 이 나라의 최고 지성인이라는 교수들이 아직도 이런 전근대적인 사고에 젖어 있다니! 그저 비슷한 게 있으면 만나야 하고 상하관계를 철저히 따지는 것은 교수 사회라고 하나도 다를 바가 없었다. 쉽게 말해서 학교 운영자와 교수들은 상전과 머슴 같은 관계가 되는 것이다. 이게 결코 과장이 아니라는 것은 이 글을 읽는 교수들이 잘 알 게다.

그런데 이런 건 이른바 배웠다는 지성인들이 할 짓이 아니다. 우리 배운 사람들이 남들보다 공부를 많이 할 수 있었던 것은 다른 사회 구성원들로부터 은혜 입은 바가 크다. 가령 노동자나 회사원, 농민들이 열심히 돈을 벌어다 주지 않았으면 우리는 이런 부를 누리지 못한다. 나는 무슨 노동운동이다 하는 것에 참여해 본 적은 없지만 항상 이들 덕에 덤으로 살고 있다는 생각을 많이 한다. 그렇다면 배운 사람들도 나름대로의 역할을 해야 한다. 그게 사회에 보답하는 길이다. 지성인들이란 항상 반성적인(reflective) 사고를 해야 하는 사람들이다. 이들은 이런 사고를 통해 사회가 보다 정상적으로 돌아갈 수 있도록 항속적인 비판을 해야 한다. 그런데 지성인 가운데 둘째 가라면 서러울 교수들이 비판은커녕 한국 사회의 고질적인 병폐를 같이 끼고 돌아가고 있으니 정말 큰일났다. 나는 대학 사회가 돌아가는 것을 보면서 우리나라가 얼마나 답답하고 얼마나 썩었는지를 가늠한다. 대학이 그 모양인데 사회는 어떨까? (우리 사회가 정상적으로 되려면) 아직 시간이 더, 그리고 많이 필요하다.

집단주의와 관련해서 한국인들의 성향은 이렇게 생각하면 된다. 한국인은 너무 가족주의적인 문화에 익숙하기 때문에 사회에서도 항상 가족 같은 작은 모임을 만들어야 한다. 그리고 그 속에서 가족 안에서만 느낄 수 있는 애틋하고 긴밀한 정을 느껴야 한다. 그래야 사람 사는 것이라고 생각한다. 이렇게 정으로 엮이게 되니 사람 일에 감정이 섞이면 항상 그렇듯 작은 싸움이 많이 벌어진다. 모임 자체 속에서 생기는 갈등뿐만 아니라 다른 작은 모임들하고도 자꾸 부딪쳐 쟁투가 생긴다. 나중에 이야기하겠지만 성씨의 분열 혹은 분파를 보면 그 양상이 적나라하게 드러난다. 한 성씨가 본관으로 나뉘고 그 본관 안에서도 중(重)시조에 따라 나뉘고 그 밑에 또 무슨무슨 파로 나뉘어 그 파들끼리 묘한 갈등관계를 갖는다. 아까 동문회 사무실 간판도 그렇지만 성씨들의 종친회 사무실 간판도 이에 못지않다. 어린 학생들에게는 이런 간판이 눈에 잘 안 뜨일는지 모르지만 내 눈에는 '재경 ○○ 이씨 ○○파 종친회 연락사무실' 같은 간판이 많이 들어온다. 사정이 이러니 한국인들이 모이는 곳에는 항상 불필요한 갈등이 생긴다. 일전에 우즈베키스탄 같은 중앙아시아의 고려인들 이야기를 들어보니 그곳 사람들 사이에는 "고려인 있는 곳엔 항상 다툼이 있다"라는 게 상식처럼 되어 있다고 한다.

그래서 그런지 내가 보기에 우리 한국인들은 너무 잘아졌다. 쉽게 말해서 쩨쩨해졌다는 것이다. 경미한 자동차 접촉사고가 나도 한번 기분좋게 해결하는 것을 못 보았다. 그까짓 돈 몇만 원 가지고 부모 죽인 원수 사이처럼 싸우니 말이다. 이건 차를 운전해 본 사람들은 모두 겪어본 일일 게다. 가령 뒤로 후진하다 잠깐 한눈을 팔아서 다른 차의 범퍼에 아주 작은 '흠집'을 냈다고 하자. 그러면 보통 한국 운전자들은 전 범퍼 값을 다 물어내라고 한다. 원래 범퍼는 그렇게 조금씩 홈이 가라고, 그래서 차체를 보호하라고 있는 것이다. 그래서 그 정도는 서로서로 봐주는 게 정상이다. 그런데 많은 한국인들은 이런 기회가 있으면 몇 푼 되지도 않는 돈을 뜯어내려고 발광을 한다. 그렇게 돈을 거머쥐어도 범퍼를 갈기는커녕 아마 그냥 술이나 마실 거다. 이런 예를 주위에서 수없이 겪어 나는 아예 차를 갖고 다니지 않지만 — 차도 없다 — 우리 한국인들이 이것밖에 안 되나 하는 자괴감을 느끼는 때가 한두 번이 아니었다.

그러나, 그러나 말이다. 다시 한 번 강조하지만 이것 때문에 우리나라 사람들의 민족성에 당파성이 있다느니 감정적으로 싸우기만 좋아한다느니 하면서 한국인 자체에 문제가 있다고 생각해서는 곤란하다. 위에서도 말한 것처럼 우리는 다른 나라 사람들보다 더 착할 것도 더 악할 것도 없다. 다만 작은 모임 만들기를 좋아하고 그 모임을 배타적으로 끌고 갔기 때문에 생겨난 사회문화적인 현상으로만 이해하면 된다. 따라서 우리가 노력해서 사회문화를 바꾸면 한국인들 역시 변화한다. "한국놈은 할 수 없어"(일본말로는 '센징와 쇼가 나이')와 같은 발언은 사회과학적으로도 윤리적으로도 전혀 타당치 않다.

사실 우리는 그동안 유교의 질곡 속에서 계속 '쫀쫀해진' 것 같다. 그러나 유교도 조선 초에는 이렇지 않았다. 새 나라의 새로운 기틀을 유교에 의거해 짰을 정도로 유교는 초기에 참신한 가르침이었다. 그러나 그 참신함은 곧 색이 바래 형식과 겉치레, 지나친 상하 구별 혹은 우리 의식만 강조하게 된다. 그러다 결국 나라를 말아먹은 것이다. 유교 하면 연상되는 게 '뭐뭐 하면 안돼'라든가 '이건 법도가 아니다' 하는 부정적인 것이 떠오르는 게 사실이다. 또 기독교처럼 너무 강렬한 정통의식을 갖고 있어 융통성을 발휘하는 부분에서 영 딸린다. 그러나 율곡 같은 탄력성을 지닌 사상가가 있었던 것도 사실이다.

원래 우리나라는 고려 때까지만 해도 바다를 주름잡던 해양국가였다. 그때까지만 해도 중국은 말할 것도 없고 아랍 같은 나라와도 매우 활발한 교역을 하고 있었다. 배 하면 고려라고 할 정도로 매우 고품질의 배를 만들었다. 이순신이 세계 최초의 철갑선이라는 당대 최고의 전함인 거북선을 만들 수 있었던 것도 고려의 조선(造船) 기술이 면면이 이어져 내려왔기 때문에 가능한 것이었다. 그러던 게 유교 국가인 조선이 들어서면서 상업행위를 경시하는 유교적 성향이 국정에 반영되기 시작했고 그 때문에 해상무역이 모두 금지됐다. 그리고 유일하게 쳐다보고 살았던 나라는 중국 하나뿐. 해상으로 뻗어나갈 수 있는 반도국가가 섬으로 되어버린 것이다. 이렇게 좁은 공간 안에 갇혀버리자 사람들이 잘아지고 말았다. 아무것도 아닌 것 가지고 공연히 목숨 내놓고 싸운다. 그러니 잔인해질 수밖에 없다. 여기서 일그러지기 시작했다. 문화의 탄력성을 잃어버린 것이다. 더 많은 문화와 접촉해서 더 강한 잡종문화를 만들 생각은 않고 중국이 모든 것을 해결해 줄 것으로 믿은 것이다. 그러다 정신 차린 게 조선조 말. 실학이 일어나고 나라를 다시 세워보려 했지만 이미 때는 늦었다. 그런 와중에 처음으로 나라를 빼앗겼다. 겨우 나라를 되찾았나 했더니 미증유의 전쟁이 한반도를 스치고 지나갔다. 또 군사독재 경험처럼 그 뒤에 있었던 온갖 역경들…….

그러나 이제 그런 암울한 시기는 다 지나갔다. 우리가 악착같이 일한 덕에 나라의 경제적 기반은 섰다. 이제 우리는 우리를 이렇게 폐쇄적으로 만든 사회문화만 개선하면 된다. 그러면 우리가 원래부터 갖고 있었던 활달함과 기상을 되찾을 수 있다. 우리 인간들은 만들어지는 것으로 끝나는 게 아니라 스스로를 만들어나갈 수 있다. 우리가 갖고 있는 패배주의는 애당초 현실을 잘못 파악해서 나온 병적인 현상에 불과한 것이다.

　다시 한국식 집단주의의 문제로 돌아가자. 우리 한국인은 작은 단체에 익숙할 뿐 아니라 그 작은 단체의 이익을 상위 단체의 이익보다 더 중요하게 생각한다. 이것은 『한국인을 말한다』(홍익출판사, 1999)를 쓴 마이클 브린이라는 영국 신문기자의 관찰이기도 하다. 브린은 남한과 북한에서 한 15년쯤 복무하다가 작년에 이 책을 남겨놓고 영국으로 돌아갔다. 브린의 관찰에 의하면 한국은 마치 소부족 사회 같다고 한다. 끊임없이 분열되면서 생기는 수많은 집단들이 많은 갈등을 겪으면서 돌아가고 있는 게 한국 사회라는 것이다. 이러한 경향은 한국의 회사에도 적용된다. 한국 회사원들은 회사 전체보다 자기가 속한 과에 더 충성을 바친다는 것이다. 그러니까 만일 자기 부서의 이익과 회사 전체의 이익이 상충하는 경우가 생기면 상식적으로 생각할 때 당연히 회사의 이익을 먼저 생각해야 하는데 자기 부서의 이익을 우선시한다는 것이다. 여기서도 한국인들의 더 큰 공동체에 대한 배려가 너무 부족하다는 것을 알 수 있다. 워낙 작은 모임에만 익숙해 있다 보니 더 큰 공동체에 대한 생각이 '짧아지는' 것이다. 이런 이야기를 하면 무슨 소리 하느냐고 할 테지만 아주 적절한 예를 생각해 보면 된다.

　임진왜란 때 조정의 명을 받고 일본의 실정을 파악하러 간 두 대신이 당파가 다르다는 것 때문에 서로 정반대의 주장을 한 게 그 적나라한 실례이다. 나라의 이익보다는 더 작은 집단인 자기 당파의 이익이 더 소중했던 것이다. 우리는 이 사건을 접할 때마다 항상 그 두 대신의 소심함에 대해 질책하지만 지금도 여전히 비슷한 일을 하고 있으니 공연히 선조들만 탓할 일이 아니다.

　우리 사회의 가장 고질적인 병폐라는 지연과 학연 중심주의에는 바로 이 혈연 중심주의 혹은 우리주의, 패거리주의가 도사리고 있다. 그런데 이 혈연 중심주의란 바로 가족주의를 말하는 것이니 우리 사회가 갖고 있는 가장 큰 문제의 핵은 바로 가족주의가 되는 셈이다. 지연을 지나치게 따지는 게 영남이다 호남이다 해서 스케일이 큰 문제 같지만, 결국 그 핵심에는 우리 가문만 소중히 생각하는 가족주의라는 아주 작은 문제가 있다. 그러니까 지연이라는 것은 가족주의의 또 다른 표현인 우리주의가 확장된 것 이상도 이하도 아닌 것이다. 우리 한국인들은 조금 과장되게 말하면 그저 '우리 우리'만 따지는 사람들이라고 보면 된다. 국회의원 같은 정치인들을 뽑을 때에도 전체 나라 꼴이 어떻게 되든 우리 지방 사람이 — 그 사람의 역량이나 도덕성은 관계될 게 없고 — 당선만 되면 되는 것이다. 그리고 다른 지방 사람들도 그렇게 하는데 우리가 안 하면 결국 손해보는 것은 우리뿐이라는 생각 이외에는 하지 않는다. 이 심각한 지연 문제를 풀기 위해서 정부에서 무슨 영·호남을 잇는 도로를 놓고 영·호남 남녀를 서로 결혼시키는 따위의 일을 하지만, 그게 그렇게 쉽게 풀리는 문제가 아니다. 지연주의 안에 아주 강하게 또아리를 틀고 있는 가족주의 혹은 우리의식이 극복되지 않으면 지연주의는 결코 풀릴 수 없다. 한국의 사회문화는 이 가족주의에 뿌리박고 있으니 그 뿌리를 송두리째 바꾸는 것이 절대로 쉬운 일이 될 수가 없다. 우리 한국인들은 이제 '우리 우리'만 찾는 타령 그만하고 더 큰 공동체인 한국이라는 나라 혹은 세계를 생각해야 한다. 이를 위해서는 과연 무엇을 어떻게 해야 할까?

다음 주제로 넘어가기 전에 한국인들의 정에 대해 한마디 해야 할 것 같다. 흔히들 우리 문화의 최고 장점을 꼽으려면 '정'이라고 하는 경우가 많다. 사람 사이의 끈끈한 정이야말로 한국인들의 최고 좋은 모습이라는 것이다. 그래서 한국인들은 스스로가 인정이 많고 착한 민족이라는 소리를 많이 해왔다. 심청이처럼 효를 중시하고, 춘향이처럼 남녀의 순정을 귀하게 여기고, 어떤 역경에도 굴하지 않고 형을 공경하는 흥부처럼 우리 한국인들은 선한 마음을 가졌다는 것이다. 그런데 이게 또 환상이다. 아니 그렇게 착한 사람들이 사는 세상이 왜 이렇게 엉망이 됐을까? 작은 자동차 접촉사고가 나도, 또 주차하다가 하찮은 문제가 생겨도 꼭 '웬수'처럼 싸우는 한국인들을 보고 어떻게 정이 많고 착하다고 할 수 있을까?

앞에서도 밝혔지만 나는 한국인들이 그렇게 착하지도 그렇게 악하지도 않다고 생각한다. 우리 한국인들이 착하고 정이 많은 것처럼 보이는 것은 자기가 속한 집단 안에서만 그럴 뿐이다. 또 이런 게 집단주의 문화가 갖는 일반적 특징이기도 하다. 자기 집단 안에서는 간이라도 빼줄 것처럼 행동하지만 그 밖에 있는 사람들에게는 극히 배타적이 되고 배려하는 마음이 매우 약해진다. 그래서 우리 사회의 타자(他者)라 할 수 있는 장애인이나 혼혈인(혼혈 '아'가 아니다! 그 사람들도 성인이 된다), 제3세계에서 온 노동자들을 막 대하는 것이다. 그들은 성한 사람들의 집단에 속하지 않기 때문이다. 물론 이 점도 조금씩 나아지고 있다. 우리 사회가 성숙하면서 반성적인 사고가 많이 생기기 때문이다.

한국인들의 혈연 집착열 | 나는 한국인들이 혈연에 대해 갖는 집착에 대해 여러 가지 예를 들어 설명해 왔다. 내 가족만 따지니까 여성들도 당연히 내 남편 혹은 내 새끼만 찾게 된다. 우리나라 여성들은 처녀 때에는 그렇게 발랄하고 지성적이다가 결혼만 하면 그만 상황이 싹 달라진다. 그때부터 딱 두 사람만 쳐다보고 산다. 남편과 새끼뿐이다. 사회가 어떻게 돌아가든, 또 체첸에서 전쟁이 일어나든 아무 관심이 없다. 그래 수업시간에 우리 학교(이대) 학생들에게 이런 이야기를 한다. "학생들도 결혼하면 그렇게 될 터인데, 그렇다고 여러분들이 머리가 나쁘거나 마

음이 나빠서 그렇게 되는 것이 아니다. 다만 우리나라의 사회문화가 그렇게 생겨먹어 그렇게 되는 것이다. 한 개인이 자기가 속한 사회의 주류 문화를 벗어나 행동하는 것은 결코 쉽지 않다"고 말이다.

이런 내 새끼 유일주의가 끼친 폐해에 대해서는 그동안 원없이 이야기를 많이 했다. 그중에서도 심각한 사교육비 문제는 암만 생각해도 문제이다. 그 과외 하는 데 들어가는 돈의 10%만 공교육기관인 학교에 투자하면 우리나라 교육의 질이 확 달라질 텐데 우리는 그렇게 못한다. 공교육기관에 투자해서 서로가 혜택을 보면 좋으련만 우리는 죽었다 깨어나도 그렇게 못한다. 그저 내 새끼만 돈 처발라서 잘 가르쳐 대학에 보내면 된다. 그런 생각이니까 다른 아이들은 모두 잠정적인 적이 되고 아이들은 무한경쟁 속으로 들어간다. 초등학교 가면 어차피 배울 한글인데 공연히 유아 때부터 시킨다. 이런 현상은 도미노처럼 이어져 6학년이 되면 미리 중학교 공부를 하고 중3 때는 또 고교 공부를 시킨다(그런데 고3 때는 대학 공부를 시키지는 않는다). 이건 정말로 쓸데없는 낭비인데 우리 부모들은 알면서도 그냥 따라한다. 학교를 신뢰하고 서로간에 경쟁하지 않으면 아이들도 편하고 과외비 걱정 안 해도 되고 다 좋은데 이게 안 된다. 당최 합리적인 사고가 안 된다.

아이들과 관계해서 우리 어머니들이 합리적인 사고를 못하는 예는 이것말고도 많다. 우리나라 주부들은 아파트 시세나 자동차, 주식에 관한 것은 그토록 이치적으로 잘 따지면서 자식 문제로 오면 그 잘 따지는 능력이 전부 올스톱되어 버린다. 다시 말하지만 이건 절대 우리 아주머니들을 폄하하는 게 아니다. 나는 사회문화의 양상만을 말하는 것이다. 사회문화가 바뀌면 우리 아주머니들의 가치관도 바뀐다. 그러나 아무리 내 새끼만 중시하는 그 아주머니들의 심정을 이해한다 치더라도 도무지 이해 안 되는 현상이 매일 아파트 언저리에서 일어나고 있어 한마디 해야겠다. 이는 다름아닌 학원버스 아파트 경내 출입 문제이다. 우리가 너무 잘 아는 것처럼 우리나라 아파트는 차로 꽉차 있다. 생각 없이 차를 마구 산 결과이다. 사실 이 문제에 대해서도 할 말이 많다. 주차에 대한 준비도 전혀 없이 차를 마구 구입해 지금 우리는 얼마나 많은 피해를 겪고 있는가? 자고로 어떤 지역에 차가 들어가기 시작하면 관광지이고 주택이고 다 망한다. 이제는 차 때문에 정말 미칠 지경이다(아파트는 주거 공간에 주차장이 있는 게 아니라 원래는 주차장인데 나중에 아파트를 세운 것처럼 보일 정도로 차 중심의 공간이 되어버렸다). 학교에 들어가도 차, 밖을 나와도 차, 어디를 둘러봐도 차뿐이다. 자기 하나만 편하려고 너도나도 차를 끌고 나오는데 그 때문에 겪는 고통이 말이 아니다. 휴대전화가 나오자 한 집 건너 샀듯이 차도 꼭 그 꼴이 난 것이다. 여기서도 나는 한국인들의 비합리적인 태도를 십분 느낀다.

이렇게 차가 많으니 아파트 안은 항상 교통사고의 위험이 도사리고 있다. 그래서 가능한 한 필요없는 차는 아파트 안으로 들여보내서는 안 된다. 게다가 큰 차들은 더더욱 금물이다. 그런데 문제는 학원버스들이다. 중형 버스가 대부분인 학원버스들은 다니다 작은 어린 병아리들을 못 보고 사고를 일으킬 위험이 너무 많다. 그러면 아파트 바로 바깥에 정류소를 지정하고 엄마들이 아이들을 거기까지만 데려다주면 될 텐데 우리 엄마들은 죽어도 그렇게 못 한다. 내 새끼가 편해야지 무슨 소리냐는 것이다. 그런데 그 내 새끼가 자칫 잘못하면 비련의 교통사고의 주인공이 될 수도 있을 터인데 그런 건 안중에 없다. 내 새끼만 편하게 학원에 갔다오면 되는 것이다. 아무리 반상회 때 바꾸자고 건의해도 전혀 받아들여지지 않는다는 게 후문이다. 내 새끼 앞에서는 이성이 마비되는 모양이다. 하도 우리 아줌마들이 이러니 최근에 우리 아줌마들을 질타하는 책이 나왔다. 일본인 도다 이쿠코라는 여성이 대표로 집필한 『일본

여자가 쓴 한국 여자 비판』(현대문학, 1999)이라는 책인데 그다지 틀린 이야기는 써놓지 않았다.

그러나 "왜 우리는 맨날 이렇게밖에 못 하나" 하고 공연히 자책하지 말자. 내 새끼만 위하는 현상에 있어서 우리는 외롭지 않다. 중국도 비슷한 일을 겪고 있는 모양이다. 중국에서는 그동안 아이를 하나만 낳게 하지 않았던가. 그러니 부모들은 이 한 자식에게만 신경쓰게 되고 그 결과 아이들이 마마보이 혹은 마마걸이 되고 있다는 소식이 간간이 들린다. 해달라는 대로 다 해주니까 아이들이 자기밖에 모르고 의지가 부족하고 나약해지고 그런단다. 그래 이 아이들을 중국에서는 소황제(小皇帝)라고 부른다. 황제 같은 대접을 받으니까 나온 말일 게다. 서양에서는 자식이 한 명만 있어도 그렇게 응석받이로 만든다는 이야기는 못 들었는데 중국이 이렇게 된 데에는 아마 중국도 우리와 비슷한 유교적 사회문화를 가졌기 때문으로 생각된다.

이러한 교육개혁의 문제 이외에도 한국인들의 혈통 집착성을 엿볼 수 있는 일은 대단히 많은데, 나는 이것을 입양고아를 수출에만 의존하는 현상이나 제사의 강조, 종친회의 범람, 족보의 열렬한 간행 등과 같은 예를 통해 설명했다. 그저 같은 핏줄을 가진 내 자식만 선호하니 다른 성씨를 가진 ─ 혹은 성이 뭔지도 모르는 ─ 불장난의 씨앗들(미혼모의 아기)을 자기 집안에 들여놓을 리가 없다. 버려진 아이들은 앞으로도 계속 나올 테고 우리 국민의 의식은 단기간에는 바뀌지 않을 터이니 이 문제가 어떻게 풀릴지 모르겠다. 우리나라가 전쟁이 막 끝난 후진국도 아닌데 아직도 입양아 문제의 대다수를 홀트라는 미국인이 세운 단체에 의존하고 있는 것은 정말로 자존심 상하는 일이다. 게다가 월남에 남겨 놓은 우리 씨들은 어떻게 하면 좋을까? 요즈음 와서 한국인 2세인 라이따이한들을 도와주는 단체가 생겨나 그나마 다행이지만 우리가 언제부터 이렇게 염치가 없어졌는지 참으로 놀랄 일이다. 한쪽에서는 세계 최고의 반도체 수출 국가라 하고 다른 한쪽에서는 미성년 매매춘이나 버려지는 아기들로 심각한 사회문제가 야기되고, 참으로 그 격차가 너무 크다.

너무 불균형하게 발전한 우리나라 | 여러 면에서 우리나라는 사회가 균형감각 없이 발달하였다고 할 수 있다. 어떤 것은 세계 최고이고 어떤 것은 우리보다 훨씬 못사는 나라 수준에도 못 미친다. 이 면에 대해 어떤 외국인이 아주 재미있는 관찰을 했다. 한국 사회의 비균형적인 발전 양태를 보려면 버스를 타보면 안다는 것이다. 가령 이제는 서울의 모든 시내버스에 장착되어 있는 카드요금기는 전세계 어디에서고 볼 수 없는 최첨단 시스템이다. 그런데 막상 버스 안으로 들어가거나 좌석에 앉아보면 그렇게 후진적일 수가 없다. 실내는 더럽기 일쑤이고 좌석은 노후되었거나 바퀴 위에 높게 설치되어 있어 앉기에 불편하다. 그것보다 더 견디기 힘든 것은 버스기사들의 비인도적인 운전행태이다. 승객들을 짐짝처럼 취급해서 갑자기 브레이크를 밟는가 하면 공연히 속도를 내서 불안하게 만든다. 그래서 우리 같은 젊은 사람들도 균형잡기가 힘든데 아이들이나 노인들은 어떻게 할지 탈 때마다 공연한 걱정이 생긴다. 아무리 근무조건이 열악해도 그 피곤을 승객들에게 쏟아서는 안 되는 일 아닌가. 물론 그러다 좋은 기사 아저씨를 만나면 하루종일 기분이 좋아지기도 하니 우리 기사 아저씨들은 자신들의 일이 얼마나 중요한가를 알아주면 좋겠다.

이런 상황은 사회 곳곳에서 발견된다. 가령 호텔도 그렇다. 우리나라는 약간 과장일는지 몰라도 숙박업소가 최고 아니면 최저다. 그 중간에 들어갈 만한 게 없다. 세계 최일류 호텔이 꽤나 포진해 있지만 그 밑

여러 개의 나무판으로 만들어진 물통에서 나무판 하나가 짧으면 그 통에는그 짧은 나무판의 높이밖에 물을 담지 못한다.

으로 내려가면 러브호텔로만 쓰이는 장급 여관밖에 없다. 중간에 값도 괜찮고 시설도 깨끗한 호텔이 거의 없다. 경제수준은 올라가는데 관광 산업은 그것을 따라가지 못한다. 공항에서 단거리 가려면 택시들이 승차 거부를 하는 마당에 그저 오는 외국인들에게 한 번 더 웃자고나 한다. 이런 바닥 수준의 택시 영업은 후진국에서나 일어나는 일이지 우리나라 같은 중진국(?)에서 벌어질 수 있는 일이 아니다. 관광이라면 나도 정말 할 말이 많지만 논지를 잃지 않기 위해서 여기서 그만 해야겠다. 다만 우리나라는 앞으로 반드시 관광입국을 해야 된다는 화두를 남겨놓고.

이렇듯 우리 사회는 불균형적으로 발전했다. 아주 간단한 예이지만 금속활자를 가장 먼저 발명한 문화국답게 책은 많이 찍어대 세계의 10대 출판 대국에 속한다고 하지만 도서관 보급률은 우리보다 경제력이 떨어지는 태국에도 못 미친다. 그런데 선진사회란 모든 것이 균형에 맞게 발전된 사회를 말한다. 아무리 여러 부분이 높은 수준으로 발달해도 어느 한쪽이 그만큼 발달되지 않으면 그 사회의 문화수준은 제일 발달이 안 된 부분의 높이에서 그치는 것이다. 이것을 '최소의 법칙'이라고 부른다. 이 법칙을 설명할 때 보통 앞의 그림을 예로 들어 설명한다. 이 그림에서 볼 수 있듯이 나무판으로 만들어진 물통에서 나무판 가운데 하나만 짧으면 그 통에는 그 나무판 높이밖에는 물을 담지 못한다. 우리나라가 그 꼴이다. 우리 사회의 발달된 모습 가운데 산업이나 상업은 세계 수준 비슷하게 가는데 정신문화나 사회문화는 바닥을 헤맨다. 그러니 문화 총량이 늘지 않는다. 그리고 그 때문에 우리는 세계인으로부터 우리가 가진 능력에 걸맞은 인정을 받지 못한다. 내가 미국에서 공부할 때에도 이 점 때문에 속이 상한 적이 한두 번이 아니었다. 우리가 우리의 경제력에 합당한 도덕윤리나 사회문화를 갖추었더라면 지금보다 훨씬 나은 대접을 받을 수 있었으리라.

이런 문제는 우리가 국가의 문화대계(文化大計)를 세우지 못해서 생기는 일이다. 다시 말해 국가 문화를 한 구도(scheme)에 집어넣을 수 있는 큰 그림을 그리지 못한 데에서 파생된 문제들이다. 우리 민족이 이전에는 정신문화를 그렇게 중요하게 여겨왔건만 최근에는 정신문화를 완전히 뒷전으로 밀어놓고 거의 저질의 유물론자가 되어버렸다. 그러니 그 중요한 문화에 대해서 말로만 "21세기는 문화의 세기"라 하지 실제로는 거의 관심이 없다.

이것을 알 수 있는 적나라한 실례가 정부에서 문화부를 보는 시각이다. 문화부가 생긴 이래 그 장관 된 사람들을 보면 초대의 이어령 교수를 제외하고는 모두가 문화와는 관계가 없는 사람들이었다. 그런가 하면 난데없이 체육부와 합치는 괴기스러운 일을 하더니 이번에는 관광을 문화부에다가 붙여놓았다. 아니, 문화가 이리 붙고 저리 붙는 그런 천덕꾸러기란 말인가? 이건 폭거이고 세상에 무식한 짓이다. 정녕 이 나라의 문화수준이 이것밖에 되지 않는다는 말인가. 이렇게 개판을 만 들어놓았으니 도대체 우리나라의 문화대계는 누가 세워야 할까? 매일 사람들을 속여 먹는 정치인들만 득실득실거리는 저 정치판이 우리나라 의 문화적 대계를 세워줄 수 있을까? 아니, 그런 큰 계획을 세워야 한다 는 당위성을 알고 있는 사람들이 정부나 국회에 있기나 한 걸까? 이런 생각이 물살처럼 머리를 스친다. 아마 총선시민연대처럼 또 우리 시민 들이 나서야 할 모양이다.

설과 추석에만 매달리는 한국인 | 한국인의 혈통 집착에 대해 말하다 또 '엄한' 데로 빠졌다. 우리 한국인의 피에 대한 집착은 확실히 유별난 데 가 있다. 세계에 유례가 없는 제사에 대한 집착은 바로 이것을 있는 그 대로 보여준다. 명절이면 국민의 반 이상이 귀향을 하는데, 이건 거의가 제사를 지내기 위해서이다. 이때 드리는 제사는 고조(高祖), 즉 4대까지 만 봉사(奉祀)를 하는 것이다. 사실 엄격한 주자가례에 따르면 우리 같 은 평민은 1대 봉사밖에는 할 수 없다. 그러니까 자기 부모한테만 제사 를 지낼 수 있는 것이다. 그러나 조선 후대가 되면서 너도나도 양반 행 세를 하느라 일반 평민들도 상당히 높은 벼슬아치들에게만 허용되었던 4대 봉사를 했다. 사실 지금 양반 양반 하지만 조선 중엽까지 양반의 숫 자는 전인구의 1할밖에는 되지 않았다. 후대가 되면서 신분제가 붕괴되 어 말기가 되자 전인구의 반 이상이 양반이 되었고, 그 결과 지금은 양 반 아닌 사람이 없다. 그래 양반만이 가질 수 있던 족보를 전국민이 갖 게 되었다. 이건 무슨 소리인가. 이건 대부분의 사람들이 족보를 '가라 (가짜)'로 만들었다는 이야기이다. 게다가 조선조의 관례로 하면 양반이

라도 3대가 벼슬을 못하면 평민으로 강등된다. 엄밀하게 따지면 국민 중 정말 양반일 수 있는 사람은 극소수에 불과하다. 그런데도 모두 창피한 줄 모르고 양반 타령을 한다. 그나마 남아 있던 양반들도 일제 때 대부분 몰락한다. 그때 높은 관리가 되었던 사람들은 일제에 협력한 중인이나 상인들이었다. 이들은 진작부터 양반 계급들에 대해 진절머리를 치고 있었고 그런 까닭에 일제와 손을 잡는 데에 별 윤리적 거리낌이 없었던 것이다. 그래서 지금 잘나가는 집안의 내력을 조사해 보면 이런 과거를 가진 집안이 많다.

어떻든 명절만 되면 우리 한국인들은 온 집안 사람이 제사를 드리기 위해 모인다. 이것 자체는 아무 문제가 없다. 문제는 이 집안을 넘어서는 공동체의식이 없다는 것이다. 우리 한국인들이 가장 좋아하는 공휴일은 무엇인가? 두말할 것 없이 설과 추석이다. 그런데 이게 전부다. 가족을 넘어서는 공동체인 국가를 기리는 날은 유명무실하다. 우리에게는 8월 15일이나 10월 3일은 하루 노는 것 이상의 다른 의미가 없는 날이다. 나라가 그 흉악한 일제의 질곡에서 해방된 날이든, 우리나라가 처음으로 열린 날이든 우리 한국인에게는 아무 의미가 없다. 이건 중요한 이야기이다. 보통의 국가에서는 국민의식을 함양하기 위해 의도적으로 이런 날을 대대적으로 축하한다. 이른바 국민적 축제일을 만드는 것이다. 그리고 국민들로 하여금 이런 날을 통해 나라가 얼마나 소중한 것인가를 느낄 수 있게끔 교육시킨다. 이럴 때 가장 많이 쓰는 방법이 축제를 여는 것이다. 축제를 통해서 구성원들이 하나됨을 느끼게 하기 위해서이다. 보통의 국가에서는 주로 국가적 의례나 축제를 성대하게 치름으로써 이 의도를 관철시킨다.

이해를 돕기 위해 미국의 경우를 보자. 미국인들은 그들의 독립기념일인 7월 4일을 전국에서 퍼레이드를 하는 등 대대적인 축제로 장식한다. 막대한 예산이 들어가는 줄 뻔히 알면서도 이런 일을 하는 이유는 국민의식을 높이는 데에는 이런 날을 이용하는 게 좋다고 생각하기 때문이다. 이날 미국인들은 조상들에게 감사를 드리고 미국인으로 태어난 데에 대한 감사의 마음을 갖게 된다. 또 축제에 직접 참가하여 공동체의식을 한층 더 강하게 갖기도 한다. 이날 외에 미국인들이 즐기는 축제일은 뭐니뭐니해도 부활절과 추수감사절과 크리스마스이다. 이날이 되면 그들도 가족들이 다시 모이기는 한다. 그러나 이 휴일들의 공통된 특징을 보면 자기 조상들만 생각하는 것이 아니다. 적어도 기독교 교리에 따라 우리 인류를 위해 죄를 대속하신 분의 탄생이나 부활을 경하드리는 날인 것이다. 다시 말해서 그들은 이날을 지내면서 인류의 보편적 가치인 사랑이나 희생을 아무리 아니더라도 아주 조금은 생각하게 될 것이다. 그런데 우리 명절날인 설이나 추석 때에 이런 인류의 보편적인 가치를 다시 한 번 되뇐다는 소리를 들어본 적이 없다. 소수의 사람들이 소외된 이웃을 찾아 고아원이나 양로원에 가는 정도뿐이다. 우리가 진실로 선진국이 되기 위해서는 바로 이러한 인류의 보편적 가치를 생각하는 날이 하루는 있어야 될 것 같다. 아니, 가문을 넘어서는 더 큰 공동체를 기리는 날이 우리의 공휴일 가운데 있어야만 한다. 그런 날의 후보로는 어떤 날을 들 수 있을까?

유교가 우리에게 미친 긍정적인 영향

지금까지 유교가 우리에게 부정적인 영향만 준 것처럼 이야기했지만 앞에서도 이야기한 것처럼 사람의 삶 속에서 단점은 바로 장점이 될 수 있다는 것을 잊어서는 안 된다. 또 유교가 그렇게 형편없는 가르침이었다면 우리 조상들이 오랫동안 유교에 천착하지도 않았을 것이다. 게다가 그런 유교를 신봉한 조선이 500년 동안이나 유지되었다는 사실은 어떻게 설명될 수 있을까?

유교가 지금 생각하는 것처럼 '상저질'의 가르침이었다면 조선은 빨리 망했어야 되는데 그렇지 않았다. 사실 우리는 조선조를 잘 모른다. 물론 신라나 고려보다는 잘 알지만 제대로 알고 있지는 못하다. 조선은 우리와 너무 가깝게 있고 나라가 식민지로 전락한 경험이 있어 다른 왕조보다 훨씬 더 쉽게 비판의 대상에 오를 수 있었다. 조선을 굳이 문화적으로 거칠게 평가한다면, 폭은 상대적으로 다른 왕조보다 좁을지 모르나 나름대로는 깊고 향기로운 문화를 만들어낸 왕조로 보면 된다. 그런데 우리는 조선의 깊은 맛을 모르면서 무조건 유교적인 고리타분한 왕조 정도로만 생각한다. 그러나 그 왕조를 이어받아 그 왕조 문화의 직접적인 영향 아래 살고 있는 우리는 극히 짧은 시간 안에 엄청난 발전을 했다. 만일 조선이 그렇게 별볼일 없는 나라였다면 조선을 이어받은 우리가 이렇게 기적적으로 발전할 수 있었을까 하는 의문을 던지면서 유교의 긍정적인 영향에 대해서 살펴보자.

경제개발과 유교 | 유교의 긍정적인 영향을 나는 일단 유교가 경제개발을 가능케 했던 한 동인(動因), 그러나 매우 유력한 동인이 되었던 데에서부터 찾아보고자 한다. 이것은 아무리 강조해도 지나치지 않다. 이렇게 자꾸 강조하는 이유는 우리가 너무 자신을 폄하해서 평가하기 때문이다. 나는 앞서 우리는 (문화적) 열등감이 많은 민족이라고 했다. 열등감이 많은 사람은 자신의 좋은 점을 애써서 보지 않으려고 한다. 그러다 남이 지적해 주면 그제서야 그런가 하지만 그러면서도 속으로는 '나한테 그렇게 좋은 점이 있을라구' 하는 의구심을 놓지 않는다. 열등감의 극복은 자신을 있는 그대로 보는 것에서부터 시작한다. 그렇지 않고 자

기 과시 혹은 자기 과장 쪽으로 나가면 열등감 극복에 하등 도움이 안된다.

우리는 지금까지 대체로 이런 쪽으로 나가면서 열등감을 극복하려했다. 걸핏하면 세계 최고다 동양 최대다 떠벌이는 거나, 아니면 단군시대에 우리나라가 동아시아를 호령하던 국가를 건설했다는 귀신 씨나락까먹는 소리를 하는 게 다 그런 거다. 그래 공자도 한국 사람이요(동이족), 한자도 우리 글이요 하는 국제사회에서 아무도 인정해 주지 않는 해괴한 소리를 한다. 요즈음에는 고구려로 치닫고 발해로 간다. 우리의 고대사가 그렇게 형편없는 것이 아니라는 것을 보여주기 위해서 말이다.

물론 나는 이런 시도들이 모두 그르다고는 하지 않는다. 분명 우리고대사는 잘못된 게 많은 것 같다. 그러나 그것과 함께 우리 바로 주위에 있는 것부터, 또 시대적으로 가까이에 있는 것부터 시작하는 게 순서이다. 우리 가까이에 있는 것에도 진정으로 자랑할 것이 많기 때문이다. 이 책의 2부에서는 이런 것들을 부분적으로나마 다루려고 하는데, 여기서는 우리가 이루어낸 경제개발의 기적에 대해서만 보기로 한다.

한마디로 우리나라의 경제개발은 그야말로 기적이다. 이걸 우리는너무 과소평가한다. 우리는 지금 우리나라가 단군으로부터 시작된 이래로 가장 큰 부를 누리고 있다. 이런 한국이 도래할 것이라고 예상한 사람은 지구상에 거의 없었다. 물론 우리나라는 발전해 오는 동안 생긴 부작용으로 사회·경제적인 면에서 무수히 많은 문제를 발생시켜 그것 때문에 여전히 골머리를 앓고 있다. 그렇다고 해도 이렇게 발전을 이룩한것 자체를 무시해서는 안 된다. 보통 이런 경제개발을 급속도로 이룩한아시아의 네 나라를 일컬어 '네 마리의 작은 용'이라고 했다. 다 알다시피 한국, 대만, 싱가포르, 홍콩이 그것이다. 세계의 학자들은 일본까지포함해서 이 네댓 나라의 경제가 믿기지 않을 속도로 빨리 성장한 숨은 이유를 찾느라고 한참을 부심했다. 그래서 당시 일단 얻은 결론은 이들 나라가 유교 국가란 데에 착안해서 유교가 기본적인 원동력이 되었다는 것이었다.

그랬던 게 이제는 이 가설이 또 도전받기 시작했다. 간단하게 말해서 신유교자본주의로 통칭되는 아시아적 가치가 그 효능을 다했다는 학자와 아직도 유효하다는 학자로 나뉘어서 논쟁을 하고 있다. 이 논쟁은 크게 보아 유교적 가치관이 그 효능을 다했다, 다시 말하면 유교 사회는 쉽게 사적인 데로 치우친다는 의미에서 정실(情實)자본주의로 치닫는다는 쪽의 의견이 세를 더 얻고 있는 것 같다. 그러나 사회과학의 이론이라는 게 허망(?)해서 더 두고봐야 알 일이다. 동북아시아는 유교 때문에 자본주의가 발전하지 않았다는 막스 베버의 이론이 정설처럼 한동안 받들어지더니 이제는 그 유교 때문에 경제개발이 되었다는 이론이 또 나왔으니 말이다. 완전히 반대 의견이 나온 것이다. 그런데 다시 그 유교가 더 이상의 경제개발을 막는다고 하니 어쩌란 소리인지 잘 모르겠다. 나더러 의견을 말하라고 한다면 나는 우리나라의 경제발전에는 분명 유교가 끼친 공로가 있다고 믿는다. 물론 유교가 왜곡될 때 나타나는 현상으로 공사(公私)를 잘 구별하지 못한다거나 폐쇄적인 우리의식, 지나친 관료 중심주의로 인해 유교 사회가 분명 부패될 소지가 있는 것도 사실이다.

여기서 말하는 신유교자본주의적 가치는 서열 인정하기, 배움의 중시, 근검절약, 개인보다는 집단 중시하기 등인데 앞에서 부정적으로 보아온 것이 여기서는 긍정적인 것으로 바뀐 것을 알 수 있다. 가령 서열을 중시하는 것은 비정상적인 권위주의로 빠질 수 있다고 앞에서 말했지만 긍정적으로 보면 상명하복(上命下服)하는 일사불란한 역동성을 갖고 올 수 있다. 그런가 하면 개인주의를 따르면 개개인의 힘이 분산될 수 있지만 집단주의 사회에서는 개인들의 희생 아래 집단적으로 움직이니 개인주의가 그것을 당해낼 수 없게 된다. 이렇게 세상의 모든 것은 동전의 앞뒷면처럼 긍정적인 것과 부정적인 면이 같이 간다. 여기에 가족주의적인 요소가 가미되어 회사를 집처럼 생각해 회사 일을 자기 일처럼 열심히 했던 정성도 경제발전에 한 역할을 했다.

나는 이런 요소와 더불어 유교에서 말하는 배움의 강조에 대해 특히 힘을 주어 설명했다. 아무리 집단으로 뭉쳐서 일사불란하게 움직여도 머리가 뒷받침해 주지 않으면 큰 힘을 발휘할 수 없다. 머리를 채우는 길은 배우는 것 외에는 다른 방도가 없다. 그런데 유교는 다른 어떤 종교보다도 배움을 중시했다. 이미 언급한 대로 오죽하면 유교의 가장 중요한 경전인 『논어』가 배울 '학' 자로 시작했을까? 유명한 문구인 "배우고 (그 배운 것을) 때때로 익히면 어찌 즐겁지 않겠는가"가 그것이다. 주(主) 경전의 맨 앞글자가 '학' 자로 시작한다는 것은 정말로 중요한 사건이다. 대부분의 종교 경전을 보면 맨 앞글자나 문구는 그 종교에서 가장 중요시하는 것으로 채워져 있음을 알 수 있다. 가령 기독교 경전은 태초에 하느님이 천지창조를 시작하는 것으로 되어 있다. 이것은 두말할 나위 없이 기독교에서 가장 중요한 하느님과 그의 창조행위를 언급한 것이다(하느님이 없으면 기독교는 존재할 수 없지 않은가!).

그런가 하면 불교 경전은 "나는 이렇게 들었다〔如是我聞〕"로 시작하는데, 이것은 불교에서 가장 중요한 부처님 말씀이 들려왔던 것을 말한다. 유교의 경우도 마찬가지이다. 후대에 공자의 제자들이 『논어』를 편찬할 때 이 문구를 『논어』의 맨 앞에 배치한 것은 그만큼 유교에서 배움을 중요시했다는 것을 반증해 주는 것이다.

그래서 우리는 아무리 못살 때에도 교육에 대한 투자를 아끼지 않았다. 이러한 교육 과열 현상은 위에서 본 것처럼 커다란 사회악을 만들어내기도 했지만 고급 두뇌들을 양산해 조국 근대화의 견인차 역할을 하게 한 요인이 되기도 했다. 또 부정적인 게 긍정적인 것으로 바뀐 것이다. 경제개발은 뭐니뭐니해도 서양의 선진기술을 빨리 받아들이는 데에 있다. 이것은 교육을 통해서가 아니면, 다시 말해 고급 두뇌들을 서양에 유학시키지 않으면 가능하지 않다. 우리는 배우지 않으면 사람 취급을 하지 않는 사회에 살았기 때문에 죽기 살기로 공부했고, 그 결과 미국에서 한국 유학생은 항상 상위권을 차지했다. 1위는 항상 중국이 차지하지만 인구 비율로 따지면 우리가 우위에 있는 것이 확실하다. 이것은 문화적으로 공부하는 것이 동기(부여)화(motivated)되었음을 의미한다. 유학 생활이 아무리 힘들어도 공부하는 이들에게는 그 길을 가는 게 우리 문화에서는 일반적인 길이었기 때문에, 또 으레 사람들은 '그렇게 살아야 하나 보다'라고 생각했기 때문에 결코 쉽지 않은 유학을 떠났던 것이다. 내가 미국 필라델피아라는 도시에서 공부하고 있을 때 어떤 치과 의사 — 물론 미국인 — 를 만난 적이 있었는데, 자기는 매사추세츠(필라델피아에서 자동차로 한 7~8시간 되는 곳에 있는 주)에서 왔는데도 이 도시에 적응을 못하고 헤매는데 너희는 어떻게 외국에서 와서 살 수 있냐고 경탄해 마지않았다. 그런데 돈 많은 산유국인 나이지리아나 아랍의 국가들에서는 국가가 전액을 장학금으로 대준다 해도 그 힘든 공부 왜 하느냐고 유학을 안 간다. 이것은 이들 나라에서는 공부를 한다는 것이 사람들의 머릿속에 문화적으로 장착되어 있지 않기 때문에 생기는 현상이 아닐까?

그런데 여기에서 또 한 가지 주의해야 할 일은 우리나라를 아시아의 작은 용인 다른 나라들과 같은 선상에 놓아서는 안 된다는 사실이다. 우리는 다른 소룡국(小龍國)들과는 비교도 안 되게 처절한 '제3세계' 국가의 길을 걸었기 때문이다. 혹독한 식민 체험을 했는가 하면 식민지에서 해방되는가 했더니 극악한 전쟁의 소용돌이 속에 휘말려들었다. 2차 세계대전 때 퍼부은 화력과 맞먹는 양의 화력을 퍼붓고 승자도 패자도 없는 전쟁이 끝난 후 우리에게 남은 것이라고는 정말로 뭐 두 쪽이었다(성차별적인 단어를 용서하시라!). 그때 전세계에서 '사우스코리아'는 최빈국이었다. 하다못해 지금은 경제력의 면에서 우리와 비교가 안 되는 필리핀도 그때는 우리보다 잘살았다. 그때 전세계인들은 이렇게 말했다. "사우스코리아는 아무 희망도 없는 나라"라고.

당시로서는 그 진단이 틀렸다고 할 수도 없었다. 정말로 아무 자원도 없는 나라에 시설은 다 파괴되었고, 인간들은 가능성 있어 보이지 않았고, 정치는 혼란스럽기 짝이 없었고, 백성들은 매일 데모만 하고……. 이런 정황이니 어느 누가 한국에서 희망 비스름한 것이라도 발견할 수 있었겠는가? 그러나 다른 작은 용들은 달랐다. 우선 식민지 체험도 그렇게 혹독하지 않았고 — 대만 원주민들은 오히려 일본 식민지 시대를 그리워한단다 — 전쟁을 겪은 나라는 더더욱 없다. 게다가 홍콩이나 싱가포르는 나라라고 부르기 힘들 정도로 규모가 작다. 규모가 작으니 운영하기도 쉬웠을 것이다.

그런데, 그런데 그 '절단난' 나라가 불과 40년 만에 세계에서 경제적으로 매우 중요한 나라가 되었다. 이건 숫제 기적이다. 이것은 한국인들이 놀랄 만한 능력을 갖고 있음을 의미한다. 또 한국이 굉장한 문화를 갖고 있다는 것을 반증해 준다. 그런데 우리는 이것을 스스로 자랑할 줄 모른다. 기껏 한다는 게 독재자 박정희 한 개인에게 공을 다 돌린다. 이 얼마나 어리석은 짓인가? 나는 앞에서 열등감이 있는 사람은 자신의 장점을 제대로 보지 못한다고 했다. 이게 꼭 그 꼴이다. 훌륭한 문화가 상대적으로 적은 나라의 사람들은 이런 기적을 창출해 내지 못한다. 일껏 훌륭한 문화를 조상들로부터 전승받았으면서도 자신들은 인정하려 들지 않는다. 배움을 중시하는 전통, 전체를 위해 자신을 희생할 줄 아는 정신, 넘치는 에너지, 한번 하면 극으로 치달으면서까지 무엇인가 해내는 열정, 훌륭한 손재주 등등 대단히 뛰어난 능력을 가지고 있으면서도 잘 인식하고 있지 못하는 것이다.

우리는 이제부터라도 자랑해야 한다. 또 아직도 여파가 많이 남아 있지만 IMF 위기를 이렇게 잘 극복한 것도 자랑해야 한다. 그 절대빈국의 나라가 자동차 생산에서 세계 5~6위가 된 것도 자랑해야 한다. 반도체, LCD 생산이 세계 최고인 것도 자랑해야 한다. 경제적으로만 보아도 자랑할 일이 하나 둘이 아닌데 우리 문화 전체로 보면 얼마나 자랑할 일이 많을까? 물론 자만해서는 안 된다. 자만은 철저히 경계하면서 우리는 스스로를 존중할 줄 알아야 한다.

새로운 가족제도의 탄생 | 나는 앞에서 가족주의의 병폐에 대해 말해왔다. 우리 한국인은 '우리주의'의 근원이 되는 배타적 가족주의를 극복하지 않으면 지역감정의 극복부터 해서 수많은 사회문제들을 풀 수 없을 거라고 했다. 그런데 이 문제 많은 가족주의가 지금 우리에게 커다란 선물을 제공하고 있으니 세상을 바라볼 때 얼마나 다각도의 시각이 필요한 건지 모르겠다. 이 선물이란 다른 게 아니라 우리나라에 현재 훌륭한 가족제도가 형성되어 간다는 것이다.

우리나라의 가족제도는 주지하다시피 가부장제 중심의 대가족제도였다. 이 제도의 가장 큰 문제는 무엇일까? 두말할 것 없이 고부간의 갈등이다. 가부장제를 고수했던 만큼 가장 중요한 아들을 놓고 어머니와 며느리가 세력다툼을 하는 바람에 생겨난 갈등은 엄청났다. 이것은 더 설명할 필요가 없는 이야기이다. 그런데 지금 이 문제가 많이 풀리고 있다. 고부간의 문제가 생기는 배경은 간단하다. 아들 세대와 부모들이 같이 살기 때문에 생기는 문제이다. 그러니 따로 살면 된다. 요즈음 웬만하면 다 따로 산다. 이전에는 돈이 안 돼 할 수 없이 같이 산 경우가 많았지만 이제는 경제가 발달해 돈 문제도 해결됐다. 그런데 우리는 서양처럼 부모들이 아들 혹은 딸 내외와 완전히 분리되어 사는 게 아니다. 분가한 이후에도 정신적으로나 물리적으로 아주 가까운 관계를 유지하고 산다. 부모와 자식 부부가 거리적으로 가까운 곳에 사는 경우가 허다하고, 그렇지 않더라도 매일 전화를 한다든가 중요한 일이 생기면 반드시 서로 상의하는 등 긴밀한 관계를 유지한다. 또 김장 같은 큰일도 같이 해결한다. 그리고 시가든 처가든 일주일에 한 번은 꼭 가서 인사를 여쭙는다. 그렇게 되니까 아이들은 항상 할아버지 할머니를 느끼고 가까이할 수 있다.

사실 3대가 같이 산다는 건 구성원끼리 마찰만 없다면 대단히 좋은 것이다. 새로운 생명이 태어나고 조부모는 때가 되면 세상을 뜨고 하는 데에서 아이들은 인생 전체를 배울 수 있다. 또 아버지나 어머니에게서는 느낄 수 없는 인생에 대한 깊은 지혜를 할아버지 할머니에게서 배울 수 있다. 생명의 풋풋함과 인생의 연륜이 같이 돌아갈 수 있는 게 대가족제도의 장점이다. 그리고 이 장점은 우리가 현재 유지하고 있는 가족제도에 상당히 많이 남아 있다. 아이들이 조부모를 접할 수 있는 기회가 많기 때문이다. 또 고부간의 갈등도 현저하게 줄었다. 부모들이 차차 개명되고 경제적으로 자식들의 신세를 안 지려고 하니 서로 갈등이 생길 거리도 많이 줄었다. 물론 문제가 완전히 없어진 것은 아니지만 매우 이상적인 방향으로 바뀌어가고 있는 것은 사실이다.

그러니 서양 사람들은 우리의 가족제도를 보고 너무도 부러워한다. 그네들 가정은 지금 너무나 깨져가고 있다. 미국의 경우에 이혼율이 두 부부당 한 쌍이라고 하니 ― 우리도 이혼율이 급증하고 있기는 하지만

― 볼장 다 본 거다. 사람이야 만나고 헤어지는 거니 이혼 자체가 문제될 건 없다. 그러나 제일 큰 문제는 자식들이다. 아무리 그쪽 문화에서는 자식들이 부모의 이혼을 대수롭지 않게 받아들인다 해도 아이들에게 이혼의 충격은 엄청나다. 특히 아이가 어릴수록 그 극복이 쉽지 않다. 아이들이 그렇게 크니 마약에 쉽게 빠지고 고교생들이 총으로 집단살인을 하는 기괴한 사건들이 터진다. 사회에서 일어나는 많은 범죄들은 좋은 가정만 있으면 대부분 극복될 수 있는 것들이다. 그런데 우리는 가족을 무엇보다도 중요시했던 유교 덕에 가정을 이렇게 지키고 있는 것이다. 효의 부정적인 면을 많이 이야기했지만 효는 우리 민족이 세상 끝날까지 지니고 가야 할 높은 덕목이다. 바로 그 효 때문에 우리의 가족이 이렇게 지켜지고 있기 때문이다.

서양에서처럼 결혼만 하면 부모를 찾아가기는커녕 일년에 한 번 전화할까 말까 하는 것은 정말 인간이 할 짓이 아니다. 자신을 낳아주고 키워준 부모에 대한 사랑은 영원히 변할 수 없는 고귀한 가치이다. 이것을 서양 사람들은 개인주의라는 미명 아래 무시하고 있으니 참 큰일날 사람들이다. 그런데 서양 사람들은 우리의 가족제도를 부러워하면서도 그네들의 가족제도를 바꾸지는 못한다. 우리가 우리의 사회문화를 바꾸기 힘들듯이 그들도 못 바꾸는 것이다. 우리는 우리 제도의 단점을 개선하면서 고쳐나갈 수 있지만 저들은 시작조차 못한다. 유교의 효와 가족주의는 또 이렇게 우리에게 공헌하고 있는 것이다.

인간에게 가족은 그 중요성을 아무리 강조해도 지나치지 않을 것이다. 대부분의 인간이 결국 마지막으로 의지할 수 있는 곳은 가족이다. 우리는 이 가족 안에서 안정감을 갖고 삶의 활력을 얻는다. 세상이 우리를 버려도 가족이 지켜주는 한 우리는 생존할 수 있다. 이렇게 중요한 가족이 서양에서는 아주 이상한 형태로 바뀌고 있다. 물론 가족을 대신할 수 있는 여러 가지 공동체가 있다는 것은 이해할 수 있다. 불교의 승가나 가톨릭의 수도 공동체 같은 것은 모두 가족을 대신하는 공동체이다.

그런데 서양에는 지금 이상한 가족이 나온다. 동성 가족이 그것이다. 벌써 유럽 몇 나라에서는 동성 부부를 법적으로 인정해 주는 모양이다. 이것까지는 그래도 있을 수 있는 일이라고 해두자(또 나는 동성애 자체는 별 문제가 되지 않는다고 생각한다). 그런데 이해되지 않는 일은 이런 부부들이 아이를 입양해 기르겠다는 것이다. 여기에서는 나도 고개가 갸우뚱해진다. 앞으로 인류의 가족제도가 과연 어떻게 바뀌어나갈지 여간 궁금한 게 아니다. 어떻게 바뀌든 우리처럼 정상적인 조부모와 부모가 모두 있는 가족이 최고인 것은 두말할 나위가 없겠다.

이렇게 해서 지금까지 우리는 유교가 우리나라의 사회문화 형성에 어떤 영향을 미쳤는가에 대해 살펴보았다. 유교 문화의 핵심에는 가족주의가 도사리고 있었고, 이 가족주의는 우리에게 폐해와 희망을 동시에 안겨주었던 것을 확인할 수 있었다. 아울러 우리나라가 이른바 선진국으로 도약하기 위해서는 가족주의에서 파생된 우리주의(weism)를 창조적으로 극복해야 한다는 것도 절감할 수 있었다. 우리 문화가 어떻게 나아가야 할 것인가에 대해서는 3부에서 집약적으로 논의하기로 하고 이제 보다 자유로운 영역인 샤머니즘에 대해서 보기로 하자.

2. 한국 문화의 뿌리인 샤머니즘

이제 우리는 한국 문화의 영원한 샘물 같은 무교(巫敎)에 다다랐다. 나
도 여느 한국인들처럼 한국 종교를 공부하기 이전까지는 무교에 대한
이미지가 썩 좋은 것이 아니었다. 어릴 때 집에서 하던 굿이나 대학 때
(1970년대 중반) 누나의 일로 구의동 아차산에서 하던 굿을 보았을 때나
굿 하면 유치하기만 했고 미신스럽기만 한 인상밖에는 생각나는 게 없
었다. 누나의 무슨 살을 푼다고 치마를 뒤집어씌워 놓고 무당이 언월도
와 삼지창 같은 것을 갖고 그 위에서 교차시키던 그런 짓은 아무리 봐도
애들 장난 같았다. 또 제금과 장구 소리도 기괴하기 짝이 없었다. 아마
굿을 많이 접해보지 못한 독자들은 굿에 대해서 거개가 나와 비슷한 느
낌을 갖고 있을 것으로 생각된다. 그런데 한국 종교와 문화를 본격적으
로 공부해 보니 인식이 영 달라졌다. 무교의 수준 높은 종교성이나 무교
가 우리나라 문화의 형성에 끼친 영향의 막중함을 발견하고 너무도 놀
랐던 기억이 새삼스럽다. 그뿐만이 아니라 공부를 하면 할수록 무교는
우리 문화의 뿌리라는 것을 확신하게 되었다. 또 무엇보다도 무교는 재
미있었다.

  그래서 지금 드는 생각은 민족성을 운운하는 게 매우 비사회과학적

이라는 것을 알면서도 굳이 무교와 연관해 우리 한국인의 '민족성'을 말해본다면 무교는 한국인의 변하지 않는 민족성을 담당하고 있지 않나 하는 생각을 해본다. 사실 민족성에 대해 말하는 것은 대단히 위험한 일이다. 사람들은 "한국인의 민족성은 이러이러하다"라든가 "한국 사람은 민족성이 글러먹었어" 하는 식으로 말하기를 좋아하는데, 이것은 하나도 정확한 말이 아니다.

가령 이때 한국인은 어떤 계층을 말하는 것이고, 또 어느 시기의 한국인을 말하는 것인가. 한국인은 역사적으로 매우 다양하게 발전해 왔기 때문에 한국인의 민족성이 어떻다는 식으로 일반화하는 것은 바람직한 일이 아니다. 민족성이라는 단어가 갖고 있는 가장 큰 문제는 민족의 성격이 전혀 변하지 않는 것이라는 인상을 주는 것이다. 그러나 사물은 끊임없이 변한다. 우리 민족도 시대를 달리하면서 매우 많은 변화를 겪었다. 가령 7세기에 경주에 살았던 신라인과 21세기에 서울에 사는 한국인을 같은 나라 사람이라고 생각할 수 있을까? 아마 공통점보다는 차이점이 훨씬 더 많을 게다. 그래서 민족성이라는 낱말은 아예 쓰지 않는 게 좋다.

그러나 그런 위험을 충분히 숙지하고 현재 우리나라 사람들의 성향에 대해서 말해본다면, 한국인의 성향 가운데 변할 수 있는 부분은 유교가 담당하고 있고 변하지 않는 부분은 위에서 본 대로 무교가 담당하고 있다고 보고 싶다. 앞으로 우리나라 사람들은 유교의 영향권에서 계속 멀어질 것이다. 그런 의미에서 유교적인 '민족성'은 변할 것이라고 본 것이다. 그러나 무교 쪽 부분은 다르다. 우리나라의 무교는 오랜 옛날부터 있어 왔고 역사 속에서 한 번도 사라져본 적이 없기 때문에 그 영향이 항속적이고 앞으로도 지대할 것이라는 생각이 든다. 이것은 지금, 디지털 혁명 시대라는 21세기에도 무당의 숫자가 늘고 무업이 성업중에 있는 것을 보면 알 수 있다.

이와 관련해 어떤 무당이 이런 푸념을 하는 것을 들은 적이 있다. 일반 한국인들이 평상시에는 자기들을 천시하고 샤머니즘을 미신시하다가도 어려운 문제만 생기면 평소 다니던 교회고 절이고 다 때려치우고 자기들에게 찾아온다고 말이다. 우리 한국인들은 아직도 무당이 편한 것이다.

이외에도 무교가 우리 문화의 뿌리라는 증거는 얼마든지 댈 수 있지만 이미 다른 책에서 많이 거론했기 때문에 여기서는 삼가야겠다. 그래도 그냥 지나칠 수 없는 게 우리 예술에 나타난 무교의 영향이다. 나는 이 예로 가장 한국적이면서도 세계에 내놓아도 전혀 손색이 없는 우리 예술 가운데 상당 부분이 무교의 직접적인 영향으로 생겨났다고 주장했다. 가령 가장 한국적인 성악인 판소리라든가, 그만큼 한국적인 기악인 산조, 또 한국춤의 백미라고까지 일컬어지는 살풀이춤이 모두 (호)남도의 굿판 음악인 시나위에서 파생된 것만 보아도 샤머니즘의 영향을 한눈에 알 수 있을 게다. 이를테면 가장 한국적이라는 것을 찾아보면 샤머니즘적인 것과 바로 연결되는 경우가 많다. 그만큼 우리 민족은 무교와 같이해 온 세월이 길었다. 나는 이 점에 착안해서 우리 예술, 특히 조선 후기의 우리 예술은 그 기저에 샤머니즘적인 성향을 깔고 있다는 논지로 단행본을 발간하기도 했다.

카오스적인 역동성을 지닌 우리 문화

이런 관점을 중심으로 해서 샤머니즘과 우리 문화와의 관계를 잠깐 복습해야겠다. 복습하는 동안 또 일정한 부분이 이전의 설명과 중첩될 터인데, 독자들의 양해를 구하는 바이다. 그러나 확실히 이해하기 위해서는 반복보다 더 좋은 방법이 없다.

각설하고 샤머니즘의 핵심이 엑스터시, 즉 망아경에 있다는 것은 너무도 잘 알려진 사실이다. 망아경이란 자기를 잊어버린 상태를 말한다. 자기를 잊으니 남도 없어지고 그렇게 되니 질서라는 것이 설 공간이 없다. 그저 무질서한 세계가 펼쳐지는 것이다. 이것을 카오스적 상태라고 불러도 좋으리라. 한국인들이 엄청 좋아하는 샤머니즘, 그런데 그 샤머니즘의 본령이 카오스적인 망아경 상태이니 한국인들도 이런 상태를 좋아할 게 틀림없다. 사회에서는 사회의 유지를 위해 기본적으로 질서를 옹호해야 한다. 그런데 태생상 한국인들은 이런 질서를 싫어한다. 그래서 가능한 한 빨리 이 숨막히는 질서에서 벗어나 자유로운 카오스로 들어가려고 혹은 돌아가려고 한다.

나는 한국인의 이러한 경향을 가장 잘 표현한 게 '신들림과 신명'이라고 했다. 확실히 한국인들의 신들림은 남다른 데가 있는 것 같다. 사람은 원래 망아경으로 빠지면 괴력을 발휘하는 법이다. 큰 무당들이 굿을 할 때 신이 제대로 지피면 나이가 많은 노무(老巫)라도 그 무거운 떡시루를 입으로 물고 '경중경중' 춤을 춘단다. 그래서 그런지 그런 무당을 좋아하는 한국인들도 한번 열받으면 엄청난 힘을 발휘한다. 에너지가 넘쳐흐른다.

이 힘이 조국 근대화의 저력이 되지 않았을까 하는 생각도 가져본다. 한번 '잘살아 보세' 하고 사회분위기를 띄우니까 저도 모르는 사이에 그 엄청난 힘에 불이 붙은 것이다. 이처럼 한번 무엇을 결정하면 다른 견해를 용납하지 않고 한 방향으로 밀어붙인다. 이는 대단히 위험하면서도 동시에 엄청난 괴력을 발휘할 수 있다. 지난 IMF '역모' 사태 때에도 금 모으자 했더니 전국에서 금광이라도 하나 새로 캔 듯이 금이 철철 넘쳐나오기 시작했다.

그런데 이 힘에는 방향타가 없다. 그저 '밀어붙임'만 있을 뿐이다. 사려라든가 반성이 없다. 그래서 한국인들이 극에서 극으로 치닫는 것이다. 힘은 넘쳐흐르는데 그 힘의 방향을 제시할 이정표가 없는 것이다. 우리나라에 일정한 사조나 종교가 외국으로부터 들어오면 쉽게 극단적이 되는 것은 그런 이유에서일 것이다. 생각은 하려 하지 않고 힘은 넘치니 그런 움직임은 곧 극단으로 흐르게 된다. 이렇게 화끈한 것을 좋아하니 중간에 뜨뜻미지근하게 절충안 같은 것을 내놓으면 쩨쩨하고 사나이답지 못하다고 상대를 안 해버린다. '기면 기'고 '아니면 아니'지 중간에 좀더 생각하는 기간을 필요로 하지 않는다. 자기 이익에 안 맞으면 그냥 내치고 반대만 일삼는다. 아직 우리나라 국민들은 자신을 제어할 수 있는 합리적인 판단능력이 부족한 듯한데, 그런 이지력은 부족하고 감정이나 힘이 풍부하니 우리 사회에는 온갖 미성숙한 일들이 벌어지고 있는 것이다.

한국인들의 이러한 역동성은 예술에도 잘 나타나 있다. 이 점에 대해서는 내가 쓴 다른 책에서 충분히 밝혔기 때문에 여기서는 생략하지만, 다른 것 다 떠나서 사물놀이나 판소리만 보아도 충분하다. 사물놀이는 연주가 시작되면 곧 클라이맥스로 올라가 거기서 수많은 변주를 한다. 그리고 그 긴장상태를 끝까지 유지한다. 엄청난 힘의 발현이다. 판소리 역시 그 힘에 있어서는 불가사의한 성악이다. 한 사람의 성악가가 우렁찬 목소리로 다섯 시간 이상을 연주할 수 있는 음악은 지구상에 그다지 흔치 않을 것이다. 그리고 판소리에서는 고운 목소리보다는 큰 소리 내는 것을 더 좋은 소리로 생각한다는 사실도 잊어서는 안 된다.

이 힘에 세련된 지성이 덧붙여지면 매우 훌륭한 문화가 될 수 있다. 그런 면에서 보면 조선시대도 좋은 모델이 될 수 있다. 샤머니즘적인 힘을 대단히 면밀한 철학을 갖고 있는 유교가 상층에서 조절하고 있었기 때문에 조선시대는 나름대로 매우 훌륭한 문화를 일구어낼 수 있었다. 지금은 조선시대에 유교가 하던 역할을 대신해 줄 상층의 세련된 세계 관이 없다. 그래서 문화가 천박하게만 흐르고 중심이 없어졌다. 먹고 마시고 퍼질러 자고 하는 것만 발달된, 세상에 더없는 천박한 문화를 발달 시킨 게 21세기 초의 한국 문화이다.

음주가무를 통해 카오스로 치닫는 한국인 | 원론적인 이야기는 각설하고, 다시 한국인들의 샤머니즘적인 성향을 보자. 한국인들의 습성 가운데에는 외국인들이 잘 이해하지 못하는 것이 더러 있는데, 그중에서도 한국인들의 폭음 습관은 수위에 들어갈 것이다. 술을 마실 때 적당히 마시기보다는 고주망태가 될 때까지 마셔대니 외국인들은 이해하지 못하는 것이다. 그래서 외국 바이어 — 특히 서양인들 — 들이 이런 이야기를 한다. "왜 한국 비즈니스맨들은 만나면 일에 관계된 계약 이야기는 안 하고 술부터 먼저 마시자고 하느냐"고 말이다. 왜 그럴까? 우리가 술을 좋아하기로서니 중요한 일까지 망쳐가면서 술을 마시자고 할까? 우리 나라 사람들이 그렇게 어리석을까? 절대 그렇지 않다. 매우 이성적으로 들리는 외국인들의 힐난어린 지적에 전혀 주눅들 필요가 없다. 얼마든지 문화이론으로 설명할 수 있기 때문이다.

이것은 쉽게 말해서 두 문화의 코드가 다르기 때문에 일어나는 현상이다. 우리나라 같은 집단주의 문화를 가진 나라에서는 그 집단의 유지를 위해 구성원간의 관계를 대단히 중요시한다. 이런 문화를 가진 나라에서는 항상 인간관계 맺는 것을 먼저 해야 한다고 생각한다. 공적인 일은 그 다음이다. 그러니까 인간관계를 터놓고 그 다음에 일에 대해 이야기하는 것이다. 잘 모르는 사람, 혹은 아직 '우리'라는 울타리 안에 들어와 있지 않은 사람들과는 어떤 이야기도 할 수 없는 것이다.

그래서 우리는 업무상이라도 새로운 사람을 만나면 그 사람과 인간관계 트기를 먼저 시도한다. 뭔가 서로 끈끈한 정 같은 게 흘러야 그제서야 안심하고 일 이야기를 한다. 그런데 인간관계를 트는 데는 술이 최고이다. 술이 거나하게 들어가면 세상사람들은 모두 친구가 된다. 또 속에 들어 있는 이야기도 쉽게 할 수 있다. 이렇게 한판 술을 마셔야 내(內)집단의식이 형성된다. '남'이 아닌 '우리'가 되는 것이다. 우리가 되면 그제서야 일에 관한 이야기가 시작된다. 어떤 때는 아예 술집에서 계약이 맺어지기도 한다.

비즈니스할 때 술 마시는 것은 그렇다 치고 한국인들은 일상생활에서도 왜 그렇게 많이 마셔댈까? 한국인들의 술 마시는 습성 가운데 특기할 만한 것은 술을 많이 마시는 것뿐만 아니라 빨리 마시는 것이다. 한국인들은 어떻게 해서든 알코올을 빨리 섭취하기 위해 수많은 음주법을 고안해 냈다. 폭탄주 같은 것은 다른 나라에도 흔하게 있지만 그외에도 기발한 주법을 많이 생각해 냈다. 요즈음에는 타이타닉주가 나왔다는 이야기가 들리는데, 두손두발 다 든 것은 역시 다탄두주(多彈頭酒)이다. 이 술은 폭탄주에서 발전한 것으로 보통 맥주잔을 쓰는 게 아니라 500cc짜리 생맥주잔을 쓴다. 보통 맥주잔 가지고는 양이 안 차는 것이다. 그 안에 양주잔을 하나만 넣는 게 아니라 세 개 정도를 동시에 넣는다. 그래서 다탄두주라고 하는 거다. 그걸 한숨에 들이키고도 남아나는 사람이 있을까?

그런데 왜 우리는 이렇게 마셔댈까? 앞에서도 밝혔듯이 내 생각에 우리 한국인은 태생적으로 야성적인 기질이 있어 질서 잡힌 것을 싫어하는 것 같다. 우리 한국인들은 원초적으로 (샤머니즘적인) 자유분방함 혹은 카오스적인 것에 대한 동경을 갖고 있어 현실의 숨막히는 질서를 견디지 못한다. 그런데 현실은 항상 법도만 따지는 유교 때문에 너무 억

유흥업소가 즐비한 신촌의 거리

압적이다. 한국인들에게는 이게 태생적으로 안 맞는다. 그래서 어떻게 해서든 빨리 그 답답함에서 도망가려고 한다. 자기들이 항상 동경하는 카오스로 말이다. 그러기 위해서는 제일 좋은 게 바로 술이다. 카오스로 돌아가려면 웬만큼 마셔서는 안 된다. 곤드레만드레 마셔야. 그래서 너도 없고 나도 없어지고 술만 남을 때까지 마셔야 안심이 된다. 적당히 마시는 건 마신 것으로 치지 않는다. 그냥 부어넣어 원초적 회귀점인 카오스에 도달해 미친 듯이 노래하고 흔들어대야 그날 술 한번 제대로 마셨다고 말한다.

그래서 한국인들은 도무지 차분하게 앉아서 토론하고 서로의 의견을 듣는 게 없다. 그저 취해서 떠들고 노래하고 악을 쓰다 그 다음날이 되면 다 잊어버리고 만다. 빨리 달아오르고 무섭게 식어버린다. 열정적인 민족인 것 같다가도 순식간에 극히 냉담한 민족으로 바뀌어버린다. 이런 놀이문화는 급기야 전국토를 음식점화, 노래방(단란주점)화, 러브호텔화해 버렸다. 아마 우리 후손들은 우리를 생각할 때 21세기를 전후해서 남한의 국토를 이러한 위락단지로 뒤덮는 위업을 달성한 선조들로 기억할 것이다. 우리나라는 이런 면에서 정말 너무했다. 어디를 가든 이른바 '카페'나 여관이 없는 곳이 없고, 음식점이나 유흥주점이 없는 데가 없다. 이게 다 우리나라 사람들에게 문화의식이 없다는 증거이다. 이제 먹고 살 만큼 돈은 생겼는데 문화의식이 받쳐주지 않으니 그 돈은 말초적인 쾌락을 충족시키는 데에만 쓰게 된다. 그러니 매일 전국적으로 부어라, 마셔라, '뒤비져라'만 하고 있는 것이다.

가끔 서울 강남에 가보면 음식점이나 술집의 호화가 극에 달해 있음을 발견할 수 있다. 그러나 그 어느 곳도 확실한 문화감각을 갖고 지은 곳은 발견하기 힘들다. 그저 돈만 처바른 것이다. 이건 강남의 부자 아파트들이나 이른바 빌라들도 마찬가지이다. 높은 수준의 문화는 보이지 않고 대신 국적을 찾을 수 없는 이상한 저질적인 사치문화만 판을 치고 있다. 그래 놓고 그들은 굉장히 잘사는 줄 안다. 자던 개나 소도 웃을 일이다. 그에 비해 강북, 특히 삼청동이나 인사동 같은 곳은 소박해도 문화가 조금은 느껴진다. 다 각설하고 다시 우리의 주제로 돌아가자.

위에서 보던 것에 연장해서 한국인들의 가무 관습에 대해서 보기로 하자. 한국인들이 가무를 좋아하는 것은 이미 세계적으로 정평이 나 있다. 벌써 3세기경에 씌어진 중국 역사책에 조선 사람들은 노래하기를 좋아한다는 이야기가 나와 있다. 물론 다른 나라 사람들도 가무를 싫어하는 것은 아니겠지만 우리처럼 아무 때나 어디서나 노래하고 춤추는 민족은 드문 것 같다. 우리나라 사람들이 모여 술을 곁들인 식사를 할 때 보면 정형화된 패턴이 있다. 밥은 빨리 먹어치우고 술도 바로 앞에서 말한 것처럼 빠른 속도로 마신다. 그리고 마치 약속이나 한 것처럼 곧 노래부르는 체제로 들어간다. 지금은 노래방이 생겨서 식당에서는 별로 노래를 하지 않지만 이전에는 이게 정확한 순서였다. 거기서 노래를 불러젖히고 춤을 추다가 광란으로 빠져들어 급기야는 마구 치고받는 싸움으로, 다시 말해 개판이 되어 끝나는 게 대충 우리가 벌이는 술좌석의 모습이었다(또 카오스가 되어 자리를 파한다!).

그러니 우리나라 TV처럼 음악이나 코미디 같은 오락 프로그램이 많은 나라도 드물다. 이런 오락 프로그램이 없는 날이 거의 없다. 게다가 명절 때가 되면 외국인 노래자랑이라고 해서 외국인까지 불러다 노래시키는 게 우리나라 사람들이다. 나는 이런 한국인들의 놀이문화를 완성시키는 게 라디오 노래방과 관광버스 춤이라고 했다. 세상에 방송국에서 틀어주는 음악에 맞추어서 전화기를 부여잡고 노래하는 민족이 우리말고 또 있을까? 우리는 이런 데 너무 익숙해서 그 진기함을 잘 모를 테지만 외국인들이 보면 필경 신기해서 미칠 게다. 자기 문화도 가끔

씩은 이렇게 객관화해서 보면 재미있을 때가 있다. 관광버스 춤도 비슷하다. 어떤 외국인이 고속도로를 가다가 옆에 지나가던 전세버스가 들먹들먹거려 깜짝 놀랐단다. 그래 버스를 바라보니 버스 안에서는 그야말로 진풍경이 벌어지고 있었다. 승객 전원이 박수를 치면서 노래를 하고 있고 그중 몇 사람은 좁은 통로를 헤집고 다니면서 춤을 춘다. 이 외국인은 생전 처음 보는 이 모습에 어리둥절했단다(나는 이 관광버스 춤도 무형문화재로 등록했으면 하는 장난기어린 생각도 해본다).

또 평소에는 별말이 없어 유순하게만 보이는 한국 아줌마들이 유원지에만 가면 마치 인격전환이 일어난 사람처럼 아무 데서나 누가 보든 말든 춤을 추고 노는 것을 보고 기이하다는 이야기를 남긴 외국인도 있었다. 답사를 다니면서 전세버스 기사들에게 들은 바에 의하면 버스 안에 노래방 기계를 달면 20만 원 이상 되는 벌금을 내야 한단다. 버스 안에서 노래를 하면서 뛰어다니는 게 위험하기 때문이다. 그런데 지금도 그 기계가 없는 버스는 별로 없다. 전부 보이지 않는 곳에 숨겨놓고 다니기 때문에 밖에서 봐서는 잘 안 보일 뿐이다. 얼마 전에 들었던 버스기사 이야기가 아직도 잊혀지지 않는다. "아니, 법을 지켜야 하는 국회의원 놈들도 내 버스 타면 노래해야 된다고 설치는데 기계를 안 달아놓을 재간 있나요?"

노래와 춤, 그게 뭐길래 우리 한국인들은 그렇게도 환장을 할까? 한국인들은 차분하게 앉아서 토론하고 이야기하는 데에는 무척 약하다. 그저 소리를 지르면서 감정을 마구 발산해야 직성이 풀린다. 마치 신들린 것처럼 되어 신명 속으로 빠져들어야 사람 사는 줄로 안다. 적당히 다과를 놓고 서로 이야기를 듣고 조용하게 지내는 것은 영 성에 안 찬다. 여기서도 우리는 한국인들의 엄청난 에너지를 느낀다.

다시 처음의 질문으로 돌아가자. 한국인들은 왜 노래와 춤을 좋아

할까? 노래와 춤은 우리를 망아경으로 모는 힘이 있다. 우리가 노래와 춤을 좋아하는 것은 그런 상태를 좋아하기 때문이다. 한국인들은 망아경, 다시 말해 카오스 상태로 들어가는 것을 끔찍이 좋아하는 것 같다. 의식이 성성할 때의 질서가 싫은 것이다. 항상 너와 내가 분명하게 나뉘어 있고 남녀가 구분되고 아래위를 따져야 하는 일상적 생활을 버겁게 느끼는 것이다. 그래서 가능한 한 자주 이런 숨막히는 상태에서 빠져나가려고 한다. 이를 위해서 위에서 말한 것처럼 술을 마시고 일종의 보조 수단으로 노래하고 춤을 춘다. 그래서 한국인은 '흥의 민족'이라고 하는 것이다.

그러니까 한국인들은 정형을 싫어한다. 그저 마음 내키는 대로 일을 처리하는 것을 좋아한다. 즉흥성이 강하다. 순간에 대처하는 능력이 뛰어나다. 변통이나 융통성을 잘 부릴 수 있다. 그래서 변덕도 잘 부린다. 임기응변이라면 역시 우리 한국인이다. 이게 잘못 빠지면 전부 대충대충 하는 것으로 빠지지만 조금만 조종(control)이 되면 엄청난 창의력이 나올 수 있다. 그래서 항간에 앞으로의 시대에는 한국인의 이러한 성향이 우세하게 작용할 거라고 한다. 전혀 틀리는 말은 아닌 것 같다. 21세기는 디지털 혁명의 시대다, 인터넷 혁명의 시대다 하는데, 이 시대의 가장 큰 특징은 세태가 너무 빨리 변해 미래를 잘 예측할 수 없는 불확실성이 지배하리라는 것이다. 물론 큰 계획도 있어야 하겠지만 급변하는 상황에 재빠르게 대처해야 한다.

그런데 이것을 잘할 수 있는 게 바로 한국 사람이란다. 가령 일본인 같은 경우에는 항상 미리 주도면밀하게 계획을 짜놓는 것으로 유명한데 문제는 돌발상황이 생겼을 때이다. 그들은 예정에 없는 일에는 대처를 잘하지 못한단다. 그때부터 계획을 다시 짜고 새롭게 시작해야 하는데 그러다 보면 시간이 너무 흘러가버린다. 우리도 문제가 없는 것은 아니다. 아무래도 일본 사람 같은 주도면밀함이 떨어지는 것은 우리에게는 치명적인 약점이 될 수 있다. 이 치밀함과 임기응변성을 같이 갖고 있으면 천하무적일 터인데 앞으로 어떻게 될 것인가는 두고보아야 할 일이다.

한국 예술 속에 보이는 무교의 영향

나는 이미 여러 군데에서 한국인의 이러한 자유분방한 정신이 예술에서 화려한 꽃을 피웠다고 주장했다. 특히 자연스러움의 미학으로 따지면 — '자민족 중심주의'라는 비판을 무릅쓰고 말하지만 — 세계에 한국 예술을 따라갈 예술이 별로 없다고 했다. 사실 이 자연스러움이라는 용어는 학문적으로 따지면 문제가 많이 있어 나는 잘 쓰지 않는다. 그러나 일반 독자들에게는, 다시 말해 한국 미학의 입문자들에게는 무리가 없을 것 같아 그냥 쓴다. 혹은 조금 더 정련된 용어를 써서 '무작위의 작위' 혹은 '무기교의 기교'가 깃들인 예술품이 한국 예술품이라고도 한다 (우현 고유섭 선생의 설).

이런 용어는 모두 우리나라 예인들이 짜여진 질서보다는 자기의 내면적인 기분에 더 충실해서 자유분방하게 표현하는 것을 이른 말들이다. 그렇게 되니까 우리나라 예인들의 터치는 거칠기 짝이 없다. 그리고 세부적인 데에는 무관심하다. 그냥 크게 대충 하고 만다. 물론 우리나라 예술품들이 다 그렇다는 건 아니다. 다른 나라 예술품들과 비교해 볼 때 우리 예술품들이 두드러지게 그런 경향을 갖고 있다는 것이다. 우리 것에도 정교한 것이 많이 있다. 그렇지만 같은 정교한 것에도 우리 것에는 뭔가 한숨 돌리는 여유가 있다.

이 부분에 대해서 이미 많은 기회에 충분하게 떠들었기 때문에 다시 상세하게 이야기할 필요는 없지만 우리 한국인들의 자유분방함이나 대강 하는 습성은 하도 유명해 다시 한 번 강조해야겠다. 우리나라 예인들은 대강 큰 구도만 잡아놓고 세부적인 것은 생략하는 것으로 유명하다. 도무지 완성하는 데에는 관심이 없는 사람들처럼 보인다. 외국에서 새로운 사조가 들어오면 조금 흉내내는 것처럼 하다가 세부적인 것은 생략해 버리고 전체 모습만 따서 크게 조형해 버린다. 사실 비약일 수 있지만 이런 게 모두 우뇌성적인 사고방식이다. 세부에 대해서는 무관심하고 전체적인 감으로 한번에 봐서 그냥 대충 하는 것, 이게 한국인들의 기질인 듯싶다. 이게 잘 빠지면 전세계를 놀라게 하는 최고의 예술품이 나오지만 아무 내적인 질서의식이 없이 내질러버리면 그야말로 조잡한 작품이 나오는 것이다.

세부적인 데에 관심이 없으니까 안 보이는 부분은 대충 처리하는 경우가 많다. 가령 금속으로 만든 옛 불상을 보면, 안 보이는 등 부분 같은 곳은 그냥 구멍이 난 상태로 남겨놓는단다. 안 보이니까 대충 처리한 것이다. 어떻게 보면 익살 같을 수도 있다. 이것과 관련해서 재미있는 에피소드가 있다. 1990년대 중반에 고고학적인 유물 발견으로는 희대의 것인 금동용봉향로(동으로 만들어지고 용과 봉황으로 장식한 향로) 발견 때의 일이다. 참, 이 향로도 하늘이 도와 다시 햇빛을 보게 된 것이다. 무식한 후손들이 어리석은 짓을 하다가 천우신조로 이 향로가 발견됐기 때문이다. 충남도청 당국에서는 부여 송산리 고분 옆에 주차장을 만들려고 했다. 이 사실을 안 문화재관리국에서 제발 한 번만이라도 판 다음에 주차장을 만들자고 했다. 천신만고 끝에 허락을 얻어 파보니 무녕왕릉의 원찰 — 무녕왕을 위해 불공을 드리고 제사 지내주던 사찰 — 이 발견되고 땅속에 곱게 묻혀 있던 향로가 발견된 것이다. 이 사건은 해방 이후의 고고학 발굴 사건 가운데 적어도 다섯 손가락 안에 드는 엄청난 것이었다. 그런데 발굴하고 나서는 이게 중국 것이냐 백제 것이냐 하는 문제로 논란이 생겼다. 많은 논란 끝에 백제 것으로 낙착을 보았는데, 그 근거가 재미있었다. 향로 뚜껑을 열면 향을 꼽는 구멍이 있는데 이걸 대충 만들었단다. 외부는 정교하고 화려하기가 그지없는데 안 보이는 내부는 또 대충 한 것이다. 마지막 터치가 약한 것이다.

우리 예술에 이와 같은 특징과 더불어 소박 혹은 투박하고 파격(일탈)적이고 해학적인 특징이 있다는 것은 다른 책에서 밝혔다. 비근한 예로 절의 대들보나 기둥을 자연목 그대로 쓰는 것, 우리나라 전통 정원의 친자연적 조형, 그 유명한 조선조 막사발의 비균제성(asymmetry) 혹은 무작위성, 민화나 장승 등과 같은 조선 민중예술에서 나타나는 파격성 혹은 해학성, 그 밖의 한국 전통음악에서 보이는 즉흥성이나 역동성 등을 들었다. 여기에서는 이러한 미의식이 얼마나 샤머니즘과 관계가 되는가만 보기로 하자. 나는 우리나라 예술에 나타나는 미를 다른 기회에 다음과 같이 정리해 보았다.

소박성 혹은 단순성, 대범성, 질박함
자연주의 혹은 자연친화성
자유분방성 혹은 개성의 존중
무작위성(무작위의 작위, 무계획의 계획, 무관심성)
구수한 큰 맛
비균제성 혹은 비대칭성
파격성 혹은 일탈성, 투박성, 해학성(생략적 표현)
천연 · 천진성
곡선의 미
여유 혹은 여백의 미

역동 혹은 생동성

논리, 이성보다는 감정이나 직관에 의존

즉흥성 혹은 변통성

흥과 멋

정제미, 장려미, 유장미

조화미

위에 열거된 미를 보면 한눈에도 대부분이 샤머니즘과 깊은 연관성이 있음을 알 수 있다. 샤머니즘적인 거친 자연성이 자유분방한 미의식으로 발전하여 위와 같은 여러 미로 나타나는 것이다. 이웃나라인 중국과 일본이 — 지금까지 내가 알기로는 — 대체로 완전미를 표방한 것과는 달리 우리나라 예술은 많은 경우 무언지 완성되지 못한, 이성보다는 직관에 더 의존하는 듯한 미를 추구해 온 게 사실이다.

우리 예술이 거칠게 보이고 미완성에 그친 것처럼 보이지만, 그렇다고 정교하지 않은 것은 아니다. 세부적으로는 정교하지 않을지 몰라도 구도를 크고 전체적으로 잡는 가운데에 직관적인 정교함이 있다. 이것은 자연이 그 모습을 드러낼 때 겉으로는 무질서한 것처럼 보이지만 내부적으로는 보이지 않는 완전한 질서가 있는 것과 상통하는 바가 있지 않을까 하는 생각을 해본다. 나는 이것을 '내적인 질서' — 저명한 물리학자인 데이비드 보옴의 용어로 하면 'implicate order' — 라고 부른다. 이 질서마저 없으면 그야말로 저질의 카오스에 불과하다. 물리학이나 수학에서 말하는 최신의 카오스 이론이나 프랙탈(fractal) 이론이 주장하는 바가 바로 이런 것이다. 외적으로 일견 아무 질서가 없어 보이는 나뭇잎 떨어지는 모양이나 담배 연기 올라가는 모습에도 사실은 내적으로 매우 정교한 패턴이 있다는 것이다. 이게 바로 자연의 모습이다. 그래서 자연은 자연스럽다는 것이다.

억측일 수도 있겠지만 우리 예술이 이런 비슷한 지경에 있는 게 아닌가 생각해 본다. 이런 생각이 너무 국수적이지 않느냐는 비판도 있을 수 있겠다. 나도 그런 위험을 십분 인정하면서 그래도 우리 예술의 오묘함을 설명하고 싶어 이런 무리수를 두어본다. 그러나 꼭 무리수만도 아닌 게 가령 조선의 도자기에 대해 일본인들이 평한 것을 들어보면 그렇다. 물론 많은 평이 있었지만 제일 마음에 와닿는 것은 "조선 도자기는 조선 도공이 만든 게 아니라 자연이 그들의 손을 빌려 만든 것이다"와 같은 것이다. 이 말을 받아들인다면 조선 도자기는 자연이 자신을 표현할 때처럼 나타났을 것이고, 그렇게 되면 그 안에는 자연의 미, 그러니까 외견상으로는 무질서하고 파격적으로 보이지만 내적으로는 높은 질서가 있는 것이 된다. 그래서 일본 사람들이 우리 도자기를 보면 환장했던 것이다. 자기들은 도저히 표현할 수 없는 것을 해내니 그런 것이다.

그러나 물론 우리 예술이 다 그렇다는 것은 아니다. 위의 미의식을 열거한 데에도 나와 있지만 정제미나 조화미는 무질서하고 파격적인 것하고는 거리가 멀다. 이런 미는 상층부의 예술과 관계되어 있다. 석굴암이나 고려청자, 고려 불화 등이 이런 예에 속한다고 볼 수 있다. 당시로서는 보편적이라 볼 수 있는 중국 예술문화와 근접해 있는 게 바로 이런 예술품들이다.

그런데 상층부의 예술품이 아무리 중국 것에 근사해 있더라도 우리 예술품 중에는 중국의 것과 다른 점이 발견된다. 이건 내 얘기가 아니라 예술 전공자들의 이야기이다. 가령 한국화의 권위인 오주석 교수는 이렇게 말한다. 중국풍을 많이 모사하려고 애쓴 문인화를 보더라도 거기에서는 조선풍이 배어나온다는 것이다. 과연 우리 예술을 우리답게 만드는 것은 무엇일까? 기후나 토양 등 다른 많은 요인이 있겠지만 종교

사상적으로 보면 나는 그것을 샤머니즘에서 기인하는 것으로 본다. 그 이유는 간단하다. 중국이나 일본과 비교해 볼 때 우리나라는 샤머니즘이 유독 강하기 때문이다. 다른 나라에는 없고 우리나라에만 있는 것, 이게 우리 예술의 독특함을 만들어냈으리라는 것은 상식적인 이야기일 수밖에 없다. 우리와 역사를 같이 시작하고 지금까지 절멸돼 본 적이 없는 샤머니즘. 이 샤머니즘이 우리의 예술에 막대한 영향을 끼쳤으리라는 것은 두말하면 잔소리가 된다.

그러나 내 생각에도 비약이 있음을 인정하지 않을 수 없다. 가령 무교가 우리와 전역사를 같이했다고 해서 그게 우리나라 사람들의 성정 깊은 곳에 깔려 있다고 말할 수 있는 근거가 되는지가 우선 대두되는 의문이다. 그리고 이 가정을 인정하더라도 샤머니즘적인 미의식이 표현될 때 한국 예술이 반드시 내가 위에서 말한 것처럼 나타난다고 볼 수 있는 근거도 확실치 않다고 할 수 있다.

지난(2000년) 2월 하와이 대학에서 열렸던 제6회 환태평양 한국학 대회에서 나는 한국 음악에 나타난 샤머니즘적인 영향에 대해 발표했고 참석자로부터 바로 이와 같은 비평을 받았다. 쉽게 말해서 가정은 세웠지만 그 가정을 증명할 만한 확실한 논거를 대지 못했다는 것이다. 나도 이 논평에 동의하지만, 그렇다고 내 생각이 틀렸다고 말할 근거도 없지 않을까? 다시 말해 한국 예술에 무교가 영향을 주었다는 게 인과적으로 확실치 않다지만, 그렇다고 영향을 주지 않았다고 말할 수 있는 근거는 또 무엇인가? 만일 다른 대안을 제시하면 내 가설이 틀린 게 되지만 대안이 없으면 내 설이 제일 유력해지는 수밖에 없다. 이 문제는 앞으로 나의 연구과제이다. 심증은 충분히 가는데 이것을 증명하기 위해 물증을 확보하는 일 말이다.

샤머니즘 유감

자, 이제 샤머니즘 부분도 끝을 맺어야 할 것 같다. 그러나 이 샤머니즘 부분을 끝내기 전에 몇 마디는 더 해야겠다. 샤머니즘을 공부하다 보면 우리나라 사람들이 우뇌성적인 소양은 충분한데, 아니 넘쳐흐르는데 이 지적인 좌뇌성적인 소양이 너무 부족하다는 생각이 든다. 달리 표현하면 무슨 일을 할 때 너무 감정에 치우친다는 것이다. 이것은 정이 많아 인간적으로 보일 수도 있지만 동시에 미성숙한 상태에 머물러 있는 것으로도 보일 수 있다. 이웃나라 사람들이 진작부터 우리나라 사람들을 평한 것을 들어보면 이런 사정을 더 절감할 수 있다.

어떤 일본인은 말하기를 한국인들은 스파이가 될 수 없는 사람들이라고 했다. 이유야 간단하다. 마음속에 무슨 생각을 갖고 있든 겉으로는 전혀 내색하지 않아야 유능한 스파이가 될 수 있을 터인데, 우리 한국인들은 마음속의 감정을 숨기지 못한다는 것이다. 반면 이런 면에 일본인들은 능한 모양이다. 그리고 어떤 중국 학자는 한국인은 장사를 잘할 수 없는 민족이라고 했단다. 장사꾼이란 이익을 극대화하기 위하여 모름지기 자신의 감정을 드러내놓지 않고 흥정을 해야 하는데, 우리는 이게 잘 안 된다는 것이다. 물론 이들의 평을 다 받아들일 수 있는 것은 아니겠지만, 이것은 우리에 관해서 상당히 정곡을 찌르는 발언으로 생각된다. 우리 한국인들은 감정적이고 즉흥적이라 매사를 냉철하게 처리하지 못하는 때가 많은 것이 사실이다.

내가 이전에 쓴 『한국인에게 문화는 있는가』가 올해(2000년) 일본말로 번역되었는데 일본 출판사가 붙인 일본어 제목이 가관이었다. '한국인은 왜 곧 싸우려 드는 걸까?(なぜ韓國人はすぐケンカ腰になるのか)'라는 제목이었는데, 처음에는 이 제목에 부아도 나고 어이도 없었다. 그러나 가만히 생각해 보니까 일본인들의 눈에는 우리가 그렇게 보

일 수도 있겠구나 하는 생각이 들었다. 무슨 조그마한 시비가 생겨도 시시비비를 조용히 가리는 게 아니라 먼저 소리지르고 감정을 앞세우는 게 우리들이니 말이다. 그렇게 감정이 풍부하니 훌륭한 예술을 만들어 내기도 했겠지만 아무래도 주밀하고 집요하게 따지는 합리성은 부족하게 된다. 따라서 이제는 이 합리성을 집중적으로 길러내야 한다. 다시 말해 좌뇌가 맡고 있는 논리라든가 이성적인 사고방식을 길러내야 한다. 그래야 우리에게 앞날이 있다.

2부 | 우리 민족에게는 무엇이 있었을까?

우리가 세계에 자랑할 수 있는 정신적·물질적 문화유산

들어가면서

누가 뭐라 해도 우리나라는 분명히 문화국이다. 그런데 우리는 문화국 민처럼 살고 있지 않다. 자신들에게 무엇이 있는지 모르기 때문이다. 지난번 책에서는 우리에게 무엇이 있는지에 대해서 별다른 언급을 하지 않고 공연한 비판만 해댔다. 우리나라 사람들이 '문화천민'처럼 사는 게 너무 안타까웠기 때문이다. 훌륭한 문화를 갖고 있으면서도 그런 줄 모르고 바닥 생활을 하고 있는 게 우리나라 사람들이다. 우리가 우리 자신을 인정하지 않으니 외국인들도 별로 인정하려 들지 않는다. 우리나라같이 유구하고 우수한 문화와 역사를 가진 나라가 외국에 이렇게 알려지지 않은 것도 그 예를 찾기가 힘들다.

쓸데없는 생각일지 모르겠지만 아주 국수적인 발상을 해보면 하늘에서 꼭 필요할 때 쓰려고 우리 민족을 꼭꼭 숨겨놓은 것 같은 느낌마저 든다. 헛된 망상일까? 누구 이야기를 들어보니까 어떤 유력한 일본인이 그러기를 한민족은 성배(聖盃)의 민족이라나. 세상이 지극히 어지러워지면 그 세계를 구하는 소명을 띤 민족이 나타난다는데, 그게 한민족이란다. 한민족처럼 수없는 고난을 겪고 그러면서도 우수한 문화유산을 갖고 있는 민족이 드물다나 어쨌다나. 듣기에 과히 싫지는 않은 소리지만 요즘처럼 "민족주의는 반역이다"라는 소리가 공공연하게 나오는 세상에 미심쩍은 마음이 들어 고개가 갸우뚱해지는 것은 어쩔 수 없는 일이다.

해외에 나가보면 정말로 우리나라는 아직도 너무 알려져 있지 않음을 절감할 수 있다. 일전에 우리나라 음식의 세계시장 진출에 관한 TV 프로그램을 보니까 미국의 어떤 음식평론가가 하는 말이, 이렇게 훌륭한 한국 음식이 세계에 제대로 알려지지 않은 것은 불가사의한 일이란다. 공연한 공치사일 수도 있겠지만 음식을 잘 모르는 내가 생각해 보아도 우리 음식은 여러 가지 면에서 분명 뛰어난 점이 많은 것 같은데, 우리나라 음식 가운데 김치 하나 빼놓고는 — 글쎄 비빔밥도 들어갈까? — 전세계에 제대로 알려진 게 거의 없다. 우리나라 사람들은 손재주가 뛰어나기 때문에 음식 솜씨가 나쁠 수가 없다. 그런데 미국에서는 하다못해 태국이나 베트남 음식은 손쉽게 접할 수 있어도 한국 음식 하면 낯설기가 그지없다. 게다가 앞으로는 발효 음식의 시대가 온다는데 그러면 한국 음식은 자기 시대가 오는 거나 다름없다. 이렇게 잘 알려져 있지 않은데도 우리나라 사람들은 한국이 세계에 굉장히 잘 알려져 있는 줄 안다. 한마디로 우물 안 개구리이다.

사실 우리나라는 여러 면에서 세계에 알려져야 할 나라이다. 훌륭한 문화를 갖고 있기 때문이다. 다만 지금까지 그런 훌륭한 문화를 갖고 있는지 스스로도 모르고 있었기 때문에 세계도 우리를 알아보지 못했다. 또 무슨 귀신 씨나락 까먹는 소리를 하느냐고 할지 모르지만, 우리에게는 분명 그것이 정신적이든 물질적이든 뛰어난 유산이 있다. 그런게 없는 나라라면 앞에서도 말한 것처럼 이렇게 단기간에 세계의 최빈국에서 주요 국가로 성장할 수 없다.

우리는 그동안 열등의식에 찌든 나머지 우리나라가 1만여 년 전에는 아시아를 주름잡았다느니 하면서 이상한 억지 주장을 하기도 했다. 그러다가 객관적으로 우리 문화의 우수한 점을 이야기하면 그것도 안 믿고 "민족주의는 반역이다"라는 말까지 나오는 형국에 이르게 되었다. 그러나 상황이 어떻든 자기 자신에 대한 객관적인 지식은 자신의 발전을 위해 절대 필요한 것이다.

우리는 분명 우리가 드러내놓고 자랑할 만한 것을 '꽤' 갖고 있다. 이제 그것을 단편적으로나마 보려고 한다. 그중에는 우리에게 그런 게 있었나 하고 의아해하는 것도 있을 것이고, 이전부터 잘 알고 있는 것도 있을 것이다. 그런데 이미 알고 있던 것들도 사실은 정확하게 알고 있지는 못하는 게 대부분이다. 가령 예를 들어 이전부터 한글은 세계에서 가장 과학적인 문자이고 우수한 문자라고 배웠을 것이다. 그런데 한글이 어떤 면에서 그러냐고 물으면 웬만큼 배운 사람들도 제대로 대답하지 못한다. 그렇게 되니까 한글이 갖는 약점은 더더욱 모른다. 그냥 쇼비니스틱하게 '우리 게 최고'라는 생각밖에는 없는 것이다. 이런 걸 깨뜨려 보려고 이제 설명을 시작하려고 하는데, 다시 한 번 강조하지만 여기서 밝히는 것은 매우 단편적이라는 것이다. 이것들은 몇 가지의 예에 불과하고 우리 문화는 이것보다 훨씬 더 다양하고 심오하다는 것을 말해두고 싶다. 편의상 정신적인 것과 물질적인 것으로 나누고 싶은데 먼저 종교사상 같은 정신적인 것부터 보자.

1. 한민족의 드높은 정신문화
새로운 세계관의 창출을 위해

앞에서 나는 우리나라는 분명히 문화국이라고 했다. 문화국이란 그에 상응하는 뛰어난 정신문화를 갖고 있는 나라를 말한다. 그렇다면 우리 나라는 반드시 뛰어난 정신문화를 갖고 있어야 한다. 이렇게 말하면 또 "우리한테 뭐 뛰어난 사상이 있어?" 하고 자조어린 반문을 할 것 같은데 사실 우리에게는 뛰어나도 한참 뛰어난 사상이 있다. 그동안 이에 대해 제대로 교육을 시키지 않았기 때문에 대다수의 국민이 몰랐고, 따라서 무지했기 때문에 그런 반응이 나오는 것이다. 그렇다고 한국인들이 자신들의 높은 사상에 대해 전혀 모르고 있다고는 생각하지 않는다. 정확히 모를 뿐이다. 그러니 무엇이 좋고 어떤 점이 부족한가에 대해 잘 알지 못했다. 사정이 그러하니 외국인들에게 우리의 것을 자신있게 알릴 수 있는 올바른 지식을 갖지 못했다. 이제 보려고 하는 정신문화에 대한 것은 지금까지 알려지지 않았던 새로운 것에 대한 것은 아니다. 이미 알고는 있지만 정확하게 모르는 것을 다시 상기해 보자는 의도 아래 서술해 나갈까 한다.

무릇 종교사상이란 그 종교가 속한 사회의 세계관을 제공한다. 세계관이란 쉽게 말해 가치관을 말한다고 보아도 좋다. 어떤 사람이든 가치관 — 그 가치관이 정신적인 것을 중히 여기는 것이든 물질적인 것을 중히 여기는 것이든간에 — 없이는 살 수가 없다. 가치관이란 삶의 방향을 정해주기 때문이다. 전통사회에서는 어느 한 종교가 이러한 가치관을 모두 제공해 주었다. 가령 누군가 조선시대에 태어났다면 그의 모든 가치관은 유교식으로 도배된다. 이것은 아주 당연한 일이다. 그런데 지금의 우리나라는 좋든 싫든 다(多)종교 시대와 세속주의 시대에 들어와 있다. 다양한 것은 좋은데 너무 다양해져 버려 일관된 맥락이 없어 정신이 없다. 아무리 다양해도 그것을 엮어내는 하나의 틀은 있어야 할 것이다. 이 점에 관해서는 3부에서 자세하게 논의할 예정이다.

　　여기서는 다만 이러한 새로운 세계관을 형성하는 데 여러 종교사상이 어떤 역할을 할 수 있을지에 대해서만 보기로 하자. 새로운 세계관을 만들어내는 과업은 너무 막중하고 지중(至重)한 것이라 천학비재한 내가 혼자 할 수 있는 일이 아니다. 다만 약간의 예나 가능성만을 조심스럽게 타진해 볼 뿐이다. 그러면 먼저 우리의 영원한 종교라는 샤머니즘으로부터 시작해 보자.

새로운 대안으로서의 샤머니즘

만신(萬神)사상과 환경철학 | 독자들 가운데에는 무당 종교 같은 '저급한' 종교가 어떻게 새로운 세계관을 만드는 데에 일조할 수 있겠는가 하고 의아해하는 사람이 있을지도 모르겠다. 그런데 그건 무교를 잘 몰라서 하는 소리이다. 무교의 핵심을 조금 고상한 말로 하면 무엇일까? 그것은 한마디로 만신사상이다. 만신사상이란 무엇인가? 만물에 신이 깃들여 있다는 세계관을 갖고 있는 사상이다. 그러니까 세상의 사물은 어떤 것이든 살아 있다고 믿는 사상이다. 이것은 서양의 학문 용어로 하면

범신론(汎神論) 혹은 물활론(物活論, animism)이라고도 할 수 있다. 만신사상에서는 만물에 신이 깃들여 있는 정도가 아니라 조금 더 나아가서 아예 만물이 신이라고까지 말한다. 그런데 만물에서 신을 느끼려면 자신이 영통해야 한다. 새로운 존재로 거듭 태어나야 하는 것이다. 무당들은 그래서 신병(神病)을 앓는 것이다. 이전의 속된 자기가 죽으려면 신병과 같은 혹독한 시련을 겪어야 한다. 그런 과정을 겪고 나면 모든 사물이 신령스럽게 보인다. 또 돌과 같은 무생물에서도 생명의 기운을 느낀다. 그래야 자연과 하나됨을 느낄 수 있다. 그러면 자연 앞에 한없이 겸손해야 하는 인간 본연의 자리로 돌아갈 수 있다.

우리 인류는 최근 몇백 년 동안 과학을 발달시키면서 너무 인간 중심적으로만 살았다. 자연의 모든 것은 인간의 착취대상에 불과했다. 과학이 발달하기 이전에도 인간은 자연을 나름대로 착취하고 살았지만 그때는 손에 쥐고 있는 게 — 즉, 기껏해야 쟁기 — 별볼일이 없어 자연을 능멸하는 단계로는 가지 못했다. 그러나 자연이 돌아가는 이치를 알게 되면서부터는, 즉 과학이 발달하면서부터는 인류의 손에 자연을 송두리째 파괴할 수 있는 무기가 쥐어지게 되었다. 게다가 소비의 수준도 이전과는 비교할 수 없을 정도로 높아졌다. 그 결과 인류는 앞으로 절멸할 수도 있는 심대한 위기에 처하게 되었다.

참, 이 인류라는 게 요사스러운 것들이다. 지구가 생긴 지 약 45억 년. 그 긴 세월 동안 지구가 이렇게 파괴된 적이 있었을까? 지구의 역사를 일년으로 잡으면 이 인간이라는 동물이 생긴 것은 12월 31일 오후 다섯 시경이라나? 이렇게 극최근에 생긴 요괴스러운 동물이 순식간에 이 아름다운 별인 지구를 수라장으로 만들어버렸다. 그것도 순전히 자기네들 욕심 때문에. 지구 역사상 언제 아마존이나 동남아, 아프리카에 있는 것 같은 원시림이 지금처럼 파괴되었을까? 또 언제 오존층에 '빵꾸'가 나고 엘니뇨니 라니뇨니 하는 이상한 기후현상이 벌어졌을까? 전부 저 '빌어먹을' 인간이라는 동물이 저지른 만행들이다. 뉴욕에 있는 어떤 동물원에 가보니 어느 한 우리 위에 "세상에서 가장 위험한 동물"이라고 씌어 있었다. 호기심이 잔뜩 생겨 뭔가 난센스적인 게 있을 거라 예상하고 다가가 보았다. 그랬더니 그 우리에는 동물은 없고 거울만 걸려 있었다. 내 모습만 보일 뿐이었다. 그렇지 않은가? 이 세상에서 인간보다 더 무서운 동물이 있을까? 다시 한 번 방문해 보고 싶은 동물원이었다.

이제 인류는 그 기본 생활방식을 고치지 않으면 절멸할 수밖에 없는 위기에 봉착해 있다. 세상이나 우주를 깊게 아는 식자들은 벌써 늦었다는 이야기를 많이 한다. 그들은 지금 우리가 벌이고 있는 환경보호운동이 다만 멸망하는 시간을 조금 뒤로 늦추는 효과만 있을 뿐이지 공멸에서 벗어나게 하지는 못한다고 은밀하게 주장한다. 이런 위협적인 이야기는 나도 그만 하고 싶다. 인정하고 싶지 않기 때문이다. 그러나 나에게는 이런 진단들이 자꾸 사실로만 들린다. 그럼 어떻게 해야 할까? 앉아서 망할 때까지 기다릴 수는 없는 노릇이다. 지금 시점에서 우리가 할 수 있는 일은 무엇일까?

환경운동가들은 환경운동과 관련해서 지금 가장 필요한 것은 새로운 환경철학의 창달이라고 주장한다. 이것은 다시 말해 새로운 자연관을 의미한다. 서양 과학이 흥기한 이후로 인류는 지금까지 자연을 죽어 있는 무생물로만 생각해 아무 양심의 가책도 없이 착취를 일삼았다. 자연에 대한 공경심을 완전히 잃어버렸던 것이다. 인간의 욕심대로 마음대로 파헤쳐서 — 석탄을 캐든, 석유를 뽑든, 혹은 집을 짓든 — 이득을 취하면 그게 다 공짜로 되는 줄 알았다. 땅이나 바위 같은 자연의 사물들은 죽어 있는 것으로 생각해 그저 빼앗기만 하면 되는 줄로 안 것이다.

그런데 결과는 전혀 그렇지 않았다. 환경재해를 통해 자연은 엄청난 기세로 반격을 시작한 것이다. 아니, 반격이라는 생각도 없이 스스로를 보호하기 위해 '쥐새끼' 같은 — 자연의 입장에서 볼 때 인간은 대수로운 존재가 아니다 — 인간들의 횡포를 자연스럽게 응징하기 시작한 것이다. 이래서 우리 인류는 절멸의 위험에 처하게 되었다. 만일 우리가 자연을 살아 있는 것으로, 다시 말해 신령한 존재로 생각했다면 이렇게 자연을 마음대로 짓밟지는 않았을 것이다.

이제 인류가 살아 남을 수 있는 방법은 최소한의 윤리를 가져야 하는 것밖에 없는 것 같다. 여기서 말하는 최소한의 윤리란 자연 속에 있는 만물을 생령이 깃들인 신령한 존재로 파악하는 것을 말한다. 이게 새로운 환경윤리이다.

새삼스럽게 새로운 자연관 | 그런데 이러한 자연관은 결코 새로운 게 아니다. 이러한 세계관은 서양 과학이 발달하기 전까지는 거개의 인류가 갖고 있던 세계관이었다. 우리 옛 선조들이 세상 모든 사물에 신이 깃들여 있다고 믿었듯이, 서양에서도 나무나 바위에는 요정이 살고 있다고 믿었다. 그러나 이러한 세계관은 세상을 물질로만 파악하려는 유물론이 득세하면서 모두 사라져버렸다. 그런데 새로운 환경철학의 태동을 위해서 바로 이러한 옛 자연관이 회복되어야 한다는 주장이 최근 들어 강해지고 있다. 이전의 자연관과 근대의 유물주의적 자연관 사이의 갈등은 다음과 같은 유명한 에피소드에 극명하게 드러난다.

미국인들이 한창 서부를 약탈할 때였던 모양이다. 학교 교장이었던 어떤 백인이 인디언들에게 땅을 팔라고 했다. 그때 그 인디언 부족의 추장은 장문의 편지를 그 백인에게 써서 보냈다. 이 편지가 아직까지 남아 있어 그 형편을 짐작할 수 있다. 이 편지를 일일이 다 볼 수는 없지만 그 핵심은 아주 간단하다. 편지는 "땅은 어머니인데 어떻게 팔고 사느냐"는 어떻게 보면 아주 전근대적인 문구로 시작한다. 또 흐르는 강은 그 어머니의 피이고, 풀은 어머니의 털이며, 거기에 사는 짐승들은 모두 인간의 형제라고 하면서 이 모든 것을 사고 판다는 것은 있을 수 없는 일이라고 부드럽지만 단호하게 적고 있다. 당시 이 편지를 받은 그 백인은 이러한 세계관을 미신적이고 전근대적이라고 비웃었을 것이다. 그 백인에게 땅이란 구획을 나누어 소유를 주장할 수 있고 마음대로 파헤칠 수도 있으며 거기 사는 동물들은 인간의 필요에 따라 얼마든지 잡아먹을 수 있는 대상물에 불과했을 것이다(이것은 자연을 인간들 마음대로 이용해도 좋다는 야훼의 허락이 실려 있는 기독교의 바이블에 근거한 것이기도 하다).

그런데 이 일이 있은 뒤 200년 남짓의 세월이 흐른 지금, 전인류가 살아 남기 위해서는 바로 이 인디언 추장이 주장한 이러한 전근대적인 세계관을 복원시키지 않으면 안 된다는 아이러니컬한 시점에 와 있다. 저 인디언 추장같이 자연을 살아 있는 것으로 보고 ― 특히 땅은 어머니와 같은 높은 존재이다 ― 받들어 모시지 않으면 인류의 자연파괴를 멈추게 할 수 없다는 게 환경철학자들의 생각이다. 그런데 이 추장은 누구일까? 바로 무당이다. 인디언 사회는 제정일치(祭政一致)의 사회였을 것이기 때문에 정치적 대표가 종교 사제직도 동시에 맡고 있었을 것이다. 그러니까 이러한 세계관은 바로 샤머니즘의 세계관인 것이다.

네오(neo) 샤머니즘의 르네상스를 꿈꾸며 | 그런데 샤머니즘 하면 우리나라가 빠질 수 없다. 앞에서도 말한 것처럼 우리는 샤머니즘으로 역사를 시작했고 그 종교가 한 번도 절멸돼 본 적이 없을 뿐만 아니라 지금은 오히려 더욱더 번성하고 있기 때문이다. 이건 외국에서도 인정한다. 사실 샤머니즘은 옛녘에는 인류 공통의 종교신앙이었다. 그러나 북미에

서도, 남미에서도, 또 시베리아에서도 지금은 많이 사라져 그 자취를 찾기가 쉽지 않다. 그래서 현재로서는 샤머니즘이 이렇게 활발한 나라가 우리나라밖에 없다고 해도 과언이 아닌 지경이 되었다. 그렇다면 또 국수적인 생각일는지 모르지만 우리 민족은 샤머니즘 안에 깃들여 있는 이 수준 높은 영성을 되살려야 하는 소명을 띤 민족이 아닐까 하는 생각을 조심스럽게 해본다.

사실 샤머니즘의 주인공인 무당은 자연의 이러한 생기를 가장 잘 느끼는 사람들이다. 이 사람들은 기감(氣感)이 고도로 발달한 종교적 공능자(功能者)이다. 이들은 신을 받을 때 몸이 떨리는 현상을 겪는데, 이것은 바로 자연의 살아 있는 생기를 느끼기 때문에 나오는 증상일 것이다. 모든 자연이 살아 있는 것으로 느껴지면 자연을 공경하지 않고 배길 재간이 없다. 그렇게 되면 환경운동은 하지 말라고 해도 생활 속에서 스스로 하게 된다.

이런 무당을 생각할 때 오늘날의 한국 무당을 연상하면 안 된다. 오늘날의 한국 무당들은 샤머니즘이 퇴락한 그 끄트머리를 잡고 있는 사람들이 대부분이다. 미신이라고 불러도 할 말이 없을 정도로 귀신만 섬기고 아주 제한된 사람들의 기복만을 위해 일하는 사람들이 오늘날의 한국 무당들이다. 또 돈은 어쩌면 그렇게 밝히는지. 그러나 무당들만 탓할 것도 없다. 다른 종교의 교직자들도 어차피 개판으로 가는데 무당들만 순수할 것을 기대할 수는 없는 노릇 아닌가. 시대가 엉망이 되면 거기 사는 사람들도 모두 엉망이 되는 것이다.

현재 우리나라에서는 조심스럽게 네오(neo) 샤머니즘, 즉 신(新)샤머니즘 운동이 일부 뜻있는 무당들 사이에서 일어나고 있다. 새로운 영성운동이다. 자연에서 진정한 신 혹은 생기를 느끼고 그 힘을 바탕으로 환란 속에 있는 이웃을 돕는 원래의 샤머니즘의 목표로 돌아가자는 게 그 운동의 취지이다. 그래서 어떤 무당은 「샤머니즘의 르네상스를 꿈꾸며」라는 제목의 글을 발표하기도 했다. 앞으로는 샤머니즘에서 기본적으로 지향하는 "만물에 깃들인 신성(神性, divine nature) 느끼기"를 이론적으로만 해서는 아무 의미가 없다. 누구나가 스스로 느껴 자신이 변화됨은 물론 자연이나 타인을 바라보는 관점이 바뀌는 것을 실제로 체험해야 한다. 이런 각성이 서서히 번져나간다면 환경운동은 물론이고, 세상의 정화도 손쉽게 이룰 수 있다. 그래서 나는 이런 취지에 동의하는 만신(무당의 존칭)들과 이야기하는 가운데 보통 사람들도 그런 체험을 할 수 있는 프로그램을 개발하자는 데에 의견을 모으기도 했다.

　그 이야기를 하는 가운데 이제는 너무 잊혀진 '솟대'를 다시 세워 성스러운 공간으로 선포하고 거기에서 신을 느끼는 체험을 하게 만들자는 구체적인 안이 나오기도 했다. 이 공간을 삼한시대에는 소도(蘇塗) ― 사실 '소도'라는 한자어는 음사한 것이기 때문에 별 의미가 없다 ― 라고 불렀다는 것은 잘 알려진 이야기이다. 요즘은 무슨 항의 농성 같은 것을 할 때 걸핏하면 명동성당이나 조계사로 몰려가는데, 이것은 종교의 성전(聖殿)이 갖고 있는 성역성(聖域性), 즉 그곳은 성스러운 공간이기 때문에 공권력도 함부로 넘볼 수 없다는 믿음 때문에 생기는 현상이다. 그런 사건을 접할 때마다 사정은 이해하면서도 한편으로는 아쉬움이 생기는 것을 금할 길이 없었다. 왜냐하면 왜 우리는 꼭 외국에서 들어온 종교에만 의탁하느냐 하는 다소 국수적인 생각 때문이었다.

　우리가 전통적으로 갖고 있었던 소도도 똑같은 기능을 갖고 있었다. 즉, 범죄자가 이 소도로 들어가면 잡을 수 없었다는 기록이 정확하게 『삼국지』 위서 동이전에 나온다. 이 공간은 신과 조우할 수 있는 성스러운 공간이기 때문에 속된 공권력이 범접할 수 없는 것이다. 나는 이런 공간이 다시 살아나야 한다고 생각한다. 그리고 우리 스스로 '한국적인 영성'을 이런 곳에서 키워야 한다고 믿는다. 우리 민족은 기감(氣感)이 굉장히 강하다는 일반적인 속설이 있다. 그러니 무당들이 이렇게 극성을 부리고 있는지도 모르겠다. 우리는 이런 능력을 살려야 한다. 이런 성스러운 공간을 다시 만들고 이곳에서 각자가 자기 안에 깊게 감추어져 있는 신적인 자아에 눈을 뜨면 우리 민족은 영성이 대단히 뛰어난 미래지향적인 민족으로 다시 태어날 수 있을지도 모른다. 이게 모두 한 몽상가의 망상에만 그칠지 어떨지는 더 두고봐야 알 일이다.

샤머니즘에 이렇게 큰 비중을 두는 것, 다시 말해 샤머니즘이 인류가 살아 남기 위해 지금의 기존 종교사상들을 대체할 만한 중요한 이념이 될 수 있다는 생각은 결코 나 하나만의 몽상이 아니다. 캐나다 토론토 대학에서 신학을 공부하고 있는 친구인 이재돈 신부에게서 들은 바에 의하면 그곳의 신학과에는 지금 때아닌 샤머니즘 열풍이 불고 있다고 한다. 그곳 신학과에는 생태신학으로 세계적인 대가인 토마스 베리(Thomas Berry)라는 신부가 주석하고 있는데, 이 노신부를 중심으로 한 일군의 신부들이 샤머니즘을 열심히 연구하고 있다는 것이다. 이들은 앞에서 말한 것처럼 앞으로 인류가 살아 남기 위해서는 샤머니즘적인 세계관을 되살리는 수밖에 없다는 확신을 갖고 열렬한 연구를 하고 있다고 한다. 이들은 연구뿐만 아니라 샤머니즘을 직접 신봉하고 있는 그곳의 북미 인디언들과 교류하면서 그들의 신앙을 직접 실수(實修)하고 같이 책도 펴내는 등 실질적인 연구를 활발히 하고 있다. 그래서 내 친구인 이 신부에게도 당신은 샤머니즘 나라에서 왔으니 그와 관련해 논문을 쓰라고 하는 모양이다.

이렇게 세계적으로도 주목하고 있는 샤머니즘을 우리는 나 몰라라 하고 팽개쳐놓고 있다. 어떻게 보면 우리가 샤머니즘의 종주국인데 말이다. 종주국이란 별게 아니고 연원은 어찌됐든 지금 활동이 제일 활발한 나라가 바로 종주국이 되는 것이다. 예를 들어 지금 불교의 종주국 하면 세계적으로 일본을 꼽는다. 물론 불교적으로 볼 때 인도나 중국, 한국이 더 연륜이 깊은 나라이지만 현재로서는 일본이 교학이나 신행 면에서 가장 활발하니 종주국 역할을 하고 있는 것이다. 우리나라도 샤머니즘적으로 볼 때 학문은 아직 갈 길이 멀지만 — 그래도 연구는 상당히 되어 있는 편이다 — 신행은 아마도 세계에서 제일 활발할 터이니 종주국의 역할을 할 수 있다는 것이다.

그런데 우리는 그 중요한 샤머니즘을 미신으로만 보고 있다. 그러다 가장 한국적인 것을 내세워야 할 기회가 생기면 — 가령 외국에서의 퍼포먼스처럼 — 무당이나 굿을 앞장세운다. 이런 모순적인 태도가 하루빨리 시정되기를 바라면서 다음 주제로 넘어가야겠다.

유불선(儒佛仙)에서 유불기(儒佛基)로 바뀐 우리의 종교 전통

샤머니즘과 더불어 우리의 정신 혹은 마음을 빚어왔던 종교가 보통 유교·불교·선교라고 불려왔다는 것은 너무나 잘 알려진 사실이다. 이런 상황이 오늘날에 이르러 많이 바뀐 인상을 받는다. 기독교가 우리의 일상에 깊이 들어와 있기 때문이다. 그래서 일각에서는 유·불·선이 아니라 유·불·기, 즉 선도 대신에 기독교가 들어가야 한다고 주장한다. 이 주장은 충분한 설득력이 있다고 생각된다. 사실 종교의 영향력으로만 본다면 유·불·선이 아니라 기·불·유라고 해야 한다. 그만큼 기독교는 현재 한국 사회에 막강한 힘을 갖고 있다. 이제 새로운 세계관을 만들어내는 데 있어 이 종교들이 어떤 역할을 해야 하는지 아주 간단하게 보려고 한다. 간단하게 보려고 하는 것은 이 전통들은 기성 전통이라 비교적 많이 알려져 있기 때문이다. 우선 순서대로 유교부터 보자.

동북아 문명을 되살려야 할 사명이 남아 있는 유교 | 흔히 유교는 시대적 사명을 다한, 그리고 아주 고리타분한 종교 혹은 가르침으로 이해된다. 특히 젊은 사람들은 — 그중에서도 젊은 여성들이 유교에 대해 갖는 반발은 극에 이른다 — 유교에 대해 매우 부정적인 생각을 갖고 있다. 이런 정황을 이해 못하는 바는 아니지만 유교는 절대 버릴 수 없는, 또 버리려고 해도 버려지지 않는 우리의 소중한 전통이라는 것을 잊어서는 안 된다. 또 우리나라는 어떤 의미에서는 유교의 종주국 아닌가? 우리가 막바로 계승한 조선 왕조는 세계에서 가장 찬란한 유교적인 문화를 꽃피운 나라이다. 이것은 우리가 유교에 매우 익숙해 있음을 의미한다. 사람은 익숙한 것을 가장 잘하는 법이다. 우리가 가장 잘하는 것을 더 발전시켜야 국제적 경쟁력을 가질 수 있다는 것은 불을 보듯 뻔한 일이다.

그렇다면 유교를 어떻게 살릴 수 있는가를 궁리해야지 "공자가 죽어야 나라가 산다"느니 하는 그야말로 전근대적인 발상을 하고 있을 때가 아니다. 이렇게 이야기하면 또 극우 보수반동적인 노인네가 하는 소리쯤으로 간주해 버릴지도 모르겠다(그러나 나는 40대 중반으로 소장에 속한다!). 그러나 다시 한 번 이야기하지만 내가 유교를 좋아해서, 또 유림과 무슨 관계가 있어서 이런 이야기를 하는 게 아니다. 다만 내 눈에 그렇게 보이기 때문에 그러는 것이다. 나는 누구보다도 유교의 한계를 많이 알고 있다고 생각한다. 왜 유교가 세계적인 종교로 발전 못했는지, 혹은 공자는 어떤 한계를 지녔던 스승이었는지 등등에 관한 이야기를 할라치면 지면이 모자랄 지경이다. 유교가 갖고 있는 여러 한계에 대해 충분히 숙지하고 있지만 그 때문에 유교가 우리에게 갖는 중요성을 폄하할 생각은 없다. 아니, 유교의 한계를 나름대로 알고 있기 때문에 오히려 유교가 앞으로 나아가야 할 방향에 대해 적절하게 이야기할 수 있을 게다.

유교를 말하는 이번 부분에서 나는 소제목을 '동북아(중화) 문명을 되살려야 할 사명이 남아 있는 유교'라 정했다. 생각건대 아마 이 제목에 반감을 느끼는 독자들이 적지 않을 것 같다. 중화문명 안에 2천 년 이상 있었으면 됐지 또 왜 중화 타령이냐고 말이다. 그 심정이야 이해하지만 그렇다고 감정만 가지고 일을 처리할 수 있는 게 아니다. 문화란 그렇게 순식간에 형성되고 바뀌는 게 아니라는 것은 삼척동자도 안다. 그런데 우리는 주지하다시피 2천 년 이상을 중국 문화에 젖어 살았다. 그러니 우리는 중화문명권 국가가 된다.[1] 우리는 싫든 좋든 중화문명적으로 살고 있고 이렇게 사는 게 제일 편하다. 익숙하기 때문이다. 그렇다면 우리는 익숙한 것을 가지고 승부를 걸어야 한다. 그래야 승산이 있다.

몇 년 전 많은 논쟁을 일으켰던 새무엘 헌팅톤의 저서 『문명의 충돌』에서도 우리나라는 어김없이 중화문명권 국가로 분류되었다. 사실 유교 하면 이제 세계에서는 한국을 도외시하고 어떤 일도 할 수 없는 상황에 처해 있다. 유교가 중심이 된 중화문명권이란 중국, 한국, 일본(그리고 전통적으로는 북부 베트남)을 말한다.[2] 이 문화권 속에서 우리는 과연 어떤 위치에 있는 것일까? 영·정조대의 지식인들처럼 우리가 중화문명의 적장자라고 외칠 수는 없을지라도 현재의 우리는 하기에 따라 대단히 유리한 위치에 있는 것 같다. 다른 것 다 떠나서 한국인만큼 한자(혹은 중국어)나 일본어를 동시에 잘할 수 있는 사람이 드물다는 사실은 매우 중요한 사항이다. 말을 마스터한다는 것은 그 언어가 속한 문화를 한 반절은 이해하고 들어가는 것이다. 이런 면에서 우리 한국인들은

---

1) 그렇다고 우리 문화의 고유성을 부정하는 것은 절대로 아니다. 다만 문명권적으로 볼 때 중화문명권에 속한다는 말이다.
2) 그런데 헌팅톤은 이상하게도 일본을 중화문명과는 별도의 문명권으로 분류했다. 그 이유에 대해서 책에는 구체적인 설명이 없어 잘 모르겠다. 본인에게 직접 물어보는 수밖에는 없을 것 같다.

아주 좋은 처지에 있다. 두말할 것 없이 한문은 거의 우리말화된 상태이고(물론 한문과 현대 중국어는 얼마간 다르다!) 일본어는 세계 어느 나라 사람들보다 우리나라 사람들이 쉽게 배우고 쓴다. 특히 일본어는 어순이 같을 뿐만 아니라 많은 한자 단어들을 공유하기 때문에 우리에게는 가장 친숙한 외국어이다. 사정이 이렇다면 우리는 이런 천혜(天惠)의 기회를 놓쳐서는 안 된다.

얼마 지나지 않아 우리 동북아문명권이 세계적으로 지금보다 훨씬 더 큰 비중을 차지하리라는 것은 명약관화(明若觀火)한 일이다. 그런 상황에서 우리 한국은 과연 어떤 위치에 놓이게 될까? 정치나 경제적인 것은 모르겠지만 확실한 것은 우리가 이 양면에서 중국과 일본을 따라잡을 수 있으리라고는 생각할 수 없을 게다. 내가 말할 수 있는 것은 문화에 관계된 것으로 문화적인 면에서 우리는 유리한 자리를 점하고 있다는 사실이다. 양국의 언어를 다 잘할 수 있기 때문이다. 그러므로 우리는 이 언어에 대한 교육을 강화해야 한다.

사실 나는 일본어 교육은 그렇게 걱정하지 않는다. 일본어는 워낙 우리에게 친숙하고 여러 모로 필요한 언어이기 때문에 그냥 놓아두어도 일반 한국인들이 알아서 배운다. 다만 일어에 능통한 사람은 많은데 일본 문화에 정통한 사람이 별로 없는 것이 유감이긴 하다. 문제는 한문 혹은 중국어이다. 몇십 년 전까지만 해도 한문을 자유롭게 읽고 해석할 수 있는 사람이 꽤 있었다. 그러나 그동안 지속적으로 한문 정책을 소홀히 하면서 한문은 마치 천덕꾸러기처럼 되어버렸다. 젊은 세대들은 편한 한글만 고집했고 영어 배우기에 그야말로 혈안이 되어 있었다. 한편 한문을 배워야 한다고 주장하는 쪽의 대응도 변변치 못했다. 한문을 구닥다리적인 주먹구구 방식으로 교육시키려 하니 젊은이들이 한문에 정을 떼는 것은 당연한 일이다. 그러는 사이 한문은 점점 우리에게서 멀어져갔다. 이런 문화적 위기 사태를 관망해서는 안 된다. 우리가 다가오는 동북아 중심 시대에서 나름대로 중요한 역할을 해내려면 지금의 한문 정책으로는 안 된다. 우리는 서양인들보다 한문이나 일어를 몇 배는 쉽게 배울 수 있는데 왜 이걸 마다하고 영어로만 달려드는 걸까? 영어도 물론 중요하지만 전략적인 면에서 한문(그리고 중국어)도 그에 못지않게 중요하다.

말은 그렇다 치고 이제 문화적인 것을 보자. 중화문명권의 핵심은 무엇일까? 두말할 것도 없이 유교이다. 그런데 유교 하면 우리 한국 아닌가. 누누이 말해온 것처럼 세계의 어떤 나라보다도 유교적인 덕목을 충실히 고수해 온 사람들이 바로 우리 한국인들이다. 따라서 유교적인 덕목들은 우리가 가장 많이 보지(保持)하고 있는 것으로 보아야 한다. 사정이 이렇다면 중화문명권을 문화적으로 이끌 수 있는 나라는 우리나라가 될 수도 있다는 이야기가 된다.

이 주도권(initiative)을 '거머잡기' 위해 우리는 어떻게 해야 될까? 이것은 대단히 광범위한 주제이다. 따라서 유교 전공자도 아닌 내가 확실하게 제시할 수 있는 주제가 못 된다. 또 유교 전공자라도 한 사람이 다 제시할 수 있을 만큼 간단한 주제가 아니다. 그런 관계로 여기서는 부분적이고 아주 개략적으로만 보고자 한다.

되살려야 할 유교적 가치관 | 새로운 세계관을 창출함에 있어 유교의 역할은 결코 작지 않다. 물론 유교가 옹호하는 전제왕정주의나 가부장제를 다시 살리자는 이야기는 절대 아니다. 유교의 철학은 크게 보아 두 가지로 되어 있다. 스스로를 닦고(修己) 그 닦은 것으로 좋은 정치를 구현함으로써 다른 사람을 편안하게 하는 것(安人)이 그것이다. 이 가운데 후자, 즉 유교식 정치를 하는 것은 시대가 지난 느낌이다. 그러나 스

스로를 닦는 것은 아직도 많은 빛을 던져줄 수 있다고 생각한다. 이것은 쉽게 말해 유교의 이상인간형인 군자를 만드는 프로그램이다. 유교 경전을 보면 정치에 관한 것은 지금 시대에 걸맞지 않은 것이 많지만 군자에 관해 서술해 놓은 것에는 지금도 여전히 유효한 가르침이 매우 많다. 가령 소인은 도당을 만들어 주위와 다투지만 군자는 그렇지 않기 때문에 항상 주위와 화한다[小人 同而不和 君子 和而不同]라든가 소인은 모든 것을 다른 사람에게서 구하려 하지만[求諸人] 군자는 모든 것을 자기 자신에게서 구한다[求諸己], 즉 무소의 뿔처럼 혼자 간다는 식의 가르침은 여전히 향기가 그윽한 가르침이다. 이러한 군자의 모습을 실천하려고 했던 사람이 바로 조선조의 선비들이다.

유교에서는 이러한 군자를 만들기 위해 매우 정교한 교육체계를 갖추고 있었다. 물론 부모에게 효하고 나라에 충하는 것이 가장 기본적인 것이지만 그것과 더불어 중시된 것이 교육이었다. 공자는 진정한 사람이 되는 것은 교육을 통하지 않고서는 가능하지 않다고 보았다. 그 까닭에 조선의 유학자들은 주자학을 열광적으로 받아들이면서 성리학식으로 정교한 교육체계를 만들어냈다. 그게 바로 『소학』이나 『동몽선습』, 『명심보감』부터 시작되는 유교식 인간교육이다. 이렇게 해서 『맹자』나 『논어』라는 최고의 경전 —『시경』, 『서경』, 『역경』도 포함해서 — 으로 끝나는 게 유교 교육의 전부였다.

이 경전들은 무엇을 가르치는 것인가? 물론 정치적인 것도 많이 포함되어 있지만 어떻게 해야 진정한 인간으로 살 수 있는가에 대한 탁월한 가르침이 많이 수록되어 있다. 특히 『소학』 같은 기초 경전들에는 문을 닫고 여는 것과 같은 아주 사소한 예절까지 상세하게 적혀 있어 매우 주밀한 지침을 준다. 언뜻 생각하기에 그까짓 문 열고 닫는 게 무슨 대수냐 할지 모르지만 성숙한 인격은 바로 이러한 사소한 데에서 판가름

나는 법이다. 이렇게 세세한 것들로 시작해서 『맹자』나 『논어』 혹은 『주역』으로 오면 인간의 가장 깊은 심성과 우주의 근본원리에 대해 매우 심도 있는 논의가 펼쳐진다. 그러니까 일상적인 법도부터 우주 혹은 하늘과 맞닿아 있는 인성(人性), 그리고 우주의 생성법칙까지 모두를 터득하는 것이다. 그야말로 최고의 교육체계가 아닐 수 없다.

이렇게 이야기하면 독자 가운데에는 나를 보수성향을 가진 복고주의자라고 보는 이들도 있겠다. 그러나 그렇지 않은 게 나는 교육현장에서 절감한 것이 있어 이렇게 토로하는 것이다. 우리에게 이러한 유교의 고전은 영원한 고향과 같은 것이 되어야 한다. 내가 가르치는 여학생 중에는 한문에 대한 소양이 전혀 없다가 대학원에 와 유교의 고전을 처음 접하고 아예 전공을 유교로 바꾼 학생이 두셋 있다. 나는 이런 현상을 목격하고 고전의 힘을 다시 한 번 실감하게 되었다. 이대 여학생이라면 어떻든 여성 가운데에는 앞서가는 여성임에 틀림없다. 게다가 이대에서는 매우 강한 여성학 교육을 시키고 있다. 그런데 여성학에서 유교가 결코 좋은 평가를 받지 못한다는 것은 주지의 사실이다. 그런 교육을 받은 n세대 여성들이 유교 고전에 감동을 받아 민족문화추진회 같은 곳에 나가 정식으로 한문교육을 받고 급기야는 유교를 전공으로 하겠다는 현상을 어떻게 설명하면 좋을까. 이것은 다름아닌 우리 안에 깊이 새겨져 있는 유교적 소양의 발로이자 유교 고전이 갖고 있는 힘이다. 시대가 아무리 바뀌어도 읽어서 새로운 힘과 비전을 얻을 수 있게 해주는 게 바로 고전이다. 이런 유의 서책이 서양에서는 바이블이라면 우리에게는 유교 고전 — 그리고 다음에 소개할 불경 — 이 여기에 해당한다.

그러나 유교의 고전을 옛 그대로 되살리자는 것은 결코 아니다. 앞에서도 밝혔다시피 유교에는 이른바 '봉건적인' 요소들이 적지 않게 함유되어 있다. 가령 사람을 항상 서열화해서 생각한다든지 남자와 여자를 너무 구별해서 생각하는 따위는 지금의 시대에 맞지 않는 요소들이다. 이것은 아주 혁신적으로 재해석하든지 그것도 안 되면 폐기해 버리면 된다.

그러나 잡초를 뽑는다고 벼까지 뽑아버릴 수는 없는 법. 유교의 진수는 군자 만들기 프로그램에 있다. 그리고 이것은 고전교육을 통해 가능하다. 고전교육이란 일반 독서처럼 그냥 책을 읽는 것으로 끝나는 게 아니라 인텐시브한 경 읽기를 통해 바로 사람을 변화시킨다. 이게 고전교육의 힘이다. 이러한 고전교육을 통해 우리는 매우 고매한 한국인을 만들어낼 수 있다. 이런 한국인은 동북아문명을 모두 전수받은 매우 동양적인 이상인격형이 된다. 따라서 서양에서는 발견할 수 없는 독특하고 확실한 정체성을 가진, 그러나 보편적이고 높은 덕을 가진 인격을 만들어낼 수 있다. 이건 다름아닌 선비를 말한다.

몇십 년 전만 하더라도 선비 비스름한 분들이 간혹 눈에 띄었는데 지금은 정말 찾기가 힘들어졌다. 이 선비란 바로 유교의 덕성을 실현한 사람을 말한다. 결코 불의와 타협하지 않지만 항상 부드러움을 간직하고 있고 학문은 높아 고전부터 현대 학문까지 달통해 있다. 뿐만 아니라 시서화(詩書畵)에도 조예가 있어 풍류도 즐길 줄 안다. 선비란 '이런 인간이다'라고 구체적으로 묘사하기가 힘들 정도로 말할 수 없이 고매한 인격을 가진 사람들을 말한다.

물론 시대가 바뀌었기 때문에 선비를 꼭 남성에게만 국한시킬 필요는 없다. 나는 현재 시점에서 이상적으로 가장 한국적인 인간을 택하라고 한다면 선비야말로 그 전범(典範)이 되어야 한다고 생각한다. 나는 외국 사람들을 대할 때마다 혼란해지는데 그것은 내가 좇아야 할 문화적 모델이 떠오르지 않기 때문이다. 과연 어떤 식으로 외국인을 접대해야 가장 우리적인 방법일까를 많이 생각해 보았는데 역시 낙착이 되는 것은 선비의 예를 따라야 한다는 것이었다. 우리 인간은 모두 이런 모델을 필요로 한다. 우리는 이런 모델을 통해 문화적 정체성을 학습하게 되고 한 사회의 구성원으로 살게 된다. 우리는 조선조를 이어받았기 때문에 문화적 영웅(?)의 모델을 선비에서 찾아야 한다. 그런데 이런 모델이 없는 사회는 대단히 불행한 사회이다. 지금의 우리가 바로 그런 형국에 처해 있다. 앞으로 이러한 선비정신을 되살리는 것은 우리 문화가 다시 사는 길이기도 하다. 이것은 내가 유교를 편애해서 그런 것이 아니다. 우리는 문화적으로 조선을 이어받았기 때문에 좋든 싫든 조선의 문화를 제대로 소화해 내야 한다. 그렇지 않고서는 새로운 문화의 창달이 가능치 않다.

그러면 선비정신을 어떻게 되살릴 수 있을까? 내 생각에 지금으로서 할 수 있는 가장 현실성있는 방법은 앞에서 누누이 밝힌 대로 고전교육밖에 없을 것 같다. 이것은 교육만이 사람을 바꿀 수 있다고 본 공자의 생각과도 같은 것이다. 그러나 이전처럼 고전교육을 해서는 안 된다. 우선 읽어야 할 경전의 양이 너무 많다. '천자문'부터 해서 '사서삼경'까지를 이 바쁜 세상에 어느 세월에 다 읽을 수 있을까. 그리고 다 읽을 필요도 없다. 그 가운데에는 지금과는 전혀 맞지 않는 내용도 적지 않게 있다. 그런 내용들은 공연히 유교를 전근대적인 가르침의 표본으로 만들기 쉽다.

그 다음의 문제는 교육방식이다. 우선 이전처럼 해서는 곤란하다. 무조건 읽고 외우는 방식은 지금 시대에는 정말로 비능률적이다. 그렇게 하면 한번 고전교육을 받아볼까 하고 조심스럽게 발을 디딘 사람들을 줄행랑치게 만들 수도 있다.

그래서 보다 효과적인 유교 고전교육을 위한 효율적인 방법에 대해 한번 제안을 해보자. 가장 시급한 일은 우선 현대적인 교재를 만드는 일이다. 한문이라면 고개를 설레설레 흔드는 대다수의 현대 한국인들의 취향에 맞게끔 아주 세련된 디자인으로 책의 외양과 내용이 꾸며져야 한다. 일전에 한문교육의 필요성을 역설하는 기관에서 나온 교재를 볼 기회가 있었는데 이건 정말 최악의 디자인과 그야말로 19세기의 교육방법을 고집한 교재였다. 학생들의 호기심이나 흥미를 이끌어낼 수 있는 아무 장치도 없이 무조건 외우라는 것뿐이다. 그래 놓고 국민들이 한문에 관심을 안 갖는다고 불평을 하는데 이건 한문을 오히려 멀리하게 만드는 프로그램 같았다. 한문(혹은 한자)은 사실 어떻게 가르치느냐에 따라 세상에서 제일 재미있는 글이 될 수도 있고 그 반대가 될 수도 있다. 한자는 한 자 한 자마다 이야기할 거리가 많이 있고 우리의 언어생활과 직결되어 있기 때문에 얼마든지 재미있게 가르칠 수 있다. 한문교육에 관한 한 이제 조금 좋은 교재나 책들이 나오기 시작하는데[3] 앞으로 정말 좋은 교재가 나오려면 많은 노력과 시간이 필요하리라고 생각된다.

그러나 무엇보다도 중요한 것은 이 많은 경전에서 가장 좋은 내용을 뽑아 교재의 양을 대폭 줄이는 일이다. 앞에서도 말한 것처럼 유교 경전에는 전근대적인 내용이나 현대인들에게는 어울리지 않는 부분들이 꽤 있다. 이런 것들은 과감하게 쳐내고 아직도 생명력이 있는 문구들만 모아 한두 권의 분량으로 줄이는 게 필요하다. 특히 군자나 선비들이 지녀야 할 삶의 태도나 인생관, 그리고 우주나 세상이 생성되는 원리나 이치에 대한 것들은 아무리 시대가 바뀌어도 귀감이 될 수 있는 것들이다. 이런 것들을 엄선해서 현대적인 감각으로 교재를 만든다면 현대 한국인들이 외면할 이유가 없다. 그리고 가능하다면 이 교재를 쉽게 학습할 수 있는 참고서도 만들어야 할 게다.

---

3) 사견이지만 이런 책 가운데 가장 좋은 책은 다음의 책이다. 하영삼, 『문화로 읽는 한자』, 동방미디어, 1997.

유교 경전의 문구들은 아주 축약되어 있기 때문에 별도의 설명이 없으면 이해하기가 힘들다. 그리고 연관된 재미있는 이야기들도 무척 많다. 이런 것들을 만화나 애니메이션 같은 흥미로운 도구를 사용하여 설명한다면 학습효과를 더한층 높일 수 있을 것이다. 또 인터넷을 이용해 사이버 교재로 만들어서 완전 공개해 놓으면 누구든지 아무 때나 접할 수 있다. 이렇게 보면 유교 경전 교육은 못해서 안 하는 게 아니라 안 해서 안 하는 것이라는 인상밖에는 들지 않는다. 또 이렇게 해서 좋은 책을 만들고 그것을 교육시킬 수 있는 기관을 만들면 책도 많이 팔릴 터인데 출판사들이 마다할 이유가 없다. 이 누이 좋고 매부 좋은 일을 왜 안 하는지 자다가 일어나 생각해 봐도 모를 일이다.

이렇게 해서 더 많은 한국인들이 자신의 큰 뿌리인 유교의 높은 가르침을 생활 속에서 접할 수 있게 되면 한국인들은 지금보다는 훨씬 질 높은 삶을 유지할 수 있으리라. 그러면 한국인들은 동북아시아인으로서 문화적 정체성을 상당 부분 회복할 수 있을 뿐만 아니라 그처럼 혼란스러워하는 한국인으로서의 정체성 확립 문제도 해결의 실마리가 제공될 수 있을지 모른다.

이런 일련의 과정이 지속적으로 진행되면 이른바 조선의 선비정신이 극소수의 한국인에게서 살아날 수도 있으리라. 그러면 사회의 아주 작은 일각에서 옛 선비의 고매한 정신들이 다시 꿈틀거릴 수도 있을 것이다. 이렇게 물질만능으로 가는 세상에 부(富)를 가볍게 여기는 검박감을 갖고 있고, 사회의 불의에 대해서는 참지 않으며, 풍류로 즐거운 삶을 사는 가장 조선적인 혹은 한국적인 인간상이 재출(再出)할지도 모를 일이다. 지금 우리 사회에서는 거의 멸렬(滅裂)해 버린 상층문화의 복원에 대한 갈망이 잔잔하게 일고 있다. 지금 말하는 선비문화는 앞으로 우리가 상층문화를 재현해 나가는 데에 매우 중요한 부분을 담당할 것이다.

혹자는 내가 지금까지 말한 것들이 현실성이 없는 꿈속의 이야기라 할지도 모르겠다. 그러나 이게 꿈인지 아닌지는 실제로 해보고 판단할 일이다. 내가 말하는 것은 느닷없이 그 추상적인 선비정신을 되살리자는 게 아니라 현실적으로 가능할 법한 고전교육부터 하자는 것이다. 완전히 현대화한 고전교육을 통해 동북아문명권의 공용어인 한문을 익힐 뿐만 아니라 문화적 정체성까지 찾을 수 있는 절호의 기회를 만들 수 있는 것이다. 이것도 어렵다고 하면 좋은 사회를 만드는 건 날샌 일이다. 이런 작업들이 이어질 때 우리가 열망하는 선비정신이 되살아날 수 있는 날이 다가올지도 모를 일이다.

이렇게 해서 유교가 새로운 세계관을 만드는 데 어떤 역할을 할 수 있을까에 대해 보았다. 위에서 제시한 것은 하나의 예에 불과할 뿐 또 다른 예는 얼마든지 있을 수 있다. 가령 성리학적인 합리성을 되살리는 것도 무섭게 비합리적인 시대에 새로운 조명을 던져줄 수 있을 것이다. 성리학은 말 그대로 이치, 즉 원리를 중요시하는 가르침이라 원리나 규범을 완전히 상실한 한국 사회에 모종의 순기능을 할 수 있을 것이라는 이야기이다. 아울러 '효'도 절대로 간과해서는 안 될 덕목이다. 효의 재활(再活)에 대해서는 앞에서 이미 상세하게 언급했기 때문에 여기서는 생략한다. 이렇듯 유교는 아직도 우리에게 살아 있는 전통이고 지금보다 더 살려야 할 전통이다. 끝으로 말하지만 우리는 "공자가 죽어야 나라가 산다"가 아니라 "진정한 공자가 살지 않으면 한국의 미래는 없다"는 각오로 유교를 되살려야 한다. 유교가 아니면 우리의 정신을 어디에서 찾을 것인가.

동아시아에 우뚝 선 한국의 불교 | 유교를 지나 불교로 왔다. 우리나라 뿐만 아니라 동북아시아의 사상계에서 불교가 차지하는 자리는 아무리 강조해도 지나치지 않다. 아예 시각을 더 넓혀서, 세계 종교사에서 불교가 차지하는 위치는 말로 이루 형언할 수 없다. 드높은 철학과 바다와 같은 자비로움을 지닌 종교가 바로 불교이다. 인류 역사가 시작된 이래로 지금까지 있었던 종교 가운데 불교가 보편적 요소를 가장 많이 지닌 종교가 아닐까 하는 생각도 든다. 너무 불교를 옹호하는 발언이 아니냐고 할는지 모르지만 한 가지 예만 보면 된다. 불교가 수많은 지역으로 전교되는 과정에서 한 번도 피를 흘리지 않았다는 사실은 불교가 얼마나 보편적인 요소를 많이 갖고 있는지를 웅변해 준다. 불교 자체가 이미 대단히 보편적이기 때문에 어떤 문화권으로 가서 전파되든지 그 문화에 맞게 변용될 수 있었던 것이다.

게다가 관용으로 하면 불교를 따라갈 만한 종교가 많지 않다. 일찍이 토인비는 20세기에서 최대의 사건을 꼽으라면 불교가 서양으로 간 것이라고 갈파했다. 기독교가 철옹성처럼 지키고 있는 서양에 불교가 전교되더니 알지 못하는 사이에 수백 수천만의 신도가 생겨난 것이다. 그 사이에 이른바 '트러블'도 거의 없었다. 불교는 아주 조용하게 서양 사회 속으로 침투했던 것이다. 서양의 젊은이들은 말도 못하게 합리적일 뿐만 아니라 지극히 관용적인 불교에 자연스럽게 이끌렸던 것이다.

이런 불교가 우리 한국인에게 과연 어떤 의미가 있을까? 그것도 소위 새 천년을 맞은 한국인들에게 말이다. 약 1600년 전쯤에 우리나라에 들어와 지금까지 발전해 온 불교는 그저 불교라는 하나의 종교에 불과한 것이 아니었다. 우리는 보통 불교가 인도에서 중국으로 전해졌다가 다시 우리나라로 전해진 것으로만 알고 있는데 불교의 수입 경로는 그렇게 간단치 않다. 북방 불교는 많은 문명권을 거치면서 발전한 문명복

합체라 하나의 종교에 불과한 것이 아니었다.

　우선 불교는 인도 서북부에서 그리스 계통의 간다라문명과 만난다. 불상이 생기는 곳은 바로 이곳으로 우리나라의 불상들이 부분적으로 아직도 서양인의 얼굴을 하고 있는 것은 바로 이 때문이다. 그리고 이곳에서 서양철학과의 만남도 이루어진다. 이 불교는 다시 중앙아시아로 전해진다. 지금의 아프가니스탄과 같은 중앙아시아 지역으로 전해지면서 불교는 이란에서 생겨난 조로아스터교와 만남을 갖는다. 중국에 전해진 불교가 바로 이 불교이다. 실크로드를 따라 중국으로 전해진 이 불교는 기존에 있었던 중국의 사상들과 교통을 하면서 문화융합이 이루어진다. 우리나라에 들어온 불교는 이와 같이 세계의 2~3대 문명권을 섭렵하고 그 문명들과 융섭된 문명복합체로서 새롭게 탄생한 불교였다. 다시 말해서 우리는 불교를 통해서 단지 하나의 종교만을 받아들였던 것이 아니라 수많은 문명을 배울 수 있었던 것이다. 한마디로 불교를 받아들였을 당시 한국인들은 지구의 반을 뒤덮은 인류 최고봉의 문화에 노출될 수 있었던 것이다.

　이렇게 들어온 불교는 1천 몇백 년 동안 우리나라에서 눈부신 발전을 거듭했다. 자세한 것은 다른 책[4]에서 이미 설명했기 때문에 여기서는 약하기로 한다. 세계 불교사적으로 볼 때, 우리나라 불교의 위치는 녹록치 않다. 우선 문명권적인 시각으로 조망해 보자. 앞에서 보았던 유교는 아무래도 보편적인 요소가 불교보다는 부족하기 때문에 그 영역권이 동북아로 국한될 수밖에 없었다. 그러나 불교로 오면 경우가 확 달라진다. 앞에서 보았던 것처럼 불교는 동아시아 전체를 엮을 수 있는 웅후한 문화체계이다. 지역적으로 볼 때, 이란부터 해서 동쪽에 있던 나라들

---

4) 『한국의 종교, 문화로 읽는다』 1권, 사계절출판사, 1998.

은 — 필리핀은 빼고 — 적어도 한 번은 불교 국가였다. 따라서 동아시아는 불교라는 공동 문화유산으로 같이 엮일 수 있는 것이다. 불교의 관점에서 보면 우리는 동남아시아와 같은 문화를 공유하는 것으로 그 인식을 넓힐 수 있다. 그러니까 우리와 같은 문화를 향유하는 지역이 훨씬 더 넓어지는 것이다.

그런 동아시아 불교문화권 내에서 한국 불교가 차지하는 위치는 결코 작지 않다. 불교 하면 무엇보다도 중요한 것이 부처님 말씀이다. 부처님 말씀이란 다름아닌 경을 말한다. 따라서 경을 소지하고 있느냐 없느냐는 불교 국가로서, 아니 문명국으로서 대단히 중요한 의미를 지닌다. 그런데 영역을 동북아로 국한시켜 보면 우리나라는 확실한 대장경 소지 국가였다. 물론 대장경의 편집과 발간은 목판본으로서 중국에서 먼저 시작되었다. 그러나 이것을 이어받아 최상의 인쇄와 최고의 편집으로 최우량의 대장경을 만든 것은 우리나라였다. 이것은 물론 고려대장경을 말함이다. 고려대장경은 만든 당시뿐만 아니라 적어도 1920~1930년대에 일본에서 대정신수(大正新修)대장경이 만들어지기 전까지는 동북아시아에서 최고의 대장경이었다. 이런 최고의 대장경을 갖고 있다는 것은 그 문화권에서는 중심 역할을 하는 것이고 최고의 권위를 갖고 있는 것으로 해석될 수 있다. 그런 까닭에 일본을 위시한 유구 — 현재의 오키나와 — 와 같은 나라에서는 그 문명권에 속하고자 여러 차례 고려나 조선의 정부에게 대장경을 나누어달라고 구걸했던 것이다. 대장경 소지의 유무가 문명국가냐 아니냐를 결정하는 기준이 되었기 때문이다. 고려나 조선이 대장경을 소지하고 있다는 것 자체가 당시로서는 동북아문명의 센터 노릇을 하고 있었다는 것을 말해주는 것인데 앞에서 말한 것처럼 20세기 초에 일본이 자기 나름대로의 경전을 편집해 내놓으면서 사정은 바뀌기 시작한다.

일본의 대장경 편집 성공은 동북아 문화의 중심이 일본으로 전이됐음을 의미한다. 실제로 1920년대 일본은 동북아에서, 아니 동아시아 전체에서 가장 부강한 국가였다. 그러한 외적인 부강은 바로 정신적인 면으로 이어져 당시의 일본인들은 동아시아의 문명을 정리하고자 불경의 편찬을 시도했던 것이다. 그래서 나온 게 앞에서 말한 대정[다이쇼] 시대의 신수대장경이다. 이 신수대장경은 불교가 동북아로 전래된 이래로 있어 왔던 주요 경전과 논저들을 총망라했다. 이른바 20세기에 있었던 불교 경전의 대결집이다. 그런 까닭에 북방 불교를 연구하는 학자들은 국적을 막론하고 이제는 모두 이 신수대장경을 주요 자료로 삼는다. 그런데 들리는 소문에 의하면 일본인들은 자기네들의 대장경을 약 200년에 걸쳐 영어 번역을 시작했다고 한다. 영어란 무엇인가? 현재의 세계 공용어이다. 대장경이 일본에서 영어로 번역된다 함은 앞으로의 세상에서 일본이 세계 불교 연구의 메카가 되리라는 것을 뜻한다.

　　이런 이야기를 들으면 우리나라 불교는 발전이 이렇게 지지부진해서 앞으로 세계 불교계에서 어떤 위상을 갖게 될지 여간 걱정되는 게 아니다. 그러나 일본의 신수대장경과 관련해 빼놓을 수 없는 사실은 그들이 이 대장경을 만들 때 표본으로 삼았던 것이 바로 고려대장경이라는 사실이다. 이것은 어찌 보면 당연한 일로서, 앞서 말했듯이 당시로서는 고려대장경이 최고의 대장경이었기 때문이다. 고려대장경에는 한 자의 오자(誤字)나 탈자(脫字)도 없다고 하니 얼마나 우수한 편집체계인가를 알 수 있다. 일본의 신수대장경은 고려대장경을 핵심에 놓고 거기에서 빠진 것이나 그 이후에 나온 것 가운데 대장경에 편입시킬 수 있는 주요 경적(經籍)들을 포함시켜 최고의 대장경을 만들어낸 것이다. 이렇게 보면 동북아의 지성사 발달과정에서 우리 한국은 매우 중요한 역할을 했음을 알 수 있다.

그런데 현대의 우리나라 불교를 보면 걱정되는 게 한둘이 아니다. 교단 내의 분규나 승려와 신도들의 수준은 그렇다 치더라도 형편없는 교학의 수준은 정말로 심대한 걱정거리가 아닐 수 없다. 정말로 우리나라 불교의 영광은 지금 본 고려대장경의 예처럼 과거에만 한정되는 것일까? 다시 말해 우리 불교의 영광은 대장경이나 사찰, 탑과 같은 과거의 유적에서만 발견되는 것일까? 언뜻 보기에 현대의 한국 불교는 별 희망이 없어 보인다. 나도 그렇게 생각한 적이 있었다. 그러나 주밀하게 살펴보면 그렇게 간단하게 판단할 일이 아니라는 것을 알 수 있다. 물론 남겨진 유물만 보아도 우리 불교의 위대성을 알 수 있지만 현재까지 우리가 일구어놓은 불교문화에서도 우리나라 불교의 잠재력을 확인할 수 있다.

우리나라 불교는 동북아에서 매우 고유한 불교문화를 창출해 냈다. 다시 말하면 완전히 한국화한 불교문화를 만들어낸 것이다. 여기에는 절 건축이나 탑, 탱화와 같은 외형적인 것도 포함되겠지만, 더 주의깊게 보아야 할 것은 교육체계나 수행체계와 같은 소프트웨어에서 나타나는 한국 불교의 독특성이다. 한국 불교는 기본적으로 선불교 중심의 불교이지만 교학을 겸행하는 것으로 정평이 나 있다. 선불교의 입장에서 보면 한국 불교는 다소 위험한 발상이긴 하지만 동북아 3국 가운데 정통의 위치를 차지하고 있는 것처럼 보인다.

쉽게 말해서 한국 불교의 수행 전통은 전통적으로 내려오는 방식을 고수하고 있다. 가령 우리나라의 승려들이 3개월 동안 선수행하고 다음 3개월은 그동안의 공부를 검증받기 위해 운수행각을 벌이는 것은 동북아에서 전통적으로 지켜져오던 것이다. 지금 이런 전통을 유지하고 있는 곳은 우리나라밖에 없을 것이다. 중국은 지난 사회주의 정권 때 전통적인 것을 너무나 '때려부숴서' 아직까지도 이전에 지켜왔던 전통 종교적인 요소들이 살아나지를 못하고 있다. 반면 일본은 종교가 매우 세속적으로 변해 전통의 모습을 찾기가 힘들어졌다.

그뿐만이 아니라 절에서 법회날 설법하는 모습 — 즉, 주장자를 내리치고 게송을 읊는다든지 하는 모습 — 은 중국 당나라 때의 것과 크게 다르지 않다. 또 스승과 제자가 선문답을 하는 모습도 옛 중국의 당이나 송에서 하던 모습을 그대로 방불케 한다. 임제 스님과 같은 당나라의 조사(祖師)들이 쓴 법문집에 나오는 설법 모습이나 선문답하는 경광은 아마 현재 우리나라 불가에서만 발견되는 모습일 게다. 큰스님이 대중들이 모인 자리에서 큰 소리로 공안을 제시하면서 답할 것을 청하면 젊은 승려가 나와 답을 하고 거기에 코멘트를 달아주는 옛 설법의 모습은 우리나라 불교에만 고스란히 남아 있다. 이런 의미에서 한국 불교가 동북아 불교의 정통적인 모습을 하고 있다는 것이다.

그러나 이런 외양적인 것보다 더 독특한 면을 찾는다면 우리나라 승려들의 치열한 구도열과 수행력을 들 수 있다. 지금 우리나라에는 아직도 깨달음을 얻겠다고 속세의 모든 것을 버리고 출가를 하는 젊은이들이 꽤 있다. 그리고 이들은 행자나 사미승 단계를 넘어서게 되면 오로지 화두 하나에만 매달려 선의 수행에 진념한다. 수행하는 모습도 거칠기 짝이 없다. 선방에서 안거할 때는 큰 방석 하나만 가지고 그것을 덮고 잠을 자고 그 위에서 참선을 한다. 그리고 자나깨나 화두를 참구하는 데에만 신경을 쓴다. 그러다 더 수행에 정진하고 싶으면 토굴, 즉 작은 집을 찾아 홀로 수행을 한다.

이런 수행과 관련해서 근세 한국 불교의 거목이었던 효봉 스님과 그의 제자뻘이 되는 성철 스님의 이야기는 유명하다. 효봉 스님은 일제 때 수행을 많이 한 분인데, 그의 별명은 절구통 수좌(수행자의 별칭)였다고 한다. 한번 다리 틀고 앉으면 어찌나 오래 참선을 하는지 당최 일어나지를 않아 붙여진 이름이다. 하루는 한참을 참선한 다음 일어나는데 엉덩이살이 '쩍' 하고 떨어지더라는 것이다. 하도 오래 앉아 있어 엉덩이살이 짓무른 것이다. 그는 후에 작은 굴 속에 들어가 밖에서 봉해놓고 참선을 했다고 한다. 식사는 아주 소량씩만 밖에서 공급되었고 배설 등은 모두 그 작은 굴 안에서 해결해야 하는 초인적인 수행에 들어간 것이다. 그러기를 일년여. 어느 날 그가 견성했다는 탄성과 함께 봉해져 있던 문을 박차고 나왔다는 전설적인 이야기가 전해진다.

그런가 하면 성철 스님은 장좌불와(長坐不臥)라는 수행으로 유명하다. 장좌불와란 말 그대로 '오래 앉고 눕지 않는' 것을 말한다. 이게 보통 어려운 수행이 아니라는 것은 그것을 해본 사람이면 금세 알 수 있다. 항상 앉아 있어야 할 뿐 아니라 앉아 있을 때에도 등을 벽에 기대서는 안 된다. 잠도 누워서는 잘 수 없다. 그냥 앉아서 자야 한다. 무소의 뿔처럼 혼자 가라는 불교의 가르침대로 벽이나 바닥에도 몸을 의지하지 않음으로써 모든 것을 혼자의 힘으로 해결하려는 것이다. 들리는 소문에 의하면 성철 스님은 이런 수행을 7년 이상 했다고 전해진다.

이렇게 전통적인 방식으로 치열한 수행을 하는 승려가 아직도 많은 곳이 한국 불교이다. 과문한 탓인지 몰라도 공산주의 혁명을 겪은 중국에 불가의 전통적인 수행체계와 교육방법이 제대로 남아 있다는 이야기는 들어보지 못했다. 그리고 일본의 경우에도 젊은이들이 견성을 하겠다고 머리를 박박 깎고 승려가 되었다는 이야기는 별로 들어보지 못했다. 일본의 경우는 대부분의 승려가 결혼을 하기 때문에 대부분의 승려가 결혼하지 않는 우리나라 불교와는 자못 다름을 보인다. 그러나 불교 승려가 결혼하지 않는 것은 석가 이래로 전통적인 것이다. 깨달음을 위해 방해가 될 만한 것은 모두 척결해 버리는 것이다. 그 전통을 우리나라 승려들은 제대로 전승하고 있는 것으로 보인다. 내가 대학시절 잠깐 같이 생활했던 스님도 깨닫겠다는 궁극적 관심에 덜컥 잡혀 자식도 있는데 부인과 이혼하고 승려가 된 분이었다. 이렇게 오로지 깨닫겠다는 일념으로 젊음을 불사르며 화끈하게 수행하는 승려가 과연 일본에서도 발견되는지 모르겠다. 그런데 우리나라에서는 심심치 않게 발견된다.[5]

최근에 와서는 이러한 한국 불교의 독특하고 전통적인 수행법이 대외적으로도 관심을 끌기 시작했다. 위와 같은 수행방식을 고수함으로써 한국 불교는 걸출한 승려를 적지 않게 배출했는데 숭산 행원 스님도 그 가운데 한 분이다. 숭산 스님은 한국 불교의 결정체라고 할 수 있는데, 그것은 그가 매우 동북아적이고 한국적인 수행법을 마스터한 승려이기 때문이다. 그는 무문관(無門關)이라는 수행법을 6년 동안 해냈는데, 이것은 6년 동안 집에서 나오지 않고 참선만 하는 수행법을 말한다. 우리는 며칠만 집에 갇혀 있어도 답답해 견디지를 못하는데 6년을 외부와 일체 연락을 끊고 참선만 한다는 것은 보통 일이 아니다. 이런 혹독한 한국식 선수행을 통달한 그가 우연한 기회에 미국 동부에 있는 프로비덴스라는 도시에 한국 불교 사찰을 지으면서 구미를 향한 그의 불교 포교가 시작되었다. 그러기를 십수 년. 이제는 유럽에도 많은 사찰을 경영하고 있고 현재 그의 밑에서 출가한 구미인 승려만도 1000명이 넘는다고 한다. 숭산 스님의 고명은 현재 유럽이나 미국에서 한창 드날리는 모양이다.

숭산 스님에 대한 이야기는 그의 미국인 제자인 현각이라는 스님이 최근에 『만행』이라는 자전적인 책을 쓰면서 세상에 소상하게 알려지기 시작했다. 이 책에 의하면 하버드 대학에서 불교를 가르치고 있는 일본

---

5) 한국 승려들의 수행이나 삶의 모습에 대해서는 다음의 책이 가장 좋다. 이 책은 지금은 LA에 있는 캘리포니아 주립대학의 교수로 있는 저자가 우리나라에서 승려 생활을 하면서 겪었던 이야기를 적은 것이다. 로버트 버스웰, 김종명 역, 『파란눈 스님의 한국 선수행기』, 예문서원, 1999.

계 미국인인 나가토미 교수가 숭산 스님을 달라이 라마와 함께 세계의 4 대 생불(生佛) 가운데 하나라고 소개했다는데, 이것이 사실이라면 이것은 숭산 스님 개인뿐만 아니라 한국 불교계에 대한 지극한 찬사가 아닐 수 없다. 생불이란 '살아 있는 부처'란 뜻으로 수행자에게 더 이상의 찬사는 없을 것이다(그러나 나가토미 교수가 깨닫지 않았다면 누구를 생불이다 아니다를 판단할 수 있는 능력은 없는 것이다!).

사실 나도 개인적으로 두서너 번 숭산 스님을 만난 적이 있는데, 매우 청정하고 가식이 없으며 도가 높은 분이라는 것을 알 수 있었다. 아마 지금 현대 한국인들 가운데 많은 외국인들로부터 저렇게 진심어린 존경을 받는 사람은 거의 없을 것이다. 이렇게 우리의 불교 토양에서 길러진 분이 세계적으로 인정을 받는 사실을 통해 나는 우리나라 불교가 지닌 잠재력을 다시 한 번 확인할 수 있었다.

이런 수행자들은 지금도 전국 곳곳에서 수행에 전념하고 있다. 한국 불교가 그렇게 개판을 치면서도 명맥을 잇고 있는 것은 바로 이러한 열렬한 청정 수행자 덕분일 게다. 이런 수행자들이 있는 절 가운데 가장 대표적인 절이 경북 문경에 있는 봉암사와 같은 곳이다. 봉암사는 일반에게는 잘 알려진 절이 아니다. 그것은 이 절이 4월 초파일을 빼고는 일반인들에게 개방하지 않기 때문이다. 이 절은 철저하게 수행만 하는 승려들이 사는 곳이다. 그외에도 전국 곳곳의 토굴에서는 오늘도 수행에만 전념하는 승려들이 많다. 이런 절들이 있고 수행에 전념하는 승려가 있다는 것은 한국 불교에 희망이 있다는 것을 말한다.

이러한 불교가 우리나라 사람들의 새로운 세계관 형성에 어떻게 이바지할 것인가에 대해서는 따로 언급할 필요가 없을 게다. 불교의 깊은 철학과 이성적인 사고의 강조, 그리고 가없는 자비심 등은 어느 지역이나 시대를 불문하고 적용될 수 있는 보편성을 갖고 있기 때문이다. 불교는 2500년의 역사 동안 그 진리성이나 합리성 등에 대해 도전을 받아본 적이 없다. 과학이 말할 수 없이 발달하고 있는 현대에서 불교는 오히려 그 진가를 더 발휘하고 있지 않은가? 현대 물리학이나 양자역학과 같은 최첨단의 과학에서 뒤늦게 발견한 이론들이 불교에서 진작에 설한 것들과 비슷하다는 이야기는 익히 들어왔다.

불교의 불멸성은 요즘 벌어지고 있는 서양인들의 불교 개종으로도 알 수 있다. 지금 불교는 미국이나 프랑스와 같은 서구에서 뒤늦은 선풍을 일으키고 있다. 이미 두 나라에서 수백만의 신도들이 생기고 — 그것도 엘리트들이 많다 — 많은 불교단체들이 태동되어 활발하게 활동하고 있다. 서양인이란 어떤 사람들인가? 좋게 말하면 아주 합리적이고 개성에 충실한 사람들이라 할 수 있고 조금 삐딱하게 보면 극히 타산적이고 냉정한 사람들이라 할 수 있다. 이렇게 바늘로 찌르면 피도 안 나올 것 같은 사람들이 불교에 환호하기 시작했다. 그동안 신봉해 왔던 자기들의 종교가 갖고 있었던 지나친 도그머성에 지쳐서 종교를 떠나 있다가 불교를 만나 이 극히 합리적인 세계관을 받아들이기 시작한 것이다.

그런 서구인들에게 우리는 숭산 스님의 경우에서 알 수 있듯이 한국 불교를 수출해 얼마간의 성공을 거두었다. 이것은 우리나라 불교도 승산이 있다는 이야기이다. 나는 세계인들이 몰라서 그렇지 우리 불교는 다른 나라 불교가 갖지 못한 특장을 많이 갖고 있다고 생각한다. 그 중에서도 우리 불교가 가진 최고의 장점은 앞에서도 말한 것처럼 동(북)아시아의 수행 전통을 고스란히 간직하고 있다는 점이다. 그래서 속된 말로 하면 우리 불교는 여러 면에서 세계에 내놓을 수 있는 상품성도 많이 갖고 있다. 지면의 제약상 한 가지 예만 들어보자.

나는 불교의 복잡한 철학이나 강도 높은 수행을 이야기하려 하는 것이 아니다. 개인적으로 볼 때 스님들이 식사하는 방법, 즉 발우공양은 한국 불교의 우수성을 알릴 수 있는 좋은 소재라고 생각한다. 이 발우공양의 정신만 제대로 터득하면 그 심오한 불교 철학은 반은 깨친 거나 다름없다. 밥 한 톨, 김치 한 쪼가리도 남기지 않아야 하는 무서운 검약정신, 또 자기가 먹겠다고 덜어놓은 것은 다 먹어야 하는 책임정신, 식사부터 설거지까지 앉은 자리에서 다 해결하는 독존(獨存)정신과 환경보호정신 — 발우공양만 하면 여성들은 설거지에서 영원히 해방될 수 있다! — 등 그 높은 정신은 이루 다 설명할 방법이 없다. 그런데 과연 이런 기막힌 식사 방식을 고수하는 승려들이 동아시아 다른 나라에도 있는지 잘 모르겠다. 이런 아주 일상적인 것도 전통 불교적인 것을 고수하고 있는 우리 불교는 분명 경쟁력이 있다. 다만 그것을 현대에 맞게 변용시키지 못한 탓에 우리 불교가 세계에 알려지지 못하고 있는 것이다. 발우공양 하나만 보아도 저럴진대 한국 불교 안에는 우리 불교를 크게 진작시킬 수 있는 우수한 요소가 얼마나 많을까? 다만 우리가 모를 뿐이다.

그런데 구미에 나가보면 우리 불교의 위상이 너무 형편없음을 절감한다. 종교에 관한 책을 파는 책방에 가면 중국, 일본, 태국, 티베트 같은 나라의 불교에 관한 책은 즐비한데 우리나라 불교에 관한 책은 두세 권이 고작이다. 티베트 같은 나라의 불교는 방송사에서 30부작으로 필름을 만들 정도로 서양에서는 인기를 끌고 있다. 그런 현실을 볼 때마다 분통이 터지지만 우리 불교를 냉정하게 돌아보면 아직 때가 안 된 것뿐이지 분명 세계에 큰 빛을 던져줄 만한 잠재력이 있다고 믿는다. 물론 지금 같은 사고방식이나 체제로는 어림도 없지만 이런 문제의식을 갖고 자꾸 노력하다 보면 분명 달라지는 날이 오리라 믿는다.

여담이지만 언젠가 독일의 세계적인 사회철학자인 하버마스가 내한했다가 가면서 우리에게 이런 말을 남겼다. 물론 한말씀만 해달라는

월성 기림사의 발우공양 모습(한국정신문화연구원 편, 『한국민족문화대백과사전』에서)

간청에 못 이겨 한 말이었지만 그는 우리에게 "앞으로 불교와 유교를 더 연구해 달라"는 말을 남겼다. 이건 너무나 당연한 이야기이다. 우리가 사상적으로 볼 때 유교와 불교를 버리고 무엇을 할 수 있겠는가. 따라서 우리는 우리의 전통인 유교와 불교에 대한 자신감을 회복하고 연구와 교육에 매진해야 할 것이다.

우리 전통에 활력을 불어넣을 기독교 | 우리 한국인에게 기독교란 과연 무엇일까? 선교사의 전래 없이 기독교(가톨릭)를 받아들인 유일한 나라. 세계 선교사상 유례가 드물 정도로 폭발적인 성장세를 보인 한국 기독교. 세계에서 제일 큰 개신교 교회가 있는 나라, 또 도시 면적 비율당 교회가 제일 많이 있는 도시 — 군산 — 가 있는 나라. 한 건물에 들어가 있는 교회 숫자가 제일 많이 있는 기록 — 서울 대치동 한보 상가 — 이

있는 나라. 기독교에 관한 진기한 기록의 행진은 멈추지 않는다. 도대체 우리나라는 기독교적으로 볼 때 무슨 성령의 핵세례를 받았길래 이렇듯 진귀한 기록들을 많이 보유하게 되었을까? 그러나 여기는 그런 주제를 논할 자리는 아니다. 여기서 진력해야 할 일은 우리나라의 기독교를 보는 여러 시각 가운데에서도 기독교가 과연 한국 문화의 형성에 어떤 의미가 있을 것인가에 대해 보는 것이다. 다시 말해 기독교 신자들은 그네들의 종교적 입장에서 보려고 하겠지만 나는 우리 문화의 입장에서만 기독교를 보려고 한다. 따라서 기독교가 그렇게 희구하는 한국의 복음화 같은 것에는 전혀 관심이 없다.

4세기경 우리나라가 불교를 수입하면서 인도를 비롯한 대륙문화를 받아들였다면 18~19세기에는 기독교를 수용함으로써 서양의 문화를 받아들이게 되는 또 한 번의 엄청난 전기를 맞이한다. 불교의 수용이 하나의 종교를 수입하는 데에 그친 사건이 아니었듯이, 기독교의 수용도 하나의 종교를 수입하는 차원이 아니라 2천 년 역사의 서양 문화를 송두리째 받아들이는 획기적인 일이었다. 기독교를 접한 우리 선조들은 처음에는 그 교리에 나타난 상이성 때문에 멈칫했지만 곧 열광을 하면서 받아들였다.[6] 그 결과 지금은 인구의 1/4이 기독교 신자가 되었다. 이것은 전세계적으로 유례가 없는 일이다. 전세계의 지도를 펼쳐놓고 보면 "땅끝까지 전도하라"는 기독교의 선교 정신에도 불구하고 기독교가 성공한 지역은 의외로 많지 않다. 특히 다른 전통종교가 또아리를 틀고 있는 지역에서 기독교가 크게 성공한 경우는 거의 없다. 아랍이나 인도,

---

6) 물론 엄밀히 말하면 우리 민족이 기독교에 대해 처음부터 열광했던 것은 아니었다. 일제 때에도 많은 전교의 노력이 있었지만 해방 직후 우리나라의 기독교 신자수는 40~50만 명밖에는 되지 못했다. 이것은 당시 2천 몇백만의 인구에 비하면 매우 적은 숫자이다. 그러나 1960~1970년대에 들어오면서 기독교의 인구는 대폭발을 하게 된다.

중국, 일본, 동남아시아 등 나름대로의 기존 종교가 버티고 있는 나라에서는 기독교가 영 맥을 못 추었다. 기독교가 성공한 지역이라면 도그머성도 약하고 조직력도 없는, 부족적 민간신앙만이 강한 아프리카나 남아메리카뿐이다.

그런데 유일한 예외가 우리 남한이다. 주지하다시피 우리나라는 유교와 불교라는 대전통이 1500년 이상을 지배하던 나라였다. 다른 지역과 비교해 보면 이런 나라에는 다른 신앙이 침투하기가 대단히 힘들다. 일언이폐지하고 우리나라에서는 기독교가 어떻게 이런 큰 성공을 거둘수 있었을까? 이것은 대단히 복잡한 주제라 후의 전문적인 연구에 그대강을 맡기기로 하고 여기서는 지극히 간략하게 보아야겠다.

우선 무엇보다도 가장 큰 요인은 전통종교의 공동화(空洞化) 현상을 잡아야 한다. 좀 어렵게 들리지만 쉽게 말해서 전통종교인 유교와 불교가 종교적 기능을 많이 상실했던 탓에 그 자리를 기독교가 비집고 들어왔다는 것이다. 우선 유교는 나라를 망하게 한 원흉이라는 오명을 뒤집어쓰고 있었고 유교가 갖고 있는 신분차별 의식이나 남녀차별의 관례 때문에 매우 전근대적인 가르침이라는 누명을 피할 길이 없었다. 그러니 젊은 세대들은 대부분 유교를 시대에 뒤떨어진 퇴물적인 존재로 생각하고 아예 제쳐놓게 된다.

불교의 경우는 좀 다르다. 불교는 지난 조선조 동안 지속적인 박해를 받았기 때문에 더 이상의 발전을 하지 못했다. 승려의 자질 향상에 실패한 것을 비롯해 모든 면에서 활력을 잃게 된 불교는 사회의 주세력권에서 일찌감치 벗어나 있었다. 아울러 해방 뒤 이승만의 그릇된 판단 때문에 비구·대처의 재산싸움에 말려들면서 불교는 마치 재생 불가능할 것 같은 상태로 빠져든다(그러나 불교는 그 저력으로 지금 서서히 회복되어 가는 과정에 있는 것 같다).

이와 같이 전통종교가 궤멸되자 한국인들은 그들의 가치관이나 세계관을 인도해 줄 새로운 대타를 찾기 시작했다. 그때 마침 서양 문화가 기독교와 함께 해일처럼 우리나라를 강타하기 시작했다. 미국이 중심이 된 서양 문화의 유입은 아마 우리 역사상 가장 강력한 문화 충격이었는지 모른다. 왜냐하면 역사상 처음으로 우리 일상생활의 많은 부분이 외래적으로 바뀌었기 때문이다. 우선 옷을 완전 서양식으로 바꾸어버렸고 주거지 또한 아주 적은 부분을 빼고는 서양식으로 옮겨버렸다. 그나마 가장 적게 변한 부분이 식생활인데, 이것도 굉장한 변화를 겪는다. 그외에 사회의 정치, 교육, 경제 등 중요한 부분 역시 모두 서양화의 길을 착실히 걸었다.

　　사정이 이렇다 보니 서양, 특히 미국의 모든 것은 좋게만 보였다. 나는 한국인들의 이러한 변화에 대해 이름하기를 "서양, 특히 미국 문화에 대한 한국인들의 무작정적인 동경"이라고 한다. 그러니 당연하게 구미인들의 종교인 기독교가 멋있게 보이지 않을 수 없었을 게다. 기독교의 교회 건물이나 종교 의례 등은 한국인들에게 너무나 산뜻하고 근대적으로 보였을 것이다. 한시바삐 신자가 되어 가장 앞서 있다는 서양 문명의 일원이 되고 싶었을 게다. 구질구질하고 구태적인 한국 문화를 떠나서 세계 문화를 주도하고 있는 앞선 서양인이 되고 싶었던 것이다.

　　또 한국인들은 대단히 보수적인 것 같지만 한편으로는 대단히 개방적인 태도도 동시에 갖고 있다. 우리나라가 이렇게 단시일 내에 근대적인 산업국이 된 데에는 우리나라 사람들이 서양의 과학기술문명에 대해 완전히 개방한 것이 큰 요인으로 작용한다. 이런 개방적인 정신을 갖는다는 것은 쉬운 일이 아니다. 종교에서도 마찬가지 일이 일어났다. 기독교라는 새로운 종교가 나타나자, 새로운 것에 대한 한국인들의 놀라운 흡인력이 다시 살아나기 시작했다. 이것을 웅변적으로 보여주는 게 전

도사 없이 받아들인 가톨릭의 경우가 아닐까 한다. 그 뒤 개신교의 경우에도 해방이 되어 서양 문화의 유입이 본격적으로 시작되자 한국인들은 개신교를 놀라울 정도의 속도로 받아들이기 시작했다. 거대 교파는 말할 것도 없고 이른바 이단이라 불리는 모르몬교나 여호와의 증인을 비롯해 퀘이커나 스웨덴보르그 교회 등 미국에서 유행하는 개신교의 대소 종파의 대부분이 한국에 들어왔고, 이 종파들이 이 땅에서 뿌리를 박는 데 실패했다는 이야기는 듣지 못했다. 그만큼 한국인들은 새로운 종교인 기독교에 큰 관심을 기울였던 것이다.

이외에도 기독교가 한국에 쉽게 정착한 데에는 여러 가지 요인이 있을 것 같다. 아마 여러 가지 부분에서 한국인들은 기독교를 친숙하게 생각했을 것으로 생각된다. 가령 본래부터 유교의 가부장제에 익숙해 있던 한국인들은 하느(나)님을 아버지로 부르고 구세주인 예수를 그의 아들이라고 부르는 기독교식의 가부장제를 친숙하게 여겼을 것이다. 그런가 하면 성리학에서 말하는 이(理)의 절대성과 하느(나)님의 초월적 절대성은 철학적으로 통하는 바가 있어 관심의 대상이 되었을 것이다. 성리학의 설명에 의하면 이(理)는 우주의 창조 이전부터 존재하는 절대 초월적인 원리인데 이것은 기독교의 신에 대한 설명과 일치한다. 뿐만 아니라 그 절대원리 혹은 절대신에 대한 충정어린 종속이나 다른 사상을 인정하지 않는 배타성의 면에서도 성리학자들은 기독교에 어느 정도 호감을 갖고 있었을 것이다.

물론 그 반대의 견해도 충분히 가능하다. 즉 성리학자들의 입장에서 볼 때, 상제(上帝 : 여기서는 기독교의 신을 지칭함)가 인간이 되어 인간들의 죄를 대신 짊어지고 못박혀 죽고 3일 후에 다시 살아난다는 기독교의 기본 교리가 매우 기괴하게 들렸으리라는 것도 상상하기 어렵지 않다.

한편 일반 민중의 차원에서는 샤머니즘의 굿에서 보이는 엑스터시 혹은 망아경과 비슷한 상태를 기독교 의례 안에서 쉽게 찾을 수 있었을 것이다. 우리나라 사람들은 예로부터 무엇을 하더라도 신명을 바쳐 화끈하게 하는 것을 좋아하는데 기독교, 특히 개신교의 부흥회는 그런 한국인의 적성에 꼭 맞는 것이었다. 게다가 굿은 부정기적으로 하지만 부흥회 같은 예배는 마음만 먹으면 언제든지 갈 수 있는 교회에서 많이들 하고 있었다. 아무 때고 가서 큰 소리로 기도를 하고 망아경 속으로 빠져들어 방언을 하는 개신교의 예배는 한국인들로 하여금 그 종교에 쉽게 빠져들 수 있는 단초를 제공했을 것이다.

한편 사회학적으로도 기독교의 확장요인을 찾을 수 있겠다. 전통사회의 문제 가운데 역시 수위를 차지하는 것은 여성들에 대한 처우의 문제였다. 과거 여성들은 대부분 집 안에서 매우 폐쇄적인 생활을 하고 있었고, 그에 따라 사회 속에서 자기를 실현할 수 있는 기회가 상대적으로 매우 적었다. 기독교는 이러한 구습의 폐해를 많은 부분 해결해 주었다. 남녀가 같이 종교 의례를 행할 뿐만 아니라 여성들도 동등하게 교회의 일에 참여할 수 있었다. 아울러 여성들도 집사다, 권사다, 구역장이다 하는 직책을 맡으면 교회 내에서는 나름대로 중요한 역할을 할 수 있었다. 여성도 어엿한 교회조직의 일원이 되어 그 사회 속에서 인정을 받고 자아를 실현하는 기회를 가질 수 있었던 것이다. 집에서 일상적인 일만 하면서 아무런 지위도 없던 여성들이 교회에만 가면 일정한 부서의 책임자로서 조직의 일원이 될 수 있었다. 따라서 집 안에서만 생활하는 것을 기피하던 여성들은 자신의 사회적 자아를 실현하기 위해 기꺼이 기독교 신자가 되려고 했을 것이다. 일제 때 신여성들 가운데 기독교인이 많았던 것은 이것으로 부분적으로 설명이 될 게다.

이렇게 살펴보면 어떤 요인으로 인해 우리나라에서 기독교가 폭발을 일으켰는가에 대해 얼마간은 본 것 같다. 이외에 분명 더 많은 요인이 있을 것으로 생각되지만 나머지는 후일의 전문적인 연구에 맡기기로 하자. 우리에게 관심있는 것은 이렇게 정착된 기독교가 우리 문화 발전에 어떤 공헌을 했고, 또 앞으로 할 수 있느냐는 것이다. 우리나라 종교사의 입장에서 볼 때 기독교가 갖는 의미는 무엇일까? 여기서는 기독교가 고백하는 믿음이나 진리에 대해서는 언급을 하지 않는다. 다만 우리가 기독교에서 무엇을 취해올 수 있느냐에 대해서만 보려고 한다.

기독교는 보통 '사랑과 정의'의 종교라고 한다. 이중에서 기독교를 가장 기독교답게 만드는 것, 다시 말해 기독교가 다른 세계 종교와 가장 다른 요소는 정의에 있다. 사랑은 다른 종교 안에서도 비록 약간씩 다른 형태지만 — 가령 유교의 인(仁)이나 불교의 자비처럼 — 손쉽게 발견할 수 있다. 그러나 정의는 유대교와 함께 기독교에서만 발견되는 덕목이다. 이것은 기독교 — 그리고 유대교 — 가 예언자 전통을 가진 때문이다. 구약성서에 나오는 예언자들은 사회의 부도덕성에 대해 부단히 강력한 비판을 가했다. 이렇게 사회에 대해 열렬한 관심과 비판의식을 갖고 있는 종교는 그다지 많지 않다. 이 비판정신은 기독교 특유의 사랑과 맞물려 돌아간다.

기독교의 또 하나의 커다란 특징은 소외되고 고통받는 이웃에 대해 강렬한 사랑과 관심을 갖는 것이다. 이것은 그들의 구세주인 예수의 부탁이기도 했으며 그들을 위해 죽음으로 대속(代贖)한 구세주에 대한 보은행위이기도 했다. 지난 역사 동안 보여주었던 기독교인들의 사회 비판의식과 이웃사랑정신은 실로 전세계의 수많은 종교인들의 심금을 울리기에 충분했다.

기독교의 이러한 드높은 정신은 불교나 유교와 같은 동양 종교에서는 쉽게 발견되지 않는다. 불교는 아무래도 출세간(出世間)의 종교이기 때문에 사회에서 일어나는 일에는 그다지 간섭하지 않으려고 한다. 반면 유교는 너무 체제와 밀착되어 있기 때문에 비판정신이 무뎌지기 쉽다. 아울러 이 동양 종교들은 사회에서 소외받는 이웃에 대해 큰 관심을 보이지 않았다. 기독교처럼 성직자가 무산계층인 민중 속으로 뛰어들어가 그들의 고통을 같이 나누는 종교인들이 불교에서는 — 유교는 거의 없는 것 같고 — 별로 발견되지 않는다. 거기다 자신의 목숨까지 위험에 빠뜨리게 하면서 지배층의 불의나 부도덕성을 고발하는 사람들은 기독교에서 비교가 안 될 정도로 많이 발견된다. 그래서 동양 종교에는 사회정의나 이웃사랑정신에 구멍이 뚫렸다고 종종 말해진다. 다시 말해서 유교와 불교의 최대 약점은 사회에 대한 부단하고 공평무사한 관심과 사랑이 없다는 것이다.

이 점은 지난 몇십 년 동안 그대로 증명되었다. 우선 기독교는 우리나라의 민주화운동이 발전하는 데에 절대적인 공헌을 했다. 우리는 지난 박정희 독재정권 시절에 수많은 핍박을 받고 살았는데, 이때 이 서슬이 퍼렇던 독재자에게 준렬한 비판을 가했던 사람은 기독교인들밖에 없었다는 사실을 기억하고 있다. 그 암흑의 세월에 한 줄기 빛을 선사한 사람들은 광야에서 외치던 요한의 후예들이었던 것이다. 가령 천주교의 정의구현사제단은 당시로서는 박 정권에 도전할 수 있는 유일한 세력이었을 것이다. 가톨릭은 전세계적인 조직이 있어 다소나마 투쟁이 용이했는지 모르지만 각개 교회 단위로 움직이는 개신교 목사들은 그야말로 목숨을 내놓고 반독재투쟁을 벌였다. 그 뒤 반독재투쟁은 이른바 운동권이 이어받게 되지만 기독교가 시작하지 않았으면 애시당초 우리나라에 반독재운동이 태어나기가 힘들었을 것이다. 이 점에서 우리는 기독교에 큰 은혜를 입은 것이다.

한국인들은 사회정의의 실현이라는 높은 덕목을 자신들이 지니고 살았던 전통종교에서는 발견할 수 없었기 때문에 기독교를 통해 거의 처음으로 접하게 된다. 후기로 가면 불교에도 반체제 인사가 나타나기 시작하는데 — 유교에는 반체제 인사가 거의 없었던 것 같다 — 이런 행태는 대부분 기독교를 따라하는 경우가 많았다.

이러한 경향은 기독교의 봉사정신에서도 똑같이 발견된다. 기독교 성직자들의 이웃봉사정신은 실로 치열하다. 국가에서조차 버림받은 이들을 위해 갱생원과 같은 재활의 집을 세우는가 하면 집이 없는 가난한 사람들과 함께 빈민공동체를 만들어 정부에 대항해 투쟁하면서 같이 생활하는 사람들은 모두 기독교의 성직자들이다. 또 요즈음에는 악덕 업주들에게 수탈당하는 아시아 노동자들의 권익을 위해 투쟁하는 이들도 그들이다. 이런 노력에 힘입어 현재 민간이 운영하는 사회복지단체는 90% 이상이 기독교단에서 운영하는 형편이 되었다.

이런 이타적인 행위가 가능했던 것은 예수가 자기를 대하듯 환란에 빠진 사람을 대하라고 한 때문이다. 우리 역사 속에서 이런 보살행이 지금과 같이 대대적으로 행해진 것은 순전히 기독교의 공이다. 사실 지난 세월 동안 우리는 고통받는 이웃에 대해 너무 무심했고 배타적인 잔인성으로 대했다. 장애인들은 병신이라고 업신여기고 나병환자들은 문둥병 환자라고 상종을 하지 않았다. 버린 아이들은 내 핏줄이 아니라고 무관심으로 일관했고 거리로 내몰린 사람들은 부랑아라고 천시했다.

이런 사회의 소외계층을 사회의 일원으로 대우하고 인간적인 배려를 했던 사람들은 거개가 기독교인들이었다. 한국인들은 기독교의 이러한 높은 사랑의 정신 덕에 무조건적인 사랑의 정신에 거의 처음으로 눈을 떴다. 전통사회의 한국인이란 유교의 가족 혹은 가문 제일주의 때문에 그 관심 영역이 자신의 가문을 넘어서는 경우가 적었다. 아울러 한국인들이 일상적으로 갖고 있는, 우리와 남을 매우 강하게 나누는 내(內)

집단의식은 우리에 속하지 않는 소외계층에 대해 배타 혹은 천시의 태도를 갖게 했다. 한국인들의 이러한 소아적인 부족정신(tribalism)을 부분적으로나마 깨뜨렸던 것은 많은 부분이 기독교의 공이다. 한마디로 말해 한국인들은 기독교를 통해 보편적인 인간애에 눈뜰 수 있었던 것이다.

아주 간략하지만 지금까지 한국의 기독교가 우리 문화 형성에 어떤 기여를 하였는가를 보았다. 물론 우리나라의 기독교는 아직도 우리 문화와 겉도는 면이 많아 토착화라는 절체절명의 과제를 안고 있다. 기독교가 아무리 훌륭한 사상과 교리를 갖고 있다고 해도 이 땅에 뿌리를 박지 못하면 그 훌륭한 가르침을 우리의 것으로 만들 수 없다. 이 면에서 한국의 기독교인들은 더한층 분발해야 될 것으로 생각된다. 그리고 일부의 기독교인들이 갖고 있는 "한국을 복음화하자"는 신념을 "기독교를 한국화하자"는 생각으로 바꿀 때 우리나라의 기독교는 새로운 기독교로 거듭 태어날 수 있을 것이다. 이렇게 될 때 우리 한국인들은 기독교의 드높은 정신을 섭취해 전통종교에 부족했던 부분을 메워 새로운 세계관을 만드는 데에 더 많은 힘을 기울일 수 있을 것이다. 반면 기독교 쪽에서는 세계 기독교계가 바라는 동양적인, 그리고 한국적인 기독교를 태동시켜 세계 기독교계에 또 다른 새로운 빛을 던져줄 수 있을 것이다.

한국인의 영원한 스승 — 수운, 해월, 증산, 소태산, 정산

이제 전통종교의 대표주자인 유·불·기를 두루 보고 다른 정신적인 가르침을 볼 때이다. 그런데 제목에 적힌 저 이름들은 무엇일까? 한국인의 영원한 스승이라고 해서 원효나 지눌, 퇴계나 율곡이 나올 줄 알았더니 기껏 신(흥)종교의 교주 이름만 나오니 말이다. 독자들 가운데에는 이분들의 이름을 부분적으로 처음 듣는 사람들도 많을 것이다. 수운은 이미 잘 알려진 것처럼 동학을 세운 분이고, 해월은 그의 제자이며, 증산은 증산교를 연 분이고, 소태산은 원불교를 창시했고, 정산은 그의 제자이다. 그런데 왜 이분들이 우리 한국인의 영원한 스승이라는 것일까?

누구나 다 아는 것처럼 우리나라에는 사상적으로 무교를 비롯해 유교, 불교, 선도(도교)라는 전통이 있어 왔다. 우리 민족은 이 전통을 바탕으로 어느 민족에도 뒤지지 않는 높은 철학을 일구어냈다. 이에 대해서는 많은 연구가 되어 있으니 새삼 재론할 여지가 없다. 불교만 해도 배출한 사상가들이 불세출의 원효, 의상, 지눌, 제관, 서산, 진묵, 경허 등 다 헤아리기가 힘들고 유교도 양 이씨(퇴계와 율곡)나 다산, 혜강(최한기) 등 거목들이 참으로 많이 나왔다. 그런데 조선조 말에 참으로 이상하고 진귀한 일이 일어났다. 이런 과거 전통에 대해 무섭게 새롭고 파천황적인 재해석이 나타난 것이다. 재해석의 주인공이 바로 이들이다.

독자들의 이해를 돕기 위해서 내가 이들의 사상에 관심을 갖게 된 배경부터 설명해야 할 것 같다. 모르긴 해도 아마 대부분의 독자들은 이 스승들에 대해 잘 모를 뿐만 아니라 관심도 없을 게다. 그리고 '그까짓 촌노인네 같은 사람들한테 무슨 대단한 사상이 있겠어' 하고 확인되지 않은 심증을 갖고 있을지도 모르겠다. 나도 이런 점에서는 일반 독자들과 별로 다르지 않았다. 적어도 이분들에 대해 관심을 갖기 이전에는 말이다.

나는 그동안 계속해서 '도대체 우리 한국인들이 의지하고 살 수 있는 구심점적인 철학 사상은 무엇일까' 하는 관심을 놓지 않고 있었다. 그래서 그것을 찾기 위해 부단히도 (정신적으로) 돌아다녔다. 그 과정에서 유교나 불교와 같은 전통사상들을 수박 겉핥기식으로라도 전체적으로 일람해 보았지만 마음은 그다지 만족스럽지 못했다. 일단 이 전통사상가들의 철학이 어려웠고, 또 딱히 한국적인 것을 말하고 있는 것 같지도 않았다. 그들의 해석에서도 '이건 정말 한국적인 것이다' 라고 할 만한 부분이 쉽게 눈에 띄지 않았다. 그러니까 원효나 율곡 같은 대사상가들은 우리 민족이 배출해 낸 세계 사상가이지 한국적인 사상가는 아니었던 것이다. 또 샤머니즘이나 마을신앙 같은 민간신앙 부분도 살펴보았지만 이 신앙들은 토속적이라 좋긴 했지만 아직까지는 세계를 아우를 수 있는 수준 높은 보편성이 쉽사리 발견되지 않았다.

그런데 어쩌다 이 세 신종교의 교주들이 펼친 사상을 접하게 되었을 때, 나는 그들의 가르침에 화들짝 놀랄 수밖에 없었다. 내가 찾고자 하는 것이 이들의 사상 안에 다 들어 있었던 것이다. 나는 별 기대 없이 이들의 사상을 접해본 건데 그들의 사상이 갖고 있는 깊이와 넓이에 대해 소스라치게 놀라고 만 것이다. 이것은 앞에서 언급한 샤머니즘을 공부할 때와 상황이 비슷했다. 나도 여느 일반 한국인처럼 샤머니즘은 미신에 불과한 유치한 종교로 알고 있었는데, 공부를 해보니 무교는 우리 문화의 뿌리일 뿐만 아니라 깊은 예술성과 나름대로의 높은 종교성이 있다는 것을 발견하고 강하게 매료되었던 기억이 항상 새롭다. 이 신종교 사상을 접했을 때에도 똑같았다.

내가 제일 먼저 접했던 것은 강증산이었다. 대학 때 프랑스 철학을 전공하신 은사님이 강증산에 대해 쓴 논문을 읽어본 게 강증산을 알게 된 시초였다. 서양철학을 전공한 학자가 거론한 사상가라면 분명 예사 사상가는 아니라는 확신을 갖고 논문을 읽었던 것이다. 그리고 더 자세한 것을 알기 위하여 증산교의 경전 —『대순경전』— 을 읽기 시작했다. 그때의 감격이란 말로 형언할 수가 없다. '아니 우리나라에도 이런 높은 종교가가 있었구나' 하는 놀람과 함께 '왜 이런 분을 이제까지 몰랐나' 하는 탄식이 절로 나왔다. 나는 소외된 농민계층에 대한 그분의 가없는 종교적 사랑과 기이한 행적에 큰 감동을 받았는데, 전라도 김제라는 촌에, 그것도 한 100년 전이라는 가까운 과거에 이런 분이 계셨다는 게 믿겨지지 않았다. 그리고 곧 미국 유학을 떠났는데 학위논문은 반드시 증산에 관해 쓰겠다고 했으니 그때 내가 증산에게서 받은 충격을 가히 짐작할 수 있지 않을까.

증산 강일순

원불교와의 만남은 미국에 간 직후에 이루어졌다. 마침 뉴욕에 있는 원불교 교당에 아는 선배가 있어 그곳에서 한 3일 머물면서 읽게 된 원불교 교전이 만남의 시초였다. 그때 교전이 얼마나 재미있고 신기했는지 그냥 내리 두 번을 통독했던 기억은 아직도 새롭다(나는 같은 책을 내리 두 번 읽은 적이 거의 없다). 모두 쉬운 말로 되어 있고 일상생활 속에 나오는 살아 있는 법문들로 가득 차 있어 얼마나 신통해했는지 모른다. 그리고 창시자인 소태산의 그 웅후하고 자비로운 인격에 한마디로 홀라당 반해버렸다. 증산 때와 마찬가지로 전라도 — 또 전라도다! — 영광 저 벽촌에 이런 세계적인 사상가가, 그것도 몇십 년 전에 있었을 줄이야! 조금 늦게 태어난 게 못내 안타까울 뿐이었다. 지금이라도 이런 스승이 계시면 바로 달려가 제자가 됐을 텐데 하는 생각뿐이었다.

그리고 그곳에 있던 원불교 교무 — 원불교 교직자의 호칭 — 들을 마구 나무랐다. 종교학을 전공한다는 내가 미국에 와서야 지인을 통해 원불교를 알게 된 것은 내 책임이 아니라 원불교의 포교가 잘못된 것이라고 말이다. 내가 유학했던 템플 대학 종교학과에는 마침 교무 한 분이 와 있어 그 뒤에도 그와 함께 원불교 공부는 계속되었다. 그 뒤로도 원불교와 얽힌 이야기는 많지만 여기서 다 할 수는 없는 노릇이고 더 자세한 것은 나의 다른 책을 참고해 주면 좋겠다.[7]

반면 동학과의 만남은 꽤 늦었다. 유학을 마치고 한국으로 돌아와서 본격적인 공부를 시작했으니 말이다. 동학에 대해서는 동학혁명이나 중·고교에서 배운 인내천(人乃天) 교리를 통해 좀 알고 있다고 생각해서인지 신선한 생각을 가지고 접해보려는 의도가 적었던 것 같았다. 그런데 그게 아니었다. 수운은 경전에 남겨놓은 말씀들이나 일화가 적고 너무 축약적이라 그 큰뜻이 쉽게 들어오지 않았지만 해월을 발견한 것은 엄청난 환희였다. 당시 한국의 예언자라 불리던 김지하 시인이 동학의 생명사상을 높이 선양하던 때라 그 기쁨은 배가되었다.

수운은 우리나라 신종교의 효시를 알린 대단한 사상가라 다른 설명이 필요없겠지만 해월은 정말 신이한 분이다. 그렇게 별볼일 없는 체구에 전혀 총기있어 보이지 않는 얼굴을 하고, 게다가 배운 것도 거의 없는 촌사람에게서 어떻게 저런 파천황적인 사상이 나올 수 있었을까 하는 것은 아직도 풀리지 않는 수수께끼이다. 외모는 그렇게 유순한 분이 사상은 말할 수 없이 파격적이다. 당시까지 있었던 구시대의 잘못된 관습을 일거에 날려보냈을 뿐만 아니라 지극히 새로운 세계관을 제시하기도 한 분이 바로 해월 선생이다. 이걸 아는 사람은 다 아는데, 문제는 제

---

7) 『개벽시대를 여는 사람들』(주류성, 1998)이나 『한국의 종교, 문화로 읽는다』(사계절출판사, 1998) 2와 3(3은 근간 예정).

수운 최제우(왼쪽)와 해월 최시형

대로 아는 사람이 극히 적다는 데에 있다.

　나는 개인적으로 이분들이 창시한 세 종교, 즉 동학(천도교), 증산교, 원불교는 우리나라 신종교의 3대 산맥을 이룬다고 생각한다. 물론 여기에 나철의 대종교나 김일부의 남학(南學)도 포함시켜야 하겠지만 현재의 세(勢)로 볼 때 이 두 종파는 너무 미미해 포함시키지 않았다. 또 이렇게 한 데에는 내 나름대로의 학문적인 이유도 있다.

　생각건대 구한말은 종교사상적으로 매우 창조적인 시기였던 것 같다. 아니, 우리나라의 종교사상사 전체에서 볼 때 이 시기는 가장 역동적이고 창조적인 시기가 아니었나 싶다. 그렇게 보는 이유는 간단하다. 수운 이후로 종교적 천재가 느닷없이 그 시기에 마구 쏟아져나왔기 때문이다.

　우리나라 역사 전체를 놓고 볼 때 종교적 천재들이 가장 많이 나온 시기는 신라 통일 전후와 한말 때로 생각된다. 신라 때에는 우리나라 최고의 불교사상가인 원효를 비롯해서 의상, 경흥, 혜공, 혜숙 등 정말 기라성 같은 승려 사상가들이 많이 나왔다. 신라는 당시 될 나라였는지 이런 거대한 정신들이 결집되어 출몰했고 이들의 장대한 정신력으로 결국 삼국통일을 이루어낸 것이다. 이런 정신의 결집이 없었다면 삼국 가운데 꼴찌였던 신라가 삼국을 통일하는 것은 불가능했을 것이다.

그 다음 시기가 방금 위에서 말한 한말이다. 수운을 위시해 앞에서 본 종교가들은 한 세기에 한 명 나올까 말까 한 거목들인데 한말에는 어쩐 일인지 한 반백년 동안 적잖은 숫자가 한꺼번에 쏟아져나왔다. 내 어쭙잖은 생각에 시대가 요청하면 그에 걸맞은 사람들이 자연히 태어나는 게 아닌가 싶다. 한말은 주지하다시피 우리나라 전역사에서 가장 위태로운 시기였다. 결국 나라를 역사상 처음으로 빼앗겼으니 말이다. 그런 위급한 시기가 되니까 나라를 지키는 조상 대대의 영령과 당시 백성들의 정신은 이 나라를 구해낼 영웅들을 갈망했고, 그 염원이 실현되어 위대한 종교가들이 한꺼번에 출몰한 것으로 보면 너무 신이(神異)한 해석일까? 그러나 내가 보기에는 그런 것만 같다. 그렇지 않고서야 이런 위대한 종교사상가들이 떼로 출몰한 것을 설명할 방도가 없다. 물론 이런 생각이 과학적이거나 학문적인 것은 아니다. 그렇지 않은 경우도 발견되기 때문이다.

이런 나의 생각에 많은 사람들은 또 그 예의 민족주의 혹은 자민족 중심주의적인 생각이 도진 것 아니냐고 할지도 모르겠다. 나는 이런 사람들에게 일단 "왜 잘 알지도 못하면서 먼저 부정부터 하려 하느냐"고 반문한다. 나도 잘못된 민족주의는 끔찍이도 싫어한다. 공자도 한국 사람이고 한문도 우리글이라는 사람들을 만나면 닭살이 돋아 아예 상대를 안 한다. 나는 누구보다도 우리 문화의 우수성을 많이 알고 있지만 그 반대로 우리가 얼마나 부족한가도 잘 알고 있다고 자부한다. 우리나라의 전통문화는 분명 고유하지만 중국 문화를 떠나서는 설명할 수 없다는 것도 잘 알고 있고, 한글이 매우 우수한 문자이지만 그렇다고 인류최고의 문자는 아니라는 것 — 다시 말해 더 발전할 여지가 많다는 것 — 도 잘 알고 있다. 또 외국의 문화를 존중하고 배우려는 열린 태세도 항상 갖추고 있다. 설혹 그게 우리와 앙숙처럼 되어 있는 일본 문화라도 말이다. 나는 나름대로는 매우 객관적인 입장에서 수운을 비롯한 우리 스승들의 사상을 평가했다고 생각한다. 내 입장에서는 이분들의 진가를 제대로 모르는, 혹은 무시하는 우리나라 사람들이 이상하게 보인다. 왜 제 조상들을 제대로 이해하려 하지 않을까? 왜 알지도 못하면서 부정부터 하려고 할까 하는 등의 생각이 끊이지 않는다.

내가 우리 스승들의 높은 사상에 대해 이런 결론을 내리게 된 것은 결코 우국충정심이나 "우리 것은 좋은 것이여" 하는 감정적인 데에서 연유한 것이 아니다. 나는 그동안 세계 주요 종교는 — 동양 종교 중심이지만 — 대강 다 공부해 보았고 기타 뉴에이지 운동이나 라즈니쉬 같은 대중종교가의 사상, 또 인접 학문인 심리학이나 현대 물리학 등의 분야를 돌아다니면서 나름대로는 열심히 귀동냥해 보았다. 이 사상 유력은 내가 다른 책에서 이미 밝힌 바 있어 여기서는 약하지만 그래도 보아야 할 책은 대충 다 보았다고 자부한다. 수운을 위시한 우리 스승들의 사상이 위대하다는 것은 내가 그동안 공부한 다른 사상들과 비교한 끝에 나온 것이지 독단적인 판단에서 나온 게 절대 아니다. 이렇게 매번 밝혔지만 빈 산에 메아리 모양 돌아오는 것은 없다. 일반인들이 별 관심을 보이지 않기 때문이다.

우리는 얼마 전부터 "우리 것은 좋은 것이여" 하면서 우리 문화에 대해 새삼스러운 관심을 갖기 시작했다. 그래서 전통찻집도 우후죽순처럼 생기고 생활한복도 입는 등 전통문화를 향유하는 기회를 점점 늘려 가고 있다. 그런데 그렇게 우리 문화가 중요한 줄 알면서 왜 정작 가장 중요한 우리 종교사상에는 눈을 돌리지 않는 것일까? 된장도 토종이 제일 좋고 김치도 우리 게 제일 좋다면서 왜 순토종 사상가인 수운, 증산, 소태산에게는 관심을 제대로 갖지 않는 것일까? 그리고 왜 다른 나라에서 들어온 종교로만 치닫는 걸까?

다른 나라에서 들어온 종교는 우리의 성정에 그다지 부합하지 않는 면이 많다. 그 종교를 믿는 사람들은 펄쩍 뛰겠지만 — 진리는 우리만 소유하고 있다고 하면서 말이다(이건 사실 정말 웃기는 소리다) — 동양 종교의 기본 입장과 서양 종교의 그것은 달라도 너무 다르다. 그런데도 그곳은 손님이 미어지는데 토종 종교 쪽은 한산하기 짝이 없다. 특히 젊은 이들은 더 관심이 없다. 사정이 이렇게 된 데에 대해서는 앞에서 간략하게 보았다.

새로운 세계관을 제공한 한국의 신종교

그럼 도대체 우리나라 신종교사상은 어떤 면이 어떻게 뛰어나다는 것일까? 우선 내가 조명하고 싶은 부분은 이 종교들이 전통적으로 있어 왔던 종교, 즉 무교 · 유교 · 불교 · 도교를 한국식으로 재해석했다는 점이다. 그것도 매우 훌륭하게 말이다. 이 전통종교들은 우리나라에서 1500년을 넘게 있으면서 많은 사람들에게 큰 빛을 선사하기도 했지만 동시에 많은 해악 혹은 제약을 가져오기도 했다. 또 시대의 말기가 되면 초기의 신선함을 잃어버리고 아주 구태의연하게 변하고 만다.

한말이 되었을 때 우리의 전통사상이 모두 쇠잔해진 것이 그것이다. 물론 그때 기성 전통 자체 내에서도 개혁이 있었지만 민중 차원에서도 전통종교에 대한 재해석이 이루어진다. 상층부가 너무 허약해져 시대를 이끌어나갈 힘을 잃어버리면 항상 민중들이 과감하게 일어난다. 동학을 위시한 신종교들은 민중들이 던진, 그래서 굉장히 한국적일 수밖에 없는, 전통종교에 대한 새로운 해석이다.

전통종교를 창조적으로 재해석한 우리의 신종교 | 한말의 신종교 가운데에서도 동학이 가장 먼저 일어난 것은 동학이 조선 유교를 민중의 입장에서 개혁한 것이기 때문이다. 유교가 한말에 아무리 쇠잔해졌다고 해도 정통사상은 정통사상이다. 걷잡을 수 없이 밀려오는 외세에 정신적으로 대항하기 위해서는 아무래도 당시까지 정통사상이었던 유교를 혁신해서 대항하는 게 제일 나을 성싶었을 게다. 그래도 유교가 다른 종교보다는 힘이 있었기 때문이다. 실학이 내부에서 일어난 유교 개혁운동이라면 동학은 민중의 입장에서 일어난 유교 개혁운동이다. 자세한 것은 다른 책[8]에서 밝혔으니 여기서는 간단하게 요약만 하자.

그런데 동학이 유학만을 전승한 것은 아니다. 유학만 개혁하면 민중들이 가까이 가기가 힘들다. 민중들에게는 도교적인 세계관이 더 친숙하다. 수운의 사상에는 도교적인 요소가 많이 녹아 있다. 거두절미하고 동학의 등록상표처럼 되어 있는 시천주(侍天主) 주문을 외워 강령(降靈)[9]을 유도하는 것은 유교에는 없는 매우 도교적인 방법이다. 민중들은 유교의 양반들처럼 어려운 경전을 몇 년이고 읽어 군자가 될 수 있는 여력도 없고 시간도 없다. 그저 간단한 주문을 외워 빨리 도의 경지에 들어가는 게 실제적이다. 그래서 수운이나 해월의 가르침은 전통유교와 도교적 세계관을 묶어 재해석한 것으로 보면 크게 틀리지 않

---

8) 『한국의 종교, 문화로 읽는다』 2권, '동학' 장 참조.
9) 영이 내려와 몸이 떨리고 환청이 들리거나 환영을 보는 종교적 경지.

는다.

그에 비해 증산은 조금 다른 모습을 보인다. 증산이 수운과 같이 도교적인 수련법을 채택한 점은 일치하지만 그는 유교보다 민중들에게 훨씬 더 친숙한 감이 있는 무교적인 세계관을 차입해 매우 새로운 가르침을 만든다. 증산이 행했던 것 가운데 가장 중요한 일은 인간을 포함해 우주 내에 있는 모든 생령(生靈)들의 원한을 풀어주는 것이었다. 이른바 해원(解寃)이다. 인간세상이 이렇게 혼미하게 된 것은 태초부터 쌓인 원한 때문이다. 따라서 이 세상을 제대로 잡기 위해서는 그 쌓인 원을 풀어내야 할 뿐 아니라 앞으로도 쌓이지 않게 해야 한다. 그래서 증산이 했던 게 '천지공사(天地工事)'이다. 아니, 더 간단하게 말하면 '천지굿'이다.

그런데 이 해원은 순우리말로 바꾸면 무교에서 말하는 '풀이' — '살을 푼다'고 할 때처럼 — 이외의 다른 것이 아니다. 이 '푼다'는 것이야말로 민중들에게 제일 가까운 종교 교리임에 틀림없다. 그러나 증산은 개인이나 가족이라는, 상대적으로 좁은 범위에만 국한되는 풀이만을 이야기하지 않았다. 그의 풀이는 범세계적이었고 범우주적이었다. 그에 따르면, 원이 완전히 풀려야 오는 유토피아적인 세계는 파리 한 마리가 원한을 품어도 오지 않는다. 모든 생령이 원한 없이 편안하게 있을 때 유토피아가 도래한다. 또 보은(報恩) 개념을 도입한 것도 전통무교보다 진일보한 것이다. 원이 풀린 개체들은 유토피아적인 공동체를 만들기 위해 보은한다는 생각으로 진력해야 한다. 아울러 증산사상에서는 무교에서는 발견하기 힘든 수준 높은 윤리도 제시된다. "누가 때리면 그 때린 손을 위로하라"든지 "밥 반 공기만 얻어먹어도 은혜 갚을 생각을 하라" 같은 것이 그것이다. 한마디로 증산사상은 전통도교와 무교의 퓨전(fusion)적 '버전 업'으로 보면 크게 무리가 없을 게다.

그런가 하면 무·유·불·선 가운데 하나 남은 불교의 개혁은 원불교의 창시자인 소태산에게 남겨진다. 원불교는 아주 초창기에는 증산 쪽과 관련이 깊은 듯하다. 비슷한 개념들이 종종 발견되기 때문이다. 그러나 곧 개혁 방향을 불교 쪽으로 잡고 진작부터 불교를 주전통으로 삼게 된다. 소태산이 보기에 전통불교는 너무 노쇠했다. 절은 모두 산속에 들어가 있고 경전은 어려운 한자로만 되어 있어 일상생활과 너무 동떨어져 있

소태산 박중빈

었다. 그래서 원불교 교당은 대부분 도회지에 있고 원불교 경전은 일상생활의 이야기가 담긴 쉬운 한글로 되어 있다.

승려들의 독신생활도 소태산이 보기에는 문제였다. 불법은 누구나 닦을 수 있어야 하고 그러려면 결혼도 하고 생활도 해야 한다는 것이 소태산의 생각이었다. 또 승단이 지나치게 남성중심적으로 된 것도 문제였다. 여성이라는 이유 때문에 불법을 닦을 수 없다면 공평정대한 가르침이 아니다. 그래서 원불교 교직자는 원칙적으로는 누구나 결혼할 수 있다(그러나 실제로 여성은 결혼하면 교직을 떠나야 한다). 아니, 오히려 원불교 교단 내에서는 여성들의 파워가 더 세다. 원불교는 총우두머리인 종법사만 남자이지 여성들이 더 강한 힘을 갖고 있는 듯하다. 아마 현금의 세계 종교 가운데 원불교만큼 여성들의 발언권이 강한 종교도 드물 것이다. 그외에 다른 특징도 많지만 원불교가 전통불교의 개혁 버전이

라는 것은 이 정도의 설명이면 충분할 것 같다.

이렇게 위에서 검토한 세 종교는 우리나라의 전통종교를 새 시대에 맞게, 또 우리의 토양에 맞게 재해석한 것이다. 우리 몸과 마음에 알맞은 새로운 세계관을 탄생시킨 것이다. 그러니 따르는 데에 무리가 없다. 또 한 종교만 따를 필요도 없다. 우리나라에서는 복수의 종교를 갖는 게 전혀 문제되지 않았다. 그러면 이들의 사상과 실천에는 어떤 새로운 점이 있었을까? 위에서 잠깐 언급한 것 가지고는 일반 독자들이 체감할 수 없을 것 같다. 도대체 이 종교가들이 무엇을 이야기했길래 그렇게 새롭고 기가 막히다고 하는 걸까 하는 의구심이 들 게다. 이제 그것을 보기로 한다.

이들의 사상을 굳이 한마디로 말한다면 이는 '개벽 사상'이다. 새로운 시대의 선포이다. 그리고 그 유토피아는 우리나라를 중심으로 펼쳐진다. 우리 민족에 대한 자긍심을 한층 높인 것이다. 우리 민족은 더 이상 나라를 빼앗긴 힘없는 식민지 백성이 아니라 앞으로 세계의 정신문화를 선도해 나갈 선진적인 국민이다. 그러면 구체적으로 이들은 어떤 주장을 했을까? 그들의 인간관부터 보자.

새로운 인간관의 탄생 | 이들이 보기에 선천(先天)시대, 즉 과거에는 인간들에게 너무 불평등한 것이 많았다. 남녀, 계급, 노소, 빈부 등의 차이가 그것으로 이 때문에 너무 많은 차별이 있었다. 우선 양반 위주의 사회였고 사회의 힘은 항상 나이 많은 남자들에게만 가 있었다. 그러니까 여성들과 어린 사람들은 철저하게 소외되어 있었던 것이다. 이들은 여기에 대한 개혁부터 시작한다. 계급철폐를 부르짖은 것은 이들에게는 기본적인 것이었다.

이것은 이들 대부분이 양반 출신이 아니었다는 사실에서도 기인한다. 수운과 해월의 제자들에게는 양반과 비양반의 구분이 없었다. 모든 제자들은 같은 방에 앉아 주문 수련을 했다. 수운은 스스로의 양반 신분을 포기하려 했는지 여종 가운데 두 사람을 해방시켜 한 사람은 양딸로, 또 한 사람은 며느리로 맞아들였다. 이 사건은 신분철폐나 여성해방이라는 양면에서 중요성을 지닌다. 이는 조선조의 정식 선비들에게서는 절대로 발견할 수 없는 매우 파격적인 행위로 조선의 신분제도에 대한 정면 도전이다. 원래 민중종교는 성향이 대단히 파격적이다. 조선의 큰 유학자인 퇴계나 다산이 아무리 덕이 높다 하더라도 종을 딸이나 며느리로 삼을 생각은 하지 않았을 것이다.

동학에서는 신분차별 철폐 때문에 내홍을 겪기도 했다. 노비나 평민 출신이었던 사람이 '포'와 같은 소조직의 우두머리가 되자, 양반 출신의 신도들이 그 밑에는 못 있겠다고 하면서 집단 항의를 했던 것이다. 동학도들은 서로를 평등하게 모두 '동덕(同德)'이라고 부른다. 마치 북한에서 서로를 '동무'라고 부르듯이 말이다. 동학의 계급철폐 사상은 이외에도 많이 발견되지만 이 정도면 충분할 것 같다.

증산은 아예 처음부터 민중 편이었다. 이제 시대가 개벽하는데 계속 양반 찾는 사람들은 죽음을 면치 못할 것이라고 극언을 한다. 그 역시 후천개벽시대에는 일체의 계급이 없는 평등사회가 실현된다고 주장했고 자신이 몸소 이것을 실천에 옮겼다. 자신의 종에게 존대말을 하는 증산에게 제자가 말을 놓으라고 하자, 증산은 앞으로 누구든 존경해야 하는 시대가 온다고 타일렀다. 증산은 대놓고 이렇게 말한다. 곧 도래할 후천개벽시대에는 아무 힘이 없어 억울한 일을 당해도 호소할 데가 없는 농민들이 상등민이 되어 주역 노릇을 할 거라고 말이다. 이 예언이 실현됐는지의 여부는 여기서 중요한 것이 아니다. 단지 예언자들이 갖고 있던 생각만 확인하면 된다.

소태산의 평등관은 새삼 거론할 필요조차 없다. 그가 의존한 사상은 인간평등 정도가 아니라 모든 생물이 평등하다고 주장하는 신조에 뿌리박고 있는 불교이기 때문이다. 그의 가르침에는 평등관이 기본적으로 깔려 있어 그의 선배들처럼 새삼스레 인간평등을 주장하는 일화를 일일이 찾아볼 필요가 없다.

　　더 극적인 인간평등 사상은 이들의 여성관에서 보인다. 수운의 경우는 가르침 속에서 여성들의 이야기가 거의 발견되지 않지만 해월로 오면 상황은 완전히 달라진다. 해월이 지닌 여성관의 극치는 아무래도 보통 '베 짜는 한울님'이라는 제목으로 소개되는 에피소드에서 발견될 것이다. 해월은 어떤 제자의 며느리가 베를 짜는 것을 보고 누가 베를 짜느냐고 물어본다. 제자가 계속 며느리라고 대답하자, 해월은 며느리가 아니라 한울님이라는 '파천황적인' 발언을 한다. 이 이야기는 여성이 더 이상 억압받고 소외받는 존재가 아니라 한울님이라는 지고의 존재임을 선언하는 것이다. 여성이 지난 수천 년 동안 어떻게 억압을 받았나 하는 것은 새삼 재론할 필요가 없다. 한마디로 여성은 인간이 아니었다. 해월은 그런 여성을 인간의 위치로 회복시켜 놓았을 뿐만 아니라 한울님이라는 지고의 존재로 격상시켜 놓은 것이다.

　　해월은 특히 부인들에게 관심이 많았다. 가령 아내가 성을 내면 남편은 유순하게 대해야 하고 그래도 아내의 분이 풀리지 않으면 풀릴 때까지 아내에게 절을 해야 한다고 간곡하게 부탁한다. 아울러 그가 경어체까지 사용하면서 임신한 부인들에게 들려주는 태교법은 그 자상함이나 섬세함이 압권이다. 그래서 그런지 동학에서는 앞으로 오는 시대에는 부인들 가운데 도인이 많이 나올 것이라고 예언한다. 아니, 해월은 아예 동학의 근본은 부인의 수도에 있다는 말까지 한다. 그러나 시대적인 제약 때문이었는지 이런 여성 우호적인 발언에도 불구하고 수운이나 해월에게는 뚜렷한 여성 제자가 없었다. 그들의 가르침이 남성중심적인 유교에 경도된 때문 아닌지 모르겠다.

여성해방에 관한 한 증산도 할 말이 많다. 증산에 의하면 선천시대가 이렇게 극악하게 된 데에는 부분적으로 인간 취급을 못 받고 죽은 여성들의 원한도 크나큰 작용을 했다. 증산은 상제로서 이 원한을 풀어주는 역할을 담당했고 앞으로는 남자들이 여자들의 말을 듣지 않고는 행세할 수 없는 남녀동권의 시대가 올 것이라고 예언했다. 그럼에도 불구하고 자신의 선배들과 마찬가지로 증산 역시 여성 제자는 두지 않았다. 단지 그의 사후 그를 숭배하는 많은 증산교파가 일어났는데, 그 가운데 여성이 교주로 있는 경우가 간혹 있어 눈길을 끈다.

한편 소태산은 그 외모나 카리스마가 대단히 남성적이었던 때문인지 생전에 많은 여성 제자들을 두었다. 이들 가운데 소태산의 최고 고제(高第) 그룹인 9명 가운데 들어간 사람은 없지만 소태산 주위에는 항상 여자 제자들이 무리지어 있었다. 그런 정황은 원불교 경전에 잘 그려져 있다. 그 가운데에는 지금까지도 살아 있는 분들이 있고, 이들은 대부분 소태산의 인격에 감화되어 평생을 독신 수도자의 길을 갔다.

소태산의 여성관은 그의 가르침을 직접 볼 필요도 없이 현재의 원불교 조직을 보면 잘 알 수 있다. 원불교의 남녀 성직자 가운데 여성 교직자는 많다 못해 많은 요직을 점유하고 있기 때문이다. 그래서인지 원불교의 남자 교직자들은 한결같이 유순하다. 알게 모르게 여성화된 것이리라. 일례로 서울에 있는 교당 가운데 여자 교직자들이 주임으로 있는 곳이 90%가 넘는다. 그런 경우 그 밑에는 젊은 남자 교직자들이 보좌를 한다. 이게 얼마나 신기한 일인가 하는 것은 이 상황을 천주교로 바꾸어 생각해 보면 쉽게 알 수 있다. 천주교 성당에 주임 신부가 여성이고 그 밑에서 젊은 남자 신부가 보좌하고 있다고 상상해 보라. 이것은 있을 수 없는 일이다. 그런데 원불교에서는 이게 상식처럼 되어 있다.

소태산의 남녀평등관은 다른 작은 데에서도 발견된다. 그는 부부가 가능하다면 경제력을 따로 가질 것을 제안했고 문패에도 부부의 이름을 같이 쓰도록 권했다. 그리고 확인되지 않은 소문에 의하면 후천시대에는 부부가 다른 집에 따로 살면서 서로 독립적인 삶을 유지할 거라는 예언을 한 적도 있다고 한다. 어떻든 원불교 하면 세계에서 남녀평등이 가장 잘 실현된 종교로 보아서 크게 틀리지 않을 것이다.

새로운 인간상의 도래를 말할 때 동학(천도교)[10]의 어린이운동도 빼놓을 수 없다. 우리는 어린이운동 하면 금방 소파 방정환 선생을 연상한다. 그가 1920년대에 어린이운동을 시작한 것은 아마 인류 역사가 시작된 이래로 처음 아닐까? 주지하고 있다시피 어린이는 여성과 더불어 과거에 인간대접을 못 받고 소외당했던 대표적인 계층이다. 아니, 어린이는 인간이 아니었다. 장유유서에 찌든 조선 사회에서는 나이가 어릴수록 불이익을 당하는 게 많았으니 제일 어린 어린이는 그야말로 장난감 같은 존재였다. 아무 때나 때려도 되고 심부름시켜도 되고, 한마디로 어른들이 마음대로 할 수 있는 존재였다.

그런 어린이의 인간선언을 한 사람이 바로 소파 선생이다. 어린이도 하나의 인격체로 존중하자는 것이다. 그런데 사람들은 여기까지만 안다. 왜 우리는 그런 장한 운동이 '그저 어느 날 갑자기 시작되었을까' 하는 기초적인 의문을 갖지 않을까? 하나의 커다란 운동이 한 사람에 의해서 느닷없이 시작될 수는 없다. 그 뒤에는 사상적 배경도 있고 단체의 힘도 있어야 한다. 이런 거대한 운동은 소파 한 개인에게서 시작될 수 없다. 사람들은 소파가 천도교의 3대 교주인 손병희의 사위였으며,

---

10) 동학은 1905년 교명을 '천도교'로 바꾼다.

그의 어린이운동에는 천도교 교단의 전적인 지원이 있었다는 사실은 모른다. 소파는 천도교 교단을 등에 업고 이 운동을 한 것이다.

그러나 더 중요한 사실은 이 어린이운동의 사상적 배경에 해월이 있었다는 사실이다. 어린이를 하나의 인간으로 대접해야 하는 이유는 간단하다. 어린이도 한울님을 모신 완전한 존재 ─ 아직 어른이 안 된 불완전한 존재가 아니고 ─ 이기 때문이다. 이 이야기는 해월의 법문에 나온다. 해월은 말한다. "어린이를 ─ 물론 어린이라는 용어는 소파가 처음 만든 말이지만 ─ 때리지 말아라. 왜냐하면 그들도 한울님을 모시고 있기 때문이다"라고. 당시 어린이들을 얼마나 패댔으면 이런 법문까지 나왔겠는가마는 이 발언은 세계 어린이운동사에 영원히 남을 발언으로 기억될 것이다. 사실 소파와 더불어 이 운동을 같이했던 소춘 김기전 선생도 언급해야 하지만, 내가 다른 책에서 모두 밝혀놓았으니 여기서 또 거론하는 것은 예가 아니다.

어떻든 우리는 이런 엄청난 일을 해놓고도 다 잊어버렸는지 아니면 관심이 없는지 까먹고 살고 있다. 그리고 "우리에게 무엇이 있느냐"고 반문만 한다. 아, 이 무지의 세월이 언제 조금이라도 나아질까? 각자의 자리에서 노력하면서 기다려볼 수밖에는 없을 것 같다.

또 이런 생각도 해본다. 이런 분들이 일본에서 태어났다면 지금 얼마나 세계적으로 각광받고 있을까 하는 생각 말이다. 자기네들의 문화유산을 워낙 아끼는 사람들이니 이런 불세출의 종교가들이 나오면 많은 사람들이 따랐을 뿐만 아니라 그 사상을 더 정교하게 가다듬어 전세계에 자랑스럽게 내놓았을 것이다. 이것은 내가 공연히 떠드는 게 아니라 그동안 일본을 십여 차례 방문하면서 그곳의 신종교 현황을 꽤 상세히 파악한 뒤에 내린 결론이다. 그래 생각에는 우리의 스승들이 나라를 잘못 골라 태어났다는 짓궂은 발상도 해본다.

그 밖의 새로운 세계관들에 대하여

지금까지 우리는 이 스승들이 제시한 새로운 인간관에 대해 보았다. 나는 이외에도 이들이 설파한 새로운 세계관에 대해 얼마든지 제시할 수 있다. 금방 머리에 떠오르는 것만 보아도 '곧 도래하는 새로운 시대의 모습'이라든가 '새로운 환경윤리의 제시', '새로운 생사관(生死觀)의 제시' 등 새로움이 흘러넘친다. 이 책은 신종교에 관한 책이 아니기 때문에 지면 관계상 이것들을 다 자세히 볼 수는 없다. 또 다른 지면을 통해 대부분 발표한 것들이다. 따라서 여기서는 극히 요약해서 한꺼번에 보면 좋겠다. 우선 새로운 시대의 도래에 관한 것이다.

새로운 시대에 세계의 중심은 한국 | 이들이 새로운 시대의 도래에 대해 말한 것은 그 양이 상당히 된다. 물론 그 대강은 신종교의 교주들답게 이 땅 위에 지상천국이 '곧' 도래한다는 것이다. 이 면에서 이들은 여타 세계의 다른 신종교 창시자들과 다를 바가 없다. 가령 신분차별이나 남녀차별이 일절 없어지고 물질적으로 대단히 풍요로운 유토피아 시대가 온다는 것이 그것이다. 우리가 관심있는 것은 그것보다 우리나라의 앞날에 대한 예언이다. 여기에 대해서는 소태산과 그의 제자인 정산이 가장 확실한 이야기를 남긴다. 특히 소태산의 이야기는 많은 생각할 거리를 제공한다.

소태산은 우리나라가 지금 어떤 처지에 있느냐는 제자의 질문에 우리나라는 진급기(進級期), 즉 발전하는 단계에 있다고 확실하게 못박는다. 그리고 더 나아가서 우리나라는 어변성룡(魚變成龍), 즉 물고기가 변해서 용이 되는 형국에 있다는 말을 남기기도 했다. 다시 말하면 우리나라는 계속 발전할 것이고, 그것도 그냥 발전하는 정도가 아니라 용처럼 불세출의 국가가 되리라는 것이다.

그런데 여기에서 간과하면 안 될 것은 이 이야기를 한 시점이다. 당시는 일제시대(강점기) 말기였다. 일제 말기란 어떤 시기인가? 조선(한국)이란 나라는 세계 지도에서 사라진 지 오래되었고 이 식민통치 체제가 영원히 계속될 것이라는 인상마저 주던 때였다. 그래서 친일했던 어떤 원로 시인은 당시 일제시대가 한 100년은 지속될 것 같았다고 하면서 자신이 행한 친일 행적에 대해 변을 늘어놓기도 했다. 그런 시대에 소태산은 뭘 보았는지 모르지만 우리나라는 계속 발전할 것이고 앞으로 세계의 중심국가가 될 것이라는 말을 남겼다.

당시 이 말을 들은 사람들은 코방귀도 뀌지 않았을 게다. 도무지 말이 되지 않았을 것이기 때문이다. 그런데 한참 앞에서 본 것처럼 한국전쟁 뒤 완전 절단났다고 하던 한국, 그래서 아무 희망도 없다던 한국이 이렇게 부강해져서 소태산의 예언이 들어맞을 줄 뉘 알았을까? 그러나 아직 세계의 중심국가는 못 되었으니 그의 예언은 부분적으로만 실현된 것으로 보아야 한다.

과연 소태산 같은 분들은 무엇을 보고 이렇게 예언할 수 있었을까? 혹시 국가라는 큰 공동체도 개인과 같이[11] 일정한 운명을 갖고 있고 소태산 같은 성자들은 그 큰 기운을 읽을 수 있었던 것은 아닐까? 한편 소태산의 제자 정산은 더 구체적이고 자신에 찬 예언을 한다. 정산에 의하면 우리나라는 전세계의 모든 나라 가운데 '정신의 지도국'이자 '종교의 부모국'이란다. 또 지금은 한국인으로 태어난 것을 불행하게 생각하는 사람이 있을지 모르지만 나중에는 다행으로 생각하는 사람들이 많을 거라고도 했다. 아울러 우리가 힘이 없으니 다른 것으로 드러날 것은 없지만 도덕으로서는 세계 제일이 될 것이라고 당찬 주장을 했다.

---

11) 사람에게는 누구나 나름대로의 운명이 있다.

정산 송규

정산이 이 말을 남긴 때가 1950년대이니 지지리도 못살던 것은 일제시대나 매한가지이다. 그런데 그런 우리나라가 도덕국이 된다니 이걸 어떻게 이해해야 할까? 또 현재에도 전국민의 반 이상이 이민가고 싶다는 나라에서 무슨 훌륭한 도덕이 나올까? 나는 이 예언을 섣부르게 해석할 생각은 없다. 다만 전혀 가당치 않았던 소태산의 예언이 부분적으로라도 들어맞았던 것처럼 정산의 예언도 언젠가는 실현될지 모른다는 생각을 해본다. 그냥 드는 생각에 정산의 예언은 우리가 성취해야 할 목표로 생각하고 꾸준하게 진력하려할 때 의지해야 할 방향타 혹은 이정표 같은 것이 될 수 있지 않을까 하는 의념을 가져본다.

사실 우리나라가 정치 · 경제 · 군사적으로 강한 나라가 되기는 실질적으로 대단히 힘들다. 우리나라가 살 길은 문화적인 데에서 찾아야 하고 그 방향을 하나로 특화시켜야 한다. 그때 진지하게 생각해 보아야 할 것이 바로 정산의 예언이다. 우리나라가 세계에 공헌할 수 있는 것은 전세계가 평화공존할 수 있는 새로운 윤리 및 세계관을 제시하는 일일 수 있다. 이러한 새로운 윤리관은 가해자인 이른바 '제1세계' 국가에서 나와서는 안 된다. 그들은 지난 수백 년 동안 너무도 큰 잘못을 많이 했기 때문에 세계가 공존할 수 있는 새로운 윤리의 제정을 주창할 자격이 없다. 이 작업은 지난 세기 동안 철저하게 침탈당해 온 제3세계 국가에서 시작되어야 한다. 그런데 우리에게는 이 일을 하는 데에 쓸 수 있는 재료들이 다 있다. 지금까지 인류를 끌고 왔던 종교 가운데 대표적인 것들이 모두 한국에 있기 때문이다. 한국이라는 용광로에서 이 다양한 종교사상들이 용해되어 새로운 이념이 나온다면 정산의 예언은 실현되는 것이다. 이것을 하고 말고는 우리 의지에 달려 있다.

새로우면서도 지극히 한국적인 환경윤리의 제시 ㅣ 이 주제에 대해서는 몇 년 전에 별도의 논문을 썼기 때문에 또 간략하게만 언급해야겠다. 지금 환경운동가들이 가장 바라는 게 있다면 새롭고 수준 높은 환경윤리의 제시이다. 환경운동이라는 게 자연 오염시키지 말자 혹은 개발정책에 반대하는 데모만으로는 되지 않는다. 환경운동가들의 한결같은 바람은 그들이 구심점으로 생각할 수 있는 이념이 있었으면 하는 것이다. 그러니까 새삼스럽게 새로운 자연관이 필요한 것이다. 이런 자연관의 제시라면 말할 것도 없이 동양 종교가 매우 유리하다. 왜냐하면 앞에서 샤머니즘을 이야기할 때 언급한 것처럼 동양 종교에서는 자연을 살아 있는 것으로 보기 때문이다. 자연을 살아 있는 것으로 생각하면 함부로 대할 수가 없고, 그러면 '자연보호'는 자동적으로 되는 것이다. 그런데 동학에서는 자연을 살아 있는 것으로 보는 정도가 아니라 하늘은 아버지이고 땅은 어머니이니 극진히 공경해야 한다고 말한다.

　이것이 이른바 해월의 '천지부모설'이다. 환경운동은 땅과 관계된 것이 많은데 땅은 어머니 얼굴이니 아주 조심해서 대해야 한다고 해월은 말한다. 물도 멀리 버리면 안 되고 심지어는 침도 멀리 뱉지 말라고 간절히 타이른다. 해월이 자연을 얼마나 극진하게 생각했는가는 에피소드 하나면 알 수 있다. 해월은 이 천지에는 '혼연한' 기운이 가득 차 있어 걸음 하나도 경솔하게 걸으면 안 된다고 하면서 다음과 같은 이야기를 전했다.

어떤 아이가 나막신을 신고 쿵쿵거리며 지나가자, 해월은 갑자기 가슴이 아파왔다. 땅이 느꼈던 게 그대로 해월에게 전달된 것이다. 그때 해월은 땅을 어머니 살같이 아껴야 한다고 말했다. 이 정도 되면 굳이 자연보호 하자고 할 필요가 없다. 환경운동은 해월처럼 땅과 같은 자연에서 신령한 기운을 느끼는 영성운동이 되면 저절로 되는 것이다.

이것은 증산이나 소태산도 비슷하다. 증산은 천지 모든 것에 신(神)이 깃들여 있다고 보았고, 소태산과 그의 제자 정산은 천지에도 식(識)이 있다고 주장했다. 용어야 다르지만 모두 자연을 살아 있는 존재로 보는 것은 마찬가지이다. 또 우주는 내면적으로 보면 한 기운으로 연결되어 있다. 이 비슷한 것은 불교의 화엄 철학에서도 발견되는데 보통 연기(緣起)적 세계관이라고도 부른다. 우주의 모든 사물이 외부적으로는 따로따로 존재하는 것 같지만 내적으로는, 혹은 깊은 차원에서는 전부 연결되어 있다고 보는 것이 이 세계관이다. 동양 사상은 대개가 이런 세계관을 갖고 있다. 그래서 환경운동가들이 이념적으로 동양 사상을 많이들 기웃거리는 것이다. 우주가 모두 연결되어 있으니 아무리 작은 부분이라도 한쪽이 파괴되면 전체적으로 그 영향이 파급된다. 그러니 어느 한 부분도 함부로 대할 수가 없다. 서울대 물리학과의 장회익 교수 설로 하면 '온생명론'이다. 이 우주는 전체가 하나의 거대한 생명체이다. 이 사상만 확실하게 체득하면 환경운동은 그걸로 끝이라고 봐도 된다. 그런데 위에서 본 것처럼 이것을 실현시킬 수 있는 기제가 우리나라 신종교 안에는 많다.

혁신적인 신종교의 생사관(生死觀) | 자세한 이야기는 모두 뒤로 하고 마지막으로 우리의 스승들이 제시한 새로운 생사관 혹은 장제례(葬祭禮) 모습에 대해 보기로 하자. 이들이 제시한 것들은 너무 혁신적이고 현대적이라 처음 접하는 독자들은 놀랄 게 틀림없다. 이분들의 주장을 들어보면 지금 우리가 인간의 죽음과 관련해 문제로 생각하고 있는 점들이 많이 해소될 수 있다.

죽음이란 우리 인간들에게는 너무나 큰 주제이자 문제이기 때문에 고금을 통해 항상 중요한 이슈가 되어왔다. 다시 말해 어떻게 죽어야 하고, 또 죽어가는 사람은 어떻게 돌봐야 하며, 죽은 뒤에 지내는 장례와 제사는 어떻게 해야 하는가 등등은 우리 인간들에게는 너무도 절실한 문제였다. 이런 절체절명의 문제를 우리의 스승들이 그냥 지나쳤을 리 없다. 이제 그것을 보자. 설명을 편하게 하기 위해 죽음을 맞을 때부터 해서 순서대로 아주 간략하게 보자.

인간이 죽음에 임박하게 되면 새로운 준비를 해야 한다. 인간은 고귀하게 살아야 할 필요가 있듯이 죽을 때도 품위 있게 죽어야 한다. 그런데 지금 우리나라 사람들은 너무 삶에만 집착한다. 불치의 병이라 어차피 죽을 거라면 제대로 죽음을 준비하고 삶을 정리하는 게 좋다. 죽는 사람은 삶을 잘 정리하려고 노력하고 옆의 친지들은 그 사람이 정리하는 것을 돕는 일련의 행위, 즉 요즘 서양 말로 호스피스와 연관해서 내가 아는 한 소태산보다 더 구체적이고 확실한 이야기를 한 사람은 없다.

자세한 것은 다 약하고 큰 줄기만 보자. 우선 친지들은 임종 당사자가 정신이 깨끗하고 산만해지지 않도록 도와주어야 한다. 즉 본인 앞에서는 나쁜 소리를 하지 말고 재산이나 가족 등에 대해서도 걱정하지 말아야 한다. 이 가르침 가운데 가장 압권은 당사자가 막 죽으려고 할 때 그 사람의 친지들이 지켜야 할 일이다. 보통 우리는 부모님의 숨이 넘어가려고 하면 목놓아 울기 십상인데, 소태산은 이것을 엄금한다. 왜냐하면 떠나가는 영혼이 — 소태산은 윤회설을 진리로 받아들이고 있다 — 산란해져 제 갈 길을 가는 데 방해되기 때문이다. 정 울고 싶으면 영혼이 이승을 완전히 떠난 몇 시간 뒤에나 울라고 가르친다. 윤회설을 받아들인다면 소태산의 이 가르침은 무섭게 합리적이고 현실적인 가르침이다.

임종자 자신이 해야 할 일에 대한 가르침은 더욱더 자상하다. 우선 사람은 사십줄이 넘어가면 죽을 준비를 해야 한다. 그래야 품위 있게 죽을 수 있는 여유를 가질 수 있다. 유언도 미리미리 써놓아야 한다. 잘 죽으려면 무엇보다도 지금까지 품었던 원을 풀어야 한다. 원을 품은 당사자가 있으면 직접 불러 풀고, 없으면 혼자라도 마음으로 풀어야 한다. 그 다음에는 평소에 가졌던 집착심들을 놓는 연습을 해야 한다. 이런 연습을 하다 최후의 순간이 오면 정신통일을 해서 깨끗한 마음으로 영혼이 떠나가게끔 한다. 불교나 힌두교에서는 전통적으로 이 마지막 순간을 어떻게 보내느냐에 따라 다음 생이 바뀔 수도 있다고 말한다. 임종 때의 생각은 다음 생이 전개되는 데에 결정적인 영향을 미치기 때문이다. 그런데 평소에는 죽음에 대해 아무 생각도 하지 않다가 정작 죽을 때가 돼서야 하려고 하면 안 되니 미리부터 죽음을 준비하라고 권유하고 있다.

우리나라 사람들은 죽음에 관한 한 내팽개쳐져 있는 것과 다름없다. 한국인들은 유교적인 세계관의 영향으로 대단히 현세적인 생각을 갖고 살고 있다. 다시 말해 죽음에 관해 매우 부정적인 생각을 갖고 있는 것이다. 그러니 불치병에 걸리면 끝까지 살려고 발버둥치다가 몸 버리고 돈 버리고 끝내는 속절없이 죽고 만다. 게다가 아픈 자기만 힘든 게 아니다. 가족들의 고생 역시 말로 다 하기가 힘들다. 가족들도 환자들 뒷바라지하는 것이 너무 힘들어 나중에는 심지어 '차라리 빨리 죽어 주었으면' 하고 바라게 된다. 그러다 품위 있게 죽을 준비는 하나도 못한 채 '어어어' 하는 사이에 가버리는 식으로 생을 끝마치는 사람들이 우리 주위에는 너무나 많다. 이런 난제에 대해 소태산은 정확한 해법을 제시하고 있다. 내 생각에 우리가 소태산의 가르침만 잘 따른다면 한국형 호스피스 하는 법을 만들 수 있고, 그 결과 많은 사람들이 덕을 볼 것이라는 확신이 든다.

사람이 이렇게 해서 죽으면 바로 장례가 뒤따른다. 한국인들에게는 사람이 죽으면 복잡한 일이 너무 많다. 지나치게 현세주의적인 인생관 때문에 공연한 허세나 낭비가 많다. 과거를 돌아보면, 부모 죽인 죄인이라고 이상한 복장을 하는 것부터 어차피 썩어 없어질 시신에 비싼 수의를 입히는 것, 잘못된 풍수론 때문에 묫자리 잡을 때 일어나는 해프닝 등 그 억지를 말로 다 하기가 힘들었다. 우리의 스승들은 이 모든 전근대적인 관습에 철퇴를 가하는 동시에 매우 합리적인 대안을 제시했다. 이런 인생의 대사를 치를 때마다 내거는 한 가지 논리, 즉 '인생에 한 번 있는 일인데 조금 무리가 돼도 하자' 하는 생각 때문에 우리는 이성적으로 대응하지 못했다. 장례의 경우에는 그저 '부모님 마지막 가시는 길에 효도 한 번 하겠다'는 논리가 주로 작용을 하는데 우리는 여기에 휘둘려서 당최 일을 합리적으로 처리하지 못하는 것이다. 이런 것에 대한 우리 스승들의 처방을 들어보자.

우선 유교식의 옷 입기, 즉 머리는 풀고 새끼줄을 동여매는 것, 옷은 단을 하지 않은 거친 삼베옷을 입는 것을 극력 멀리했다. 증산은 그러한 복식 습관은 죽은 거지귀신이 만든 것이라고 배척했고 다른 스승들도 일상적으로 입는 옷을 깨끗이 해서 입으면 된다고 했다. 수의에 대해 정산은 매우 합리적인 해답을 제시한다. 시신은 이제 무정물(無情

物)이 되었기 때문에 전혀 낭비를 할 필요가 없다. 단지 옷이 없어서 새로 한다면 모를까 옷이 있으면 가능한 묵은 옷을 깨끗이 해서 쓰면 된다는 게 정산의 주장이다. 수의 마련하는 데에 돈을 쓰면 오히려 죽은 이의 복을 깎는 것이라는 것이다. 이것은 지금도 잘 안 된다. 부모님 마지막 가시는 길이라고 수백만 원짜리 수의를 만들어 입힌다. 아무리 그러지 말라고 해도 말이 안 통한다. 그런 공연한 데에 돈을 안 쓰면 손님들한테서 부의금을 안 받아도 되는데 서로가 부담만 될 뿐이다.

그 다음에 문제가 되는 것은 못자리 잡는 거다. 우리는 아직도 무덤 쓰는 것을 고집한다. 풍수설뿐만 아니라 유교에서 영향받은 지극히 현세적인 사고방식 — 육체를 태워버리는 것은 상상하기조차 힘들다! — 때문이다. 그러다 지금 대한민국은 '산 자'의 나라가 아니라 '죽은 자'의 나라가 되어버렸다. 묘지의 면적이 주택의 면적보다 넓어졌기 때문이다. 정산은 여기에도 매우 합리적인 처방을 내린다. 그에 따르면 일단 묘지를 고르는 음택 풍수는 따를 필요가 없다. 이유는 간단하다. 땅의 기운은 살아 있을 때나 받을 수 있는 것이지 죽은 다음에는 우리 몸이 토석(土石)과 다름없으니 좋은 땅이라는 게 아무 의미가 없기 때문이다. 아무리 부모이지만 죽은 다음에는 무정물이라는 냉철한 상식에 충실하는 것이다. 그리고 정산은 제자들에게 화장을 적극 권했다. 우리나라도 요즘에 와서야 화장을 해야 된다는 소리가 높다. 우리의 스승들은 진작에 같은 주장을 했다. 이런 게 바로 예언자라는 거다.

장례가 다 끝나고 나면 이제 제사가 문제가 된다. 우선 천도교나 원불교에서는 교조의 가르침에 따라 제사 때 음식, 즉 제수(祭需)를 마련하지 않는다. 그냥 물만 놓고 간단하게 제례를 지낸다. 아마 모든 생명의 근원이라는 물의 상징성을 충분히 이용하는 것 같다. 이에 대한 정산의 해석은 매우 합리적이다. 만일 제사 때 정말 혼백이 와서 흠향(歆饗)

한다고 믿는다면 매일 매끼를 차려야 할 것인데 그렇게 하지 않으니 이 것은 정성의 표시에 불과하다는 것이다. 흠향설과 같은 것은 속설에 불과한 것이니 여기에 드는 비용을 봉사기관 같은 곳에 희사하면 그게 더 조상의 덕을 기리는 일이라고 주장했다. 이렇게만 되면 명절 때 음식 차린다고 부산을 떨 필요가 없다. 따라서 음식 차리느라고 지긋지긋해진 명절 쇠기의 불합리함에서 우리나라의 며느리들이 빠져나올 수 있을지도 모른다.

그런데 제사에 관한 한 가장 혁신적인 주장은 해월에게서 발견된다. 해월의 제사법은 한마디로 향아설위법(向我設位法)이라 불린다. 이것은 이전에 벽을 향해 조상의 신위를 놓는 것과 정반대가 되는 법이다. 해월은 향아설위법을 제시한 근거에 대해 이렇게 말한다. 우리가 내면에 간직하고 있는 한울님은 언제 어디에나 있기 때문에 수많은 조상들의 혼령은 우리와 융합되어 있다. 따라서 우리 자신을 제사하면 조상을 제사하는 것과 다를 게 없다는 것이다.

해월은 이 정도의 설명으로 마쳤지만 여기에는 심오한 의미가 담겨 있는 듯하다. 기실 전통 제사에는 지나치게 과거, 즉 조상들을 미화하고 그들에게 집착하는 경향이 강했다. 이전 사람들에게 있어서 과거의 것은 전부 좋은 것이었다. 조상들은 성스럽기만 했다. 모든 척도가 조상이 살았던 과거에만 있었던 것이다. 해월은 이러한 가치의 중심을 과거에서 현재로 옮긴 것이다. 중요한 것은 과거가 아니라 바로 지금 여기 현재인 것이다. 과거만 바라보고 조상들만 바라보는 것은 현재 내 속에 있는 훌륭한 것을 경시하는 것이다. 이것은 과도할 정도로 복고에 기울었던 유교적 사고방식을 과감하게 벗어던지고 현재에 뿌리박고 미래를 향해 살자는 매우 진보적인 사고방식인 것이다. 물론 오늘날의 천도교는 그런 모습을 보이지 못하고 있어 유감이지만.

새로운 세계관의 설립을 위하여 | 지금까지 주마간산식이었지만 한말에 불현듯 나왔던 우리 스승들의 사상에 대해 알아보았다. 여기에서는 지면의 제약상 지극히 간략하게만 본 것이다. 여기서 제시한 것 외에도 이들의 사상으로부터는 통일철학이나 정치철학 등 다양한 사상을 뽑아낼 수 있다. 다시 말해 이분들의 가르침 속에는 우리 한민족이 언필칭 새로운 세기라는 21세기에 의지하고 살 수 있는 참신한 가치관을 만들어낼 수 있는 재료들이 모두 내장되어 있다는 이야기이다. 나는 그 모델로 몇 가지만 소략적으로 제시해 본 것이다. 이분들에게서는 얼마든지 새로운 것을 뽑아낼 수 있다. 이것은 신학자들이 기독교의 몇 페이지 안 되는 신약성서를 가지고 끊임없는 재해석을 통해 2000년 동안 새로운 신학을 만들어낸 것을 통해서도 알 수 있다.

앞에서 잠깐 보았지만 그 적나라한 예가 바로 새로운 환경철학의 정립이다. 우리 인류가 이런 미증유의 환경대란을 겪을 줄은 불과 몇십 년 전만 해도 아무도 몰랐다. 그리고 이런 환란에 이분들의 사상이 훌륭한 대안적 지침을 줄 수 있으리라고는 아무도 생각지 못했다. 시대가 바뀌어 상황이 달라지면 원전을 다시 해석해 새로운 사상을 만들어내면 된다. 지금 우리 민족에게 가장 필요한 일은 경제도 정치도 아니다. 마르크스식대로 표현하면 새로운 상부구조를 만들어내는 일이다. 우리 한국인은 태어나서 일평생 살다가 죽을 때까지 과연 어떤 세계관을 갖고 살아야 할까 하는 문제가 그것이다.

나는 이 점에 관해 우리의 스승들이 대부분 제시해 주었다고 생각한다. 수운과 해월의 가르침을 따르면, 우리 모두는 한울님을 지니고 있는 존재이니 사람을 그 무엇보다도 중히 여기는 인본주의의 전통을 새롭게 할 수 있을 것이다. 이것만 솔직하게 따라도 남녀차별 문제, 빈부의 문제, 인권 문제 등 대단히 고질적인 문제들이 상당히 풀릴 수 있다.

이것이 굉장히 추상적으로 들릴 수 있을지 모르지만 이런 깊은 사상을 갖고 국정을 운영하는 것과 그냥 대충 — 지금의 정치가들처럼 — 하는 것은 하늘과 땅 차이가 난다. 이런 사상을 가진 대통령이 나와 자신의 뜻을 편다면 우리나라는 지금보다 적어도 100배는 좋아질 것이다.

싱가포르의 이광요 전 수상은 진작부터 한 나라(를 통치하는 데)에는 높은 철학이 있어야 한다고 했다. 사실 그는 유교 이념을 가지고 — 대단히 법가적인 유교 이념이지만 — 정치를 한 사람이다. 그리고 실제로 유학의 세계적인 권위자인 하버드 대학의 뚜웨이밍〔杜惟明〕교수를 불러다 싱가포르를 완전 유교 국가로 만드는 데에 필요한 통치철학을 만들게끔 주문하기도 했다. 비록 이 시도는 실패로 돌아갔지만 그가 확실한 이념을 가진 것은 분명하다.

증산이나 소태산에게서도 이와 비슷한 철학을 발견할 수 있다. 증산사상의 기본은 해원이다. 과거의 원한을 풀어야 될 뿐 아니라 앞으로도 다른 사람에게 척을 짓는 일을 해서는 안 된다. 그리고 모든 일에서 은혜를 느끼고 그것에 보답하려고 애써야 한다. 소태산은 이것을 더 구체화시켰다. 원불교가 주장하는 최고 진리는 일원상(一圓相), 즉 원이다. 사실 원은 절대적 진리를 표상(表象)하는 상징 가운데 가장 훌륭한 것이다. 그런데 이 원에 대한 해석이 특이하다.

소태산에 의하면 이 일원상은 네 가지 은혜로 되어 있다. 즉 사은(四恩)인데, 자연에 대한 은혜를 말하는 천지은(天地恩), 효를 중시하는 부모은(父母恩), 이웃에 대한 은혜를 중시하는 동포은(同胞恩), 공통의 약속(규범)의 중요성을 말하는 법률은(法律恩)이 그것이다. 그러니까 세상 모든 일에 은혜를 느끼고 살아야 하는 것이다. 사람과 자연만물을 — 한울님으로 — 소중하게 여기고 절대로 마음 상하게 하는 일을 해서는 안 되며 항상 은혜 속에 사는 것을 절감하는 것, 대략 이런 것이 우리

한국인이 그 '잘난' 새 천년에 가져야 할 가치관이 아닐까 하고 생각해
본다.

모든 사람이 한울님을 모시고 있으니 인간은 남녀노소, 빈부귀천에
관계없이 무조건적으로 평등하다. 평등하다는 것은 아래위를 따지지 않
는다는 것이다. 한참 앞에서도 본 것이지만 우리나라의 사회문화 가운
데 지나치게 나이나 서열을 따지는 그릇된 권위주의는 우리 사회가 '선
진' 민주사회로 가려고 할 때 반드시 극복해야 할 요소이다. 우리는 이
잘못된 권위주의 때문에 우리의 능력을 제대로 발휘하지 못하고 있다.
나이 따지고 서열 따지는 것은 뿌리가 보통 깊은 게 아니다. 그 팔팔한
여대생들도 자기들끼리 모이면 나이 타령 하는 것을 보면 그것을 알 수
있다. 그런데 동학의 큰어른이셨던 김기전 선생 같은 이들은 어린이를
만나도 손을 붙잡고 "한울님, 안녕하십니까?" 하면서 경어를 썼다고 한
다. 이렇게만 하면 한국인들의 그 고약한 나이 따지는 버릇도 많이 사라
지지 않을까 싶다.

이와 같이 이분들의 가르침을 응용하면 '우리주의' 혹은 '패거리주
의'로 통칭되는 한국인들의 악습에도 얼마든지 해결책을 제시할 수 있
을 것이라고 믿는다. 사실 우주의 모든 것이 은혜라는 것을 체득하면 다
른 사람들에게 보은하기도 바쁠 텐데 어느 세월에 '우리다, 남이다' 하
면서 편가르기 하겠는가?

또 소태산의 가르침은 대단히 합리적이고 이성적이다. 게다가 어떤
사상도 배척하지 않는 포용력이 있다. 학생들에게 소태산과 정산의 가
르침을 가르쳐보면 그 원융자재함과 합리성 때문에 큰 감명을 받는 것
을 종종 발견할 수 있었다. 그런데 우리나라 사람들은 아무래도 합리적
인 사고가 부족하다. 나는 이 부족한 합리성도 우리의 신종교사상에 의
거하면 얼마든지 성장시킬 수 있다고 믿는다. 소태산의 원융적인 태도

와 합리적인 태도를 예로 들어 설명하면 이런 것이다.

하루는 개신교의 장로가 소태산의 고명을 듣고 찾아왔다. 소태산의 가르침에 감명을 받은 장로는 그 자리에서 제자 되기를 청했다. 이때 소태산은 자기를 따르기 위해서 반드시 제자가 될 필요는 없다고 하면서 그 장로에게 결정을 유예하라고 권면했다. 그로부터 일년이 지난 뒤 그 장로는 소태산의 정식 제자가 되었다. 이 얼마나 합리적이면서도 포용적인 태도인가. 굳이 개종할 필요도 없을 뿐만 아니라 개종하더라도 종교를 바꾸는 것은 중요한 일이니 순간적인 감정으로 처리하지 말라고 하는 것은 매우 이성적인 일처리 방법이라 하지 않을 수 없다.

소태산이나 정산은 어떤 것이든 그냥 배척하지 않았다. 가령 풍수지리를 사용하여 묫자리 찾는 것도 무조건 비이성적인 것으로 내치지 않았다. 대신 그것은 효를 권장하기 위한 한 방편은 될 수 있으나 반드시 따를 필요는 없다고 가르친다. 그들의 가르침은 이런 것들로 가득 차 있기 때문에 우리가 어떻게 응용하느냐에 따라 현금의 상황에도 얼마든지 적용시킬 수 있다고 생각한다.

지금까지 아주 소략적으로 세로운 세계관의 설립을 위해 신종교 사상가들의 가르침을 살펴봤다. 그러나 앞에서도 본 것처럼 우리에게는 이들의 사상 외에도 원래의 우리 전통인 무교·유교·불교·도교라는 엄청난 사상이 있다. 앞으로 우리가 새로운 세계관을 만듦에 있어 이런 여러 사상들을 혼용하면 반드시 아주 새로운 이념을 만들어낼 수 있을 게다. 게다가 우리는 서양 정신의 '엑기스'라고 할 수 있는 기독교도 적극적으로 수용하고 있다. 기독교는 동양 종교들이 가장 약한 부분인 이웃에 대한 관심 혹은 사랑, 또 사회정의의 실현이라는 대단히 훌륭한 정신을 갖고 있다고 했다. 이런 것도 한국인의 새로운 세계관에는 반드시 포함되어야 한다.

마지막으로 우리는 한국인인 만큼 단군 사상도 결코 외면할 수 없다. 이것은 단군의 실재 여부를 떠나서 대단히 중요한 것이다. 단군은 벌써 수천 년 동안을 한국인의 마음속에 국조(國祖)라는 원형으로 새겨져 있기 때문에 지난 역사 동안 우리 민족이 위난에 처할 때마다 하나의 구심점적인 역할을 했다. 나는 지금도 단군이 필요한 시기라 생각한다. 특히 통일이 되었을 때 상당히 이질적인 세계관 속에서 50년 이상을 산 남북의 인민들이 동질성을 느낄 수 있는 것은 단군의 자손이라는 사실밖에 없을 것이라는 생각을 할 때 더욱 그러하다.

물론 단군 사상을 내세울 때 문제되는 점이 없지는 않다. 아마 가장 문제가 되는 점은 단군 사상에 너무 내용이 없다는 점일 게다. 단군사상이라고 우리가 알고 있는 것은 '홍익인간 이화세계(弘益人間 理化世界)'뿐이다. 이것만 가지고 새로운 이념을 창출해 내는 것은 쉬운 일이 아니다. 이 부분은 앞으로 전문적이고 치밀한 연구가 필요할 것이다. 그런 까닭에 단군은 당분간 국조라는 대단히 상징적인 존재로만 남을 것으로 생각된다. 요즈음 단군을 놓고 어떤 수련단체와 개신교가 실랑이를 벌이는데, 이것은 전혀 바람직하지 않다. 물론 단군 얘기만 나오면 무조건 반대를 하는 개신교가 일단 문제이지만 — 같은 기독교인데도 천주교는 가만 있는 것에 비해 개신교는 우리 민족신앙 문제만 나오면 항상 시비를 거는데, 이것은 개신교 자체로서도 이롭지 못하다 — 단군을 정략적으로 이용하는 수련단체의 태도도 바람직하지 못하다. 단군을 국조로 모시는 일은 우리 민족 모두가 중지를 모아 같이해야지 한 종교나 한 단체가 주관해서는 안 된다.

이와 같이 우리나라에서 하나의 새로운 세계관을 만드는 일은 산 넘어 산이다. 물론 그러니까 더 해볼 만할 수도 있겠지만 이 다양한 사상들을 통섭해서 무언가 한국적이면서도 범지구적인 새로운 이념을 만들어내는 일은 분명 지난(至難)한 일일 것이다. 이런 일은 진작에 세계가 우리에게 요구한 적이 있었다. 한 10년 전쯤의 일인데 개신교의 범세계적인 대회가 우리나라에서 열렸다. 그때 이 대회의 대표들은 이런 국제회의를 한국에서 여는 이유에 대해, 벽에 부닥친 것 같은 서양의 기독교가 새로운 활력을 얻기 위해 동양 사상이 풍부한 한국을 선정했다는 것이었다. 동양 사상과 기독교가 동시에 활력적인 한국에서 이 양대 사상이 혼융된다면 새로운 뭐가 나올 것으로 기대한 것이다. 물론 서양의 신학자들보다 동양 사상을 모르는 우리나라 신학자들이 그 일을 성공적으로 했으리라고 생각한다면 그것은 성급한 판단이다. 지금 우리는 우리 자체 내의 화급함 때문에라도 새로운 사상을 창출해 내야 한다. 이 일은 하기 싫다고 피할 수 있는 성질의 것이 아니다. 국민들이 이민가는 것을 꿈에서조차 생각하지 않는 좋은 나라를 만들기 위해서는 이러한 세계관의 제정은 황급한 일이고 절대적으로 요청된다. 주사위는 던져졌다. 하고 안 하고는 전적으로 우리의 손에 달려 있다.

자, 이제 지겨울 수도 있는 세계관 타령은 그만 하자. 그리고 눈을 돌려 서로 이야기하기에 편한 주제로 다시 시작하자. 지금까지 눈에 보이지 않는 것에 대해서만 이야기했으니, 이제는 눈에 보이는 것에 대해서 말해보자. 그 가운데에서도 우리가 정말 자랑할 수 있는 것들, 그래서 높은 자긍심을 느낄 수 있는 것들에 대해 살펴보는 순서를 가져보자.

2. 우리 조상들이 남긴 훌륭한 문화유산

앞에서도 누누이 말했지만 우리나라 사람들은 우리의 과거 역사에 대해 대체로 이상한 생각들을 갖고 있다. 한마디로 우리의 과거 유산에 뭐 대단한 게 있느냐는 것이다. 뭐 좀 있다고 해도 중국과는 비교가 안 되고 공연히 있다고 소리치는 것 자체가 열등감의 표현 아니냐는 것이다. 그런가 하면 또 다른 끝에는 우리나라가 1만여 년 전에는 동아시아를 주름잡던 맹주의 나라였다, 다시 말해 동양 문화의 원류는 한국이다라는 대단히 국수적인 생각을 갖고 있는 사람들이 적잖이 있다.

이런 현상이 내 눈에는 우리나라 사람들이 대다수의 '문화패배주의자'와 소수의 마스터베이션적인 '문화국수주의자'로 구성되어 있는 것처럼 보인다. 중간의 입장에 서서 자신의 과거 문화를 객관적으로 볼 수 있는 사람들은 그 수가 적을 뿐만 아니라 그런 사람들이 설 자리도 없다. 나도 우리 문화를 전문적으로 공부하기 전에는 한국 문화는 중국의 절대적인 영향을 받은 주변의 그렇고 그런 문화로만 알고 있었다. 뭐 조금은 독창적인 부분도 있지만 크게는 중화문화권에서 벗어나지 못하는 문화이겠지 하는 생각이었다. 게다가 이런 생각은 다른 왕조와 비교해 볼 때 지나치게 중국에 대한 사대를 강행했던 조선조의 정책 때문에 강화되었다. 사대가 당시로서는 반드시 필요한 외교술이었다는 것이 이해가 되지 않는 바는 아니지만 조선조 정치인들의 사대정신은 어떻든 싫은 느낌으로 다가왔다.

여기에 치명타를 가한 게 30여 년의 일제강점기. 우리 민족의 문화적 자존심을 여지없이 무너뜨린 게 바로 이 시기이다. 이 시기에 우리 민족이 어떤 수난을 겪었는지에 대해서는 더 이상 서술할 필요가 없다. 이렇게 완전히 그로키 상태에 있던 우리 민족에게 최후(?)의 일격을 가한 게 해방 후에 자행되었던 미국 문화의 유입이다. 중국의 문화적 압력에서 타의적으로 그 주체가 일본 문화로 옮겨지더니 우리가 정신을 차리기도 전에 현금의 세계에서 가장 강한 미국 문화가 네이팜탄처럼 우리나라를 공습했다. 이 문화적 공습은 그동안 있었던 것 중에서 가장 강한 것이었는지 모른다. 우리의 문화적 틀을 완전히 바꾸어놓았기 때문이다. 그 증거는 얼마든지 있다.

우선 사람이 살아가는 데에 가장 중요한 것이라 할 수 있는 의식주 형태가 많은 부분 미국식 — 유럽식이 아니다 — 으로 바뀌었다. 뿐만 아니라 정신적인 면에서 가장 중요하다고 할 수 있는 종교가 무·유·불·선이라는 전통종교에서 미국식 개신교로 바뀌고 있다. 또 우리 민족은 역사상 처음으로 우리 옷을 벗어던지고 서양 옷을 입게 되었고 먹는 것도 반 이상은 서양식으로 바꾸었으며 주거지도 거의 양식으로 개조해 버렸다. 그리고 20세기 후반에 전세계적으로 우리나라처럼 기독교가 성공한 나라가 없다. 이런 현상들이 모두 21세기 초에 사는 한국인들이 서양(미국) 문화의 영향 속에서 얼마나 갈피를 못 잡고 있는지를 보여준다. 한마디로 서양 문화에 완전 압도된 것이다. 그러니 자국의 문화를 바라보는 시각이 온전할 리 없다. 너무나 강대한 나라들의 문화와 그 세에 치여서 자신이 너무 쪼그라든 것이다. 그래서 자기 것은 전부 시원찮게 보였다.

　나도 이런 반열에 있었다. 그러나 천천히 그리고 깊게 우리 문화와 역사를 공부해 보니 우리나라가 그렇게 간단한 나라가 아니었다. 우리 전통 안에는 정말로 여기저기에 보석 같은 것들이 많이 박혀 있었다. 그리고 그런 보석들은 우리가 보는 눈이 정확하고 높아짐에 따라 앞으로 더 많이 발굴될 것이다. 이제 그 보석 가운데 극히 일부분만을 보려고 한다. 일부분만 보는 이유는 지면의 한계라는 이유도 있지만 무엇보다도 내 능력의 한계 때문이다. 여기서 거론되는 것은 '맛배(보)기'에 불과할 것이다. 나중에 더 많은 연구를 해서 보다 더 전문적인 내용으로 단행본을 냈으면 좋겠는데, 그것은 앞으로 두고볼 일이다. 이 책의 제목을 요즘 유행하는 투로 잡는다면 '한국인으로서 정말로 자랑할 수 있는 문화유산 10가지'쯤이 되지 않을까 하는 부질없는 망상을 해본다.

정말로 훌륭한 우리 문화유산들 1 : 청동거울, 사신도, 돌조각, 탑, 불화 등 |
일찍이 한국 미술사학의 권위자인 강우방 선생은 자신의 저서 『원융과 조화』에서 우리나라의 문화유산 가운데 독창성이 크게 엿보이는 것으로 다음과 같은 것들을 꼽았다. 즉 '선사 청동기', '고구려 고분의 사신도 (四神圖)', '고분 금속공예', '가야 토기', '십이지상 조각', '석탑', '부도', '법당(法幢)', '불화', '사리를 저장하는 사리기(舍利器)', '범종', '나전칠기', '고려청자', '분청사기', '백자', '초상화'가 그것이다. 나는 이것들에 대해서 아주 전문적으로 알고 있지는 못하지만 이 유산들이 분명 뛰어나다는 것은 잘 알고 있다. 이 유산들의 뛰어남에 대해서는 상대적으로 많이 알려져 있어 여기서 그 자세한 설명은 생략하지만 이중 몇 가지만이라도 간단하게 보자. 간단하게만 보아도 이 유물들이 얼마나 뛰어난 것인가를 알 수 있으리라는 심산이다.

동심원무늬　　　　동심원무늬　　　　마름모무늬　　　　삼각무늬　　　　점선무늬

다뉴세문경(충남 논산 출토, 지름 21.2cm, 숭실대학교 박물관 소장)과 세부 무늬

　　먼저 청동기부터 보자. 박물관에 가서 청동기실로 들어가면 단골로
나오는 유물 가운데 다뉴세문경이라는 것이 있다. 이름이 너무 어려워
서 그 뜻을 해독하기가 힘든데 쉬운 말로 풀면 끈을 넣어 걸 수 있는 구
멍이 두 개 이상[다뉴, 多紐]이고 뒷면이 잔무늬[세문, 細紋]로 장식되어
있는 거울을 말한다. 이 거울은 비파처럼 생긴 검[비파형 동검]과 청동방
울과 함께 당시 정치적 수장자가 초월적인 권위를 나타내기 위해 지니

고 있던 매우 신령스런 유물이었다. 이 세 유물을 통해서도 우리나라의 샤머니즘 역사를 관통해서 볼 수 있는데, 지금은 종교사를 검토하는 자리가 아니니 이에 대한 설명은 다음으로 미루기로 하자. 여기서는 이 거울 자체에 대해서만 보기로 하자.

우선 우리나라 청동기에는 합금의 질을 높일 수 있는 아연이 소량 포함되어 있다는 상식적인 이야기부터 시작하자. 이런 합금 비율이 중국이나 일본 같은 바로 이웃해 있는 나라의 청동기에서는 발견되지 않는다고 한다. 청동기를 주조할 때 아연이 들어가면 좀더 양질의 합금을 만들 수 있다고 한다. 이런 역사적 사실은 고대에 우리가 중국과는 다른 문화권에 속해 있었다는 주장을 하게 하는 근거로 제시되기도 한다. 이같은 합금 구조에 대해서는 꽤나 알려져 있지만 일반적으로 잘 알려지지 않은 이야기가 있는데, 그것은 잔무늬에 대한 것이다. 이 잔무늬는 대단히 정밀하게 그려져 있는데, 그 세부가 너무 정밀해 도무지 청동기시대의 것 같지가 않단다. 더 놀라운 것은 이 무늬가 지금의 기술로도 만들어내지 못할 정도로 세밀하다는 것이다. 게다가 그 무늬에 여러 유형들이 있어 당시 사람들이 갖고 있던 다양한 디자인 감각도 읽을 수 있다. 물론 예술적인 미감각이 뛰어난 것은 말할 것도 없다. 그래서 옛날이라고 해서 지금의 우리보다 떨어지는 기술이나 미감각을 가졌다고 생각하면 오산이라고 할 때 이 예가 많이 인용된다.

그렇다면 당시의 한국인들은 도대체 그런 고도의 기술을 어떻게 익혔던 것일까? 학자들은 이 질문에 전혀 대답을 하지 못한다. 단지 인류의 문화라는 것이 어떤 특정한 시대만 뛰어난 게 아니라 각 시대가 모두 나름대로의 부분에서 뛰어남을 갖고 있다는 생각을 재확인할 뿐이다. 다시 말하면 모든 문화는 상대적이라는 '문화적 상대주의'를 인정하게 되든지, 혹은 "문화 총량은 같다. 다만 그 표현과 중점을 두는 부분이 다

강서대묘의 청룡

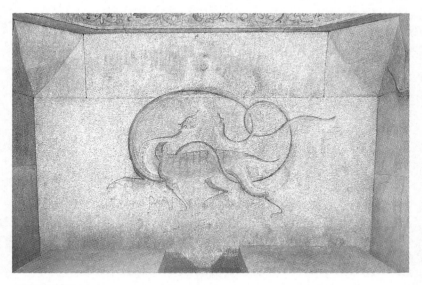

강서대묘의 현무

르다"는 슬로건을 다시 한 번 확인할 뿐이다. 그래야 현대의 우리만이 가장 진보된 문화를 갖고 있다는 환상을 부술 수 있다.

고구려 고분(강서대묘)에 그려져 있는 사신도(四神圖) 역시 세계적인 미술품들이다. 아무리 그림을 모르는 사람이 보아도 곧 그 힘에 압도되어 버린다. 아울러 기량적인 면에서도 매우 뛰어나다. 고구려 고분 벽화는 시대를 따라 발전하는데 이 사신도는 가장 말미에 나온, 따라서 예술적으로나 기예적으로 가장 훌륭한 작품성을 보인다. 고구려의 고분은 보통 3기로 나누는데 초기는 생략하고, 중기에는 우리에게 매우 친숙한 그림들이 나온다. 무용총(춤무덤)에 나오는 그림으로 말 그대로 무용을 하는 그림과 말을 타고 사냥하는 그림이 그것이다. 그런데 이 그림들은 예술적으로 훌륭하다기보다는 민화에 가까운 천진성이 있어 주목받는 작품들이다. 그러나 강서대묘에 있는 사신도 벽화들에 따르면 차원이 달라진다. 채색도 훨씬 선명해지고 전체 구도도 짜임새 있으며 율동적인 생동감이나 활력이 넘치는 걸작들이다.

그 모습은 교과서에도 많이 실리는 거라 자세한 설명이 필요없을 게다.[12] 동서남북으로 방위를 나누어 북에는 현무, 남에는 주작, 동에는 청룡, 서에는 백호라는 풍수설에 입각해 거기에 맞는 동물들을 그려놓았다. 뿐만 아니라 천장에는 황룡을 그려놓음으로써 그 중심을 삼았는데, 이러한 구도는 당시 황제가 있는 대제국에서나 사용하던 것이라고 한다. 이로써 우리는 당시의 고구려가 정치적으로 혹은 문화적으로 중국에서 독립된 확고한 자주의식을 갖고 있었다는 것을 확인할 수 있다.

그런데 이런 높은 수준의 고분벽화를 가진 나라는 전세계적으로 볼

---

12) 고구려의 고분벽화에 대해서는 최근 정말로 좋은 연구서가 나왔다. 이 책은 저자의 박사 논문을 토대로 씌어진 것인데 지금까지 나온 모든 연구를 집대성했을 뿐만 아니라 그 깊이에서도 다른 연구를 능가한다. 전호태, 『고구려 고분벽화 연구』, 사계절출판사, 2000.

경주 김유신 묘의 십이지신 부조 탁본(『한국민족문화대백과사전』에서)

때 손으로 꼽을 정도로 적단다. 벽화도 벽화이지만 지금도 만주 집안에 있는 고구려 고분군은 그 수가 1만여 개나 되는데, 이것 역시 전세계적으로 그 유례를 찾을 수가 없는 진귀한 것이라고 한다. 이 고구려의 무덤군들도 앞으로 유네스코의 세계문화유산으로 등록되어 철저한 연구와 함께 세심한 보호를 받아야 될 것이다.

    우리나라에 고유한 것으로 고분벽화만 있는 것은 아니다. 김유신의 무덤에서처럼 신라의 무덤가를 테처럼 둘러 장식했던 십이지상도 그러한 경우에 속한다. 이 조각들은 돌에 새겨놓은 것으로 매우 세밀한 조각 솜씨를 자랑하는데, 무덤을 이렇게 동물십이지상으로 장식한 경우는 우리나라에서만 발견된다고 한다. 열두 마리의 동물을 무사로 둔갑시켜 돌에 조각해 무덤을 삥 둘러 세워놓는 일은 어찌된 일인지 중국이나 일본에서는 발견되지 않는다고 한다. 이는 소, 용, 말과 같이 십이지를 대표하는 성스러운 동물들의 신력(神力)을 빌려 무덤의 주인을 보호하려는 처사였을 것이다. 동물 자체도 신이스러운데 그들이 무장까지 했으

니 그 파워는 가공(可恐)할 만한
것이었을 게다. 이 상들은 현장
은 물론 경주 박물관에 가면 쉽
게 접할 수 있다. 그 조각의 정밀
함이나 섬세함, 그리고 힘찬 모
습은 언제 보아도 보는 이를 경
탄케 한다. 어떻든 이 조각품들
도 우리 예술의 뛰어남을 말할
때 항상 등장하는 주인공이다.

불국사 석가탑

　　방금 본 십이지상도 그러하
지만 우리나라 사람들은 돌에 관
한 한 달인이었던 것 같다. 그럴
수밖에 없는 게 우리나라에는 화
강암이 유달리 많았기 때문이다.
화강암은 매우 단단하기 때문에 조각하는 데에는 결코 좋은 돌이 아니
다. 그러나 우리 선조들은 이 어려운 돌을 기막히게도 요리했다. 그래서
돌 하면 한국이었고 우리 조상들의 화강암 다루는 기술은 남다른 데가
있었다. 그 가운데 대표적인 게 석탑과 부도이다.

　　탑과 부도의 차이를 말한다면, 이를테면 탑은 부처님 무덤이고 부
도는 스님의 무덤으로 보면 된다. 우리나라는 석탑이 유달리 발달한 나
라이다. 그럴 수밖에 없는 게 앞에서 말한 것처럼 우리나라에는 돌이 많
기 때문이다. 중국은 벽돌탑(전탑)이 발달하고 일본은 목탑이 발달했다
면 우리는 단연 석탑이다. 그래서 빼어난 석탑이 많이 나왔고 그 최고
결정체가 석가탑이다.

　　탑을 처음 보는 사람들은 불국사에 가서 다보탑과 석가탑을 보고

보통 다보탑이 더 만들기 힘든 줄 안다. 다보탑이 더 화려하고 아름답다고 느끼기 때문이다. 그러나 사실은 정반대이다. 원래 석가탑처럼 단순한 게 만들기가 힘든 법이다. 일체의 기교나 장식을 배제하고 그 모습만으로 승부를 해야 하니 이게 훨씬 더 힘들다. 석가탑은 그야말로 완벽하다. 우리나라의 석탑사(史)는 석가탑에서 절정을 이루었다가 계속 하강곡선을 그린다. 우리나라 탑은 재료면에서 볼 때 목탑과 전탑(벽돌탑)과 석탑으로 나뉘는데, 이런 양식들이 중간 융합되는 게 바로 대왕암 앞에 있는 감은사 석탑이다. 일종의 중간 집대성인 셈이다. 신라의 탑은 석탑으로 거의 유형화되었고 그 뒤에도 계속 발전하여 석가탑에서 최고의 절정을 이루게 된다. 그 다음에 나온 석탑들은 모두 석가탑의 복제 혹은 변형일 뿐이다. 우리는 석가탑 하나만으로도 당시 백제의 문화수준이 얼마나 높았는가를 — 석가탑은 신라인이 아니라 백제의 장인이 만들었다! — 알 수 있다. 또 불국사가 세계문화유산에 들어갈 수 있었던 것은 절 건물 때문이라기보다는 바로 이 두 기의 탑, 그중에서도 석가탑 때문으로 보아야 한다. 더구나 이 석가탑에서는 세계에서 제일 오래된 인쇄본(print) — 줄여서 다라니 경문 — 이 발견되었으니 석가탑을 대하는 태도는 남다를 수밖에 없다.

마지막으로 불화에 대해 보자. 우리나라에 남아 있는 불화 가운데 고려 불화는 세계 최고의 수준이었다. 당시 최고의 불화는 송나라 것이었는데, 고려 것은 그 수준에서 송나라와 동등한 경지에 있었다. 고려 불화는 화려와 섬세의 극치를 달리는데, 이는 청자와 함께 고려 귀족들의 가없이 높은 아취(雅趣)를 느낄 수 있게 해준다. 고려 불화에서는 지극히 장엄한 불국토 — 아미타불이나 지장보살의 경우처럼 현세보다는 주로 내세 — 에 사는 불보살들의 위용을 나타내기 위해 말할 수 없이 자세하고 화려하게 표현했다. 이목구비는 말할 것도 없고 아주 세세한

지리산 쌍계사의 감로탱화(『한국민족문화대백과사전』에서)

옷자락이나 문양에까지 어느 한 군데도 소홀히 하지 않고 완벽하게 그려냈다. 그러면서도 전체적인 구도는 전혀 흐트러짐이 없다. 그래서 이그림들은 당대에도 세계 최고의 수준이었지만 현대 회화와 견주어보아도 그 수작성(秀作性)이 전혀 뒤처지지 않는다. 그래서 당시에 중국에서도 고려 불화의 우수성이 인정되어 주문을 해오는 경우가 많이 있었다고 한다.

　　이런 중국풍의 불화말고 우리나라 절에는 탱화라는 독특한 장르의그림들이 많이 있다. 탱화는 속세에서 일어나는 일부터 해서 지옥의 처절한 모습이나 불국토의 장엄한 경광 등을 한 캔버스에 그린 것으로 우

봉덕사종

리나라에서만 발견되는 그림이라고 한다. 그런 면에서 이 그림은 불교적으로만 의미가 있는 것이 아니라 민속예술에서도 중요하게 다루어지는 작품이다. 그러나 또 반복되는 이야기이고 안타까운 일이지만 수준 높은 고려 불화와 좋은 탱화는 많은 수가 일본에 가 있다. 공개되어 있는 숫자도 적지 않지만 아마 비공개로 되어 있는 개인 소장품도 그 수가 꽤 될 것으로 믿는다.

정말로 훌륭한 우리 문화유산들 2 : 범종과 도자기 | 불교 유물들의 행진은 아직 끝나지 않았다. 대표적인 불교 유물인 범종은 단연 우리나라가 세계 최고이다. 전세계의 종을 다 모아놓는다면 우리나라의 범종은 군계일학이 될 게 틀림없다. 우선 이웃나라인 중국과 일본의 종과 비교해 보아도 우리나라의 종은 그 예술성이나 실용성에서 전혀 뒤처지지 않는다. 아니 뒤처지지 않는 게 아니라 오히려 앞선다.

여기서 예술적인 것은 그 외적인 모습을 말하는 것이고 실용적인 것은 그 소리를 말한다. 이 양면에서 우리 종이 앞선다는 것이다. 우선 외양을 보자. 우리나라 종은 그 전체적인 모습이 매우 균형잡혀 있다. 아울러 표면에 있는 비천상 등은 유려하기 짝이 없다. 많은 비천상 가운데에서도 봉덕사(에밀레)종의 비천상은 단연 뛰어나다. 에밀레종 이야기가 나왔으니 말이지만 이 종은 아마 모든 면에서 세계 최고의 종이라 불러도 손색이 없을 것이다. 이 종은 우리나라 종의 원형이라고 할 정도로 우리나라 종들이 갖고 있는 특징들을 모두 갖고 있다.

종은 어디까지나 소리를 내는 물건이니 소리를 중심으로 보자. 우리나라 종에는 음통(音筒) — 종의 윗부분에 있는 관 같은 것 — 이라는 것이 있는데 이것은 우리나라 종에만 있다고 한다. 종이란 것이 둔중하고 육중한 여러 종류의 금속들을 섞어 만들었기 때문에 완성된 종이 내는 소리 가운데에는 잡음이 없을 수 없다. 여러 금속이 합금되었기 때문에 나오는 현상이다. 그런데 이 잡음들을 뽑아 제거해 주는 역할을 하는 것이 바로 이 음통이란다. 그래서 이 음통을 빠져나온 소리는 맑고 은은해진다. 일설에는 이 음통이 소리를 분산시켜 스테레오 효과를 만들기도 한다고 한다. 이렇게 해서 만들어진 우리나라의 종소리는 인간이 만들어낸 소리 같지가 않다. 은은하면서도 힘이 있는 성질 덕분에 아주 멀리까지도 웅장하게 들린다. 그 소리가 밑으로 잔잔하게 깔리기 때문에 몇십 킬로미터 밖에까지도 들린다고 하니 그 위력을 알 만하다.

그러면서도 우리나라 종소리는 사람의 마음을 저 피안의 세계로 보내는 듯한 초월적인 힘이 있다. 절에서는 종을 33번 치는데 이는 불교 교리에 따른 것이다. 불교의 세계관에 의하면 이 우주는 모두 33개의 하늘로 구성되어 있는데, 종을 33번 치는 것은 이 33천에 사는 중생들을 그 깊고 오묘한 소리로 해탈시키기 위함이다. 범종 소리에 초월적인 힘이 있다는 것은 바로 이런 이유에서이다. 산사에 갔을 때 그 종소리가 우연하게 들려오면 마음이 한순간에 탁 풀어지는 체험을 한 이가 적지 않을 것이다. 이렇듯 인간의 마음을 깊게 울리는 내재적인 힘과 우주 내의 모든 중생들을 해탈시킬 수 있는 초월적인 힘을 가진 게 바로 우리의 종이다.

그리고 그 소리의 울림 구조 역시 오묘하기 짝이 없다. 우리 종은 세 단계를 거쳐 소리가 난단다. 먼저 종의 겉면을 쳤을 때의 날카로운 소리가 있고 그 다음에는 금속면을 뚫고 들어가 나오는 소리가 있다. 마지막으로는 이 소리가 음통으로 빠져나가는 단계가 있다. 소리가 위로도 나가지만 우리 종에서는 종의 가운데 밑바닥 부분에 항아리 같은 것을 — 이것을 전문용어로는 명동(鳴洞)이라고 부른다 — 묻거나 그냥 밑부분을 움푹 파서 소리가 울려나가는 것을 도와준다. 이것 역시 우리나라에만 있는 장치라고 한다. 이렇게 오묘한 장치를 많이 해놓았으니 그 소리가 신비롭지 않을 수가 없다. 그래서 그런지 몰라도 종 안에 사람을 놓고 종을 치면 그 큰 울림 때문에 고막이 터질 것 같은데 전혀 그렇지 않다고 한다.

우리 범종과 서양 종을 비교해 보면 금세 그 차이를 알 수 있다. 서양 종, 그러니까 교회의 종은 소리가 번지는 방향이 기본적으로 위에서 밑으로 내려간다. 그래서 가능한 한 종을 건물 꼭대기에 매달려고 한다. 그리고 종 안쪽에 추를 달아 그것을 친다. 그러니 소리가 정말 '딸랑딸랑' 아니면 '땡땡'이다. 소리에 도무지 웅후한 맛이 없다. 그냥 어떤 행사 혹은 순서가 있다는 것을 알리는 것뿐이지, 더 이상 깊은 의미는 없는 것 같다. 그러나 우리 범종은 그 반대이다. 소리가 땅을 기어가는 듯하면서 밑으로 깔리기 때문에 점점 더 멀리 나간다. 서양 종소리가 하늘 지향적이라면 우리 종소리는 땅 지향적이다. 우리 종소리는 같은 종소리이지만 '땡땡'이 아니라 '더엉 덩'이라고 표기를 해야 한다. 그 소리의 심천(深淺)이 이렇듯 다르다. 이런 웅후한 소리를 내는 종을 만들었다는 것은 우리의 문화가 그만큼 깊이가 있었다는 말이 된다. 그런데 그 웅후함이 지금은 다 어디로 갔을까?

지난 역사 동안 그렇게 많은 유물이 파괴되었어도 봉덕사의 종이 남아 있게 된 것은 정말로 천우신조가 아닐 수 없다. 여담으로 말하면 몇 년 전 이 에밀레종의 무게를 실제로 쟀는데 19톤 정도의 수치가 나왔다고 한다. 이런 무거운 종을 만들 때 제일 힘든 게 거푸집인 주형에 동을 녹여 붓는 일이다. 잘못 부어 기포라도 생기면 나중에 종을 칠 때 깨지기 쉽다. 깨지면 아무리 겉모습이 아름답다고 해도 종으로서는 생명을 다하는 것이다. 그러니 주물을 하는 것이 대단히 중요할 수밖에 없는데 이게 장난이 아니란다. 그래서 에밀레종도 몇 번이나 실패했다고 전해진다.

그런 와중에서 어린아이를 산 채로 넣었다는 이야기가 나온다. 사람의 뼈 성분은 금속이 굳을 때 제대로 굳게 해준다는 속설 때문이었던 것 같다. 이것은 도자기를 만들 때에도 마찬가지이다. 흙에 동물 뼈를 갈아넣으면 흙이 불 속에서 익을 때 강도가 높아진다고 한다(물론 흙이 좋으면 동물 뼈를 넣을 필요가 없다). 그래서 그릇 이름을 본(bone, 즉 뼈) 차이나라고 하는 것이다. 에밀레종의 이런 설화 때문에 몇 년 전 종의 무게를 달 때 실제로 성분 검사를 했단다. 그런데 기대했던 사람 뼈 성분이 나오지 않아 설화가 사실이 아님이 밝혀졌다. 이 에밀레종도 그 크기가 보통 이상이지만, 전해오는 이야기에 의하면 황룡사에 있던 종은 에밀레종보다 4배나 컸다고 한다. 그 종을 고려 때 몽고군들이 갖고 가려다 감은사 앞에 빠뜨렸다는 이야기가 전해 내려오는데 아직 찾았다는 소식은 듣지 못했다. 지금의 기술 가지고도 에밀레종을 못 만들거늘 그 4배가 되는 황룡사종은 어떻게 만들었는지 당시 신라의 과학기술 수준이 믿어지지가 않는다.

이 종과 관련해 일전에 한국산업디자인 연구원장으로 있던 노정우 선생에게서 들은 이야기는 참으로 감동적이었다. 몇 년 전 세계디자인 대회를 우리나라에 유치하려 할 때 마지막에 브라질과 경합이 붙었던 모양이다. 브라질은 예의 환상적인 삼바춤으로 장내를 완전히 흥분의

도가니로 몰고 갔다고 한다. 그런데 우리는 고전적인 차분한 건물을 슬라이드로 비춰주면서 에밀레 종소리를 틀어주었다고 한다. 그랬더니 뒤에 있던 어떤 여성 대표가 눈물을 훌쩍거리고 반응이 시원치 않은 것처럼 보였는데, 결과는 우리나라가 유치하는 것으로 판명되었다. 뒷이야기로는 이 종소리가 특히 여성 대표들의 심금을 울려 많은 득표를 했을 것이라는 것이었다. 실제로 어떤 여성 대표는 투표 후에 이런 깊이 있는 소리는 세상에 태어나 처음 들었다면서 그 감동을 전했다고 한다. 나는 이런 비슷한 이야기를 들을 때마다 우리 한국인은 어떻게 이런 천상의 소리를 만들어낼 수 있었을까 하는 생각에 잠시 잠기지만 별 대답은 찾지 못한다. 다만 이런 유물이 하나라도 있다면 그런 나라는 문화 선진국임에 틀림없다는 결론만 내릴 뿐이다.

그 다음에 나오는 도자기나 초상화에 대한 이야기는 내가 이미 다른 책에서 상세하게 밝혔기 때문에 재론할 필요는 없겠다(그런데 강우방 선생이 그릇 가운데 막사발은 왜 선정하지 않았는지 모르겠다). 단 도자기에 관한 한 우리나라 — 특히 고려 — 가 중국과 더불어 세계의 종주국이었다는 사실은 밝혀두고 싶다. 청자는 도자기에 관한 한 전세계에서 으뜸을 달리고 있었던 중국에서도 경이롭게 보던 것이었다. 중국인들이 특히 경탄해 마지않았던 것은 흔히 생각하는 것처럼 청자의 우아한 모습이 아니라 그 신비한 비색(翡色)과 문양을 그릇 안에 집어넣는, 이른바 상감 기술이었다. 이 두 가지 점에서 고려청자는 단연 세계 최고였다.

우선 이 비색이야말로 청자 종주국인 중국에서도 부러워하던 것이었다. 중국 최고의 문호였던 소동파도 천하 명산(名産)을 논하는 그의 글에서 청자는 비색이 나는 고려청자가 제일이라고 밝히고 있다. 한편 그릇 표면에 문양이나 그림을 집어넣는 상감기법도 고려가 많이 앞서 있었다. 그렇게 해서 만들어낸 문양들은 전문가들의 말을 빌리면 힘차

선으로 추상적인 그림을 그린 분청자. 15세기 후반, 높이 23.5cm, 일본 개인 소장.

고 회화적이며 시적인 운치가 있다고 한다. 청자와 같은 최상의 그릇을 만들어낼 수 있는 기술은 지금으로 말하면 하이테크에 해당하는 최첨단의 기술이었다. 청자와 같은 그릇이 그렇게 뛰어나다는 것은 실용성과 아름다움을 동시에 최고조로 갖고 있기 때문이다. 견고해서 실용적일 뿐만 아니라 자태 또한 말할 수 없이 아름다운 미에 가까이 가 있었기 때문에 인류가 그때까지, 아니 지금까지 생산해 냈던 그릇 가운데 최고의 그릇이라는 것이다.

청자는 그렇다 치고 백자나 분청자와 관련해서 우리가 오해하는 부분이 있어 잠깐 언급을 하고 지나가야겠다. 우리들은 조선의 백자나 분청자가 청자보다 질이 떨어지는 것으로 알고 있는 경우가 종종 있다. 그런데 이것은 잘못된 생각이다. 분청자까지는 아니더라도 백자는 청자보다 발달된 그릇이라는 것이 전문가들의 견해이다. 그 이유는 무엇보다도 백자가 청자보다 더 견고하기 때문이다. 그러니까 고려의 청자 만드는 기술을 이어받아 더 발전시켜 새로운 미감각으로 만들어낸 게 조선의 백자라는 것이다. 이때 새로운 미감이란 중국에서 들어온 성리학에 바탕을 둔 것을 말한다. 성리학이란 인간의 감정을 절제하고 외양이 질박한 것을 더 높이 치기 때문에 색깔 가운데에서도 가장 순박한 흰색을 선호했다. 그래서 청자의 비취색은 자연스럽게 백자의 흰색으로 바뀌었다. 그리고 백자만이 가질 수 있는 순박·질박·단순미를 만들어냈다. 이러한 미감은 어느 한쪽이 낫다고 할 수 없는 것이다. 청자의 미는 그것대로 좋고 백자 역시 그것대로 좋은 것이다. 미의 최고 정점에 있는 것은 두 그릇이 같지만 표현방법이 서로 다를 뿐이다.

우리나라 도자기에 대해서는 누구보다도 일본인들이 열광했다. 그들은 조선 도자기를 좋아하다 못해 숭앙하기에 이르렀다. 그들은 조선 도자기를 인간이 만든 작품이 아니라고 보았다. 조선의 도공들은 단지 통로 역할을 했을 뿐이고 자연이 직접 만들었다고 하니 더 이상의 찬사는 없을 성싶다. 그리고 어떤 이 ― 특히 아사카와 다쿠미와 같이 조선이 좋아 조선에 살다가 조선에 묻힌 이 ― 는 이렇게 말한다. 이렇게 훌륭한 그릇을 만든 민족은 분명 훌륭한 문화를 가진 민족이라고 말이다. 이리 봐도 저리 봐도 우리 민족은 훌륭한 문화를 갖고 있는 게 틀림없는데 왜 이렇게 되었을까? 지금도 훌륭한 유산이라고 할 만한 게 있는데 우리가 못 보고 있는 걸까?

우리 문화와 일본이 관계된 이야기가 나오면 그냥 지나갈 수 없는 것이 있다. 다른 게 아니고 일본에 있는 우리나라 유물들이다. 한마디로 말해서 집이나 탑처럼 움직일 수 없는 것을 제외하고 우리나라의 좋은 유물은 전부 일본에 있다고 해도 틀린 말이 아니다. 물론 이것은 과장된 것이지만 그만큼 많기 때문에 강조하기 위해 고의적으로 그렇게 말한

여러 종류의 막사발. 위 : 오오이도茶碗 喜左衛門(15~16세기), 교토미술관. 가운데 : 고이도茶碗 銘老僧(15~16세기), 藤田美術館. 아래 : 아마모리茶碗(16세기), 根津美術館.

것이다. 아니, 지금도 정확한 현황은 어느 누구도 잘 모른다. 개인들이 소장하고 있는 것은 세금 문제 — 상속할 때 내야 하는 상속세 — 때문에 여간해서는 공개하지 않는다. 그래서 한국 문화를 전공하는 동료들과는 한국 문화의 르네상스는 일본에 있다고 의견을 모은다.

우리나라 학자들이 우리 문화를 전체적으로 꿰려 할 때 항상 문제가 되는 것이 있는데, 이게 바로 고질적인 유물 부족이다. 그런데 그 빠져 있는 부분 가운데 많은 부분이 일본에 가 있는 우리 유물에 의해 메워질 수 있다는 것이다. 이것은 특히 회화 부분에서 가장 심하다고 한다. 우리는 그나마 남아 있던 것이 6·25 전쟁으로 또 많이 소실되어 이제는 좋은 그림들이 별로 남아 있지 않다는 것이다. 특히 조선 역대 왕들의 초상은 많이 그려졌음에도 불구하고 지금 거의 남아 있지 않은 것은 바로 전쟁통에 모두 불타 없어진 탓이라고 한다.

또 막사발같이 일본인들이 경악을 하면서 신성시하면서까지 모셨던 조선의 그릇은 우리나라에서는 그 슬라이드 하나 구하기가 어렵다. 일전에 예술 공연을 하면서 막사발을 찍은 슬라이드가 필요해 백방으로 알아봤는데 놀랍게도 도자기를 전공하는 학자들에게서도 좋은 슬라이드를 구하기가 힘들었다. 그래 간신히 일본 학자를 수소문해 그에게서 국내 학자들의 책에서는 생전 보지 못했던 막사발의 슬라이드를 구할 수 있었다. 이렇듯 우리는 심지어 전문가들조차도 우리 문화를 제대로 지켜내고 있지 못하는 실정이다.

사정이 이러하니 막사발의 가장 좋은 진품들은 모두 일본에 있다. 그래 내 친한 어떤 동료는 일본이 90년 전에 우리에게 했던 것처럼 우리가 일본을 합병하지 않으면 우리 문화의 새로운 장은 열리기 힘들지 않겠느냐는 매우 자조적인 말을 남기기도 했다. 합방이라도 해야 구석구석에 산재해 있는 우리 유물들을 찾아낼 수 있고 그래야 제대로 된 연구를 할 수 있을 거라는 취지의 말이었다. 이런 일이 실제로 일어나지는 않겠지만 너무 답답해 그냥 한번 해보는 이야기였을 것이다.

우리가 잘 모르는 세계적인 우리의 불상 | 지금까지 본 것은 강우방 선생이 생각하는 우리의 독창적인 문화유산에 대한 것이었는데 사실 문화

유산과 관련해서 내가 하고 싶었던 이야기들은 다른 것들이었다. 이에 관해서는 다른 지면에서 발표한 적이 있었지만 별 관심을 끌지 못해 여기서 다시 한 번 환기하려고 한다. 강우방 선생이 선정하지 않은 것 가운데 — 사실 강 선생이 선정하지 않은 것 중에도 우리 문화의 독창성을 보여주는 예는 부지기수로 많다! — 나는 우선 불상을 들고 싶다. 물론 불상은 우리나라 것만이 우수하다고 할 수는 없지만 유독 우리의 눈길을 끄는 게 있어서 한번 보고자 하는 것이다. 또 바로 앞에서 다루었던 일본과 관계되는 것이기도 해 겸사겸사 보았으면 한다.

우리나라 최고의 불상을 들라고 할 때 석굴암에 있는 불상을 꼽는데에 이의를 제기하는 사람은 별로 없을 것이다. 이 불상은 20세기 초에 일본인들이 발견하고 "동양무비(東洋無比)", 즉 동양에서는 더 이상 견줄 게 없다고 극찬한 것이다. '동양무비'란 동양에서 최고란 뜻인데, 불상은 서양에는 없는 것이니 이는 석굴암 본존불이 세계 최고라는 뜻이 된다. 이렇듯 대단한 작품이니 최근(1999년) 성낙주씨의 『석굴암, 그 이념과 미학』에 이르기까지 그동안 수많은 연구가 있어 왔다. 아마 앞으로도 계속 연구되어야 할 터인데 연구야 하면 되는 것이지만 내가 문제삼고 싶은 것은 이 말할 수 없이 훌륭한 유산을 보존하는 우리의 문화의식 수준이다. 지금 우리나라 사람들이 석굴암을 관광자원으로서 보존하고 활용하는 수준은 한마디로 빵점이다. 석굴암 어귀에 있는 안내문의 설명 상태나 영작문의 번역 상태부터 해서 어디 하나 제대로 해놓은 데가 없다.

석굴암을 보호하겠다고 목조 건물을 지어놓은 것은 그 존재 여부를 놓고 논란할 여지라도 있지만 건물 안에 들어가면 있는, 철로 된 새시 유리문은 정말 우리의 문화의식 수준을 가감없이 적나라하게 보여준다. 이 절세의 유물 앞에 설치해 놓은 유리문은 한양대의 서현 교수 평을 들어보면 시내 달동네 새시 수준이다. 달동네 사람들은 경제사정이 넉넉지 않아 그런 싸구려 새시를 쓸 테지만 — 이 사람들도 돈을 벌면 그런 싸구려 새시는 절대 쓰지 않는다! — 입장료를 3천 원씩이나 받는 석굴암에 돈이 없다면 누가 믿을까? 이것은 한마디로 석굴암에 대한 애정이 없어 자행되는 만행(蠻行)이다. 또 본존불 앞에 깔아놓은 전돌은 어떤가 말이다. 나는 우연한 기회가 있어 그 유리문 안으로 들어가 예불을 한 적이 있었다. 그때 보니 전돌이 제멋대로 깔려 있어 바닥이 들쭉날쭉인 것을 발견하고 또 어이없어했던 기억이 난다. 그래서 석굴암에 갈 때마다 화가 치밀어오르는 것을 참을 수가 없는데 그저 그 장엄한 불상을 보면서 분을 삭일 뿐이었다. 인테리어는 그렇게 개판으로 해놓고 항상 굴 안에는 시주하라고 권면하는 여보살이 앉아 있다. 그 돈은 받아서 어디다 쓰는지 그저 답답할 노릇이다.

그런데 내가 말하고자 하는 것은 석굴암 본존불이 아니라 우리나라가 아닌 해외에 있는 우리 불상들에 대한 이야기이다. 그 가운데에서도 유럽 최고의 지성인들로부터 최고급에 가까운 찬탄을 받은 불상이 두 개 있어 이제 이걸 소개하려 한다. 하나는 꽤 알려진 것으로 일본 나라[奈良]에 소재한 광륭사(廣隆寺)에 있는 미륵보살반가사유상이고, 다른 하나는 같은 도시의 반대편에 소재한 법륭사(法隆寺)에 있는 백제 관음상이다. 이 둘은 모두 일본의 국가문화재로 — 미륵상은 국보 1호 — 지정되어 있다. 그런데 이 두 불상이 유럽 최고의 지성인들에 의해 주목을 받은 적이 있어 우리의 관심을 끈다. 물론 이 두 불상이 우리나라 것이라는 것은 이미 상식이 되어버렸다. 백제 관음이야 이름 그대로 백제의 것이니 두말할 필요가 없고 미륵상은 그 연원이 신라냐 백제냐 하는 것 가지고 다소 논란이 있지만 당시 한반도 남부의 문화는 백제가 주름잡고 있었기 때문에 그 연원을 그냥 백제로 보면 될 것 같다.[13]

먼저 광룡사의 미륵반가사 유상은 지난 20세기의 최고의 철학자 가운데 한 사람이었던 칼 야스퍼스의 눈에 띄었다. 야스퍼스는 하이데거와 더불어 유럽을 대표하는 철학자였다. 그런 그가 이 미륵상을 보고 믿기지 않는 찬사를 늘어놓았다. 자신이 유럽에서 그리스 신들의 조상(彫像)으로부터 기독교적인 조상까지 수많은 종교 조각들을 보았지만 이 미륵상처럼 인간적인 것을 완전 초탈한 조각은 처음 본다고 실토한 것이다. 내 어쭙지 않은 언변으로 말하느니 그의 말을 직접 인용해 보자.

광룡사의 미륵보살반가사유상

그것(미륵상)은 지상에 있는 모든 시간적인 것, 속박을 초월해서 도달한 인간 존재의 가장 청정한, 가장 원만한, 가장 영원한 모습의 상징이라고 생각합니다. 나는 오늘까지 몇십 년 동안의 철학자로서의 생애 중에서 이만큼 인간 실존의 진정으로 평화스러운 모습을 구현한 예술품을 본 적이 없습니다. 이 불상은 우리 인간이 지닌 마음의 영원한 평화의 이상을 진실

---

13) 『일대요기(一代要記)』 같은 일본의 고대 문헌에 의하면 이 불상은 서기 616년 신라의 진평왕이 왜나라 백제 여왕 스이코 천황에게 보낸 것이라고 하는데, 그 진위 여부는 확실하지 않다.

로 최고도로 표징하고 있는 것입니다.[14]

자, 이걸 어떻게 이해하면 좋을까? 유럽 최고의 지성인이 우리 조상들이 만들어놓은 종교 유물을 보고 인류가 만든 최고의 것이라고 찬탄했다. 우리가 그동안 정신없이 좇았던 유럽의 문물, 그래서 우리를 주눅들게 만들고 열등감만 갖게 했던 그 유럽의 문화에 정통한 유럽의 최고 지성인이 우리의 성물(聖物)이 그네들의 것보다 훨씬 낫다고 피력했다. 물론 이런 의구심은 든다. 과연 야스퍼스가 그 미륵상이 한국 것이었다는 것을 알았더라면 같은 소리를 했을까 하는 의구심 말이다. 미륵상이 일본, 다시 말해 동북아시아 문화를 가장 잘 간직하고 있고 경제대국인 일본의 것이니까 지레 훌륭한 유물이라 생각하고 찬사를 늘어놓은 것은 아닐까? 그 미륵상이 당시 세계에서 저등국가로 간주되던 한국의 유물이라는 것을 알았다면 그가 같은 이야기를 했을까? 이 의구심에 확실한 대답은 할 수 없다. 그러나 대단히 양심적인 야스퍼스가 — 야스퍼스는 독일 나치 정권에 끝끝내 동조 안 한 것으로 유명하다 — 일본에 아첨을 떨었으리라고는 생각되지 않는다. 실제로 그 미륵상은 그런 찬사를 받아 마땅하다.

그 미륵상이 한국산으로 밝혀진 데에는 이 상이 갖고 있는 어찌할 수 없는(impossible) 아름다움이 연관되어 있다. 상당히 오래된 일일 터인데 일본의 어떤 대학생이 그 상을 보다가 아마 그 아름다움에 도취되었던 모양이다. 너무 도취된 나머지 그는 아무 생각 없이 그 상에 다가가 미륵을 안았다. 그 와중에 상의 손가락이 부러져버렸다. 일본 당국은 물론 곧 수리를 했지만 잘린 김에 그 손가락을 가지고 이 상의 재질

---

14) 최준식, 『한국의 종교, 문화로 읽는다』 1권, 399쪽.

을 조사해 보았다. 그랬더니 이 상의 재질은 일본에서는 거의 나지 않고 한국의 동부지방에서만 나는 적송(赤松)인 것으로 판명되었다. 그들이 그렇게 자랑해 마지않던 국보가 한국의 것으로 판명되던 순간이었다. 사실 일반인들은 몰라도 학자들은 미륵상이 한국산이라는 것을 알고 있었을 것이다. 처음부터 아예 한국으로부터 건너왔든지 아니면 나무를 가져다 한국계의 장인들이 직접 만들었든지 둘 중에 하나라는 심증을 암묵적으로 갖고 있었을 것이다. 그럴 수밖에 없는 것이 우리나라에도 그 상과 거의 똑같이 생긴 불상이 있기 때문이다. 그런데 우리 것은 나무가 아니라 청동으로 만들어져 있고 국보 83호로 지정되어 부여박물관에 있다.

일이 이렇게 진행되다 일반 일본인들까지 광륭사의 미륵반가사유상이 한국 것이라는 것을 알게 되는 결정적인 사건이 있었다. 한 20년은 족히 된 것 같다. 우리나라 국립중앙박물관에서 '한국 미술 오천년전(展)'과 비슷한 타이틀로 전세계를 돌며 우리 유물들의 순회 전시회를 한 적이 있었다. 당시로서는 우리나라 최고급 국보들이 총출동된 큰 기획 전시였다. 이때 부여박물관의 청동미륵상도 전시되었는데, 일본에서 이 상을 만나게 된 일반 일본 관중들은 경악했다. 아니, 세계 최고의 예술품이라고 그렇게 자랑하던 광륭사의 미륵상이 한국 것이라니……. 그동안 그렇게 그네들의 문화유적이나 지명 등에 있었던 한국의 흔적을 없앴건만[15] 그런 노력이 한순간에 수포로 돌아가는 것이었다.

---

15) 이런 예는 수없이 발견된다. 일본은 자기네 나라의 문화가 저등국가인 한국으로부터 영향받았다는 것이 자존심이 상했던지 이것을 지우려고 무던히도 애를 썼다. 그리고 그네들의 문화가 우리나라를 거치지 않고 중국에서 직접 들어온 것이라고 강변했다. 그러나 일본은, 7세기 중엽 백제가 멸망한 후 '일본'이라는 국호를 새로이 정하면서 나라를 새롭게 시작하기 전까지는 우리나라의 절대적인 영향권 안에 있었다. 그 전에는 국호가 없이 그저 왜(倭)라는 이름으로, 다시 말해 율령을 갖춘 독립국가의 형태로 있었던 것은 아닌 것 같다.

법륭사의 백제 관음상. 높이 209.4cm. 오른쪽은 상체 부분.

　　광륭사 미륵반가사유상은 그렇다 치고 이제 이야기하려는 법륭사
의 백제 관음에 얽힌 이야기도 믿기지 않는 것이다. 이 관음상도 그 이
름에 '백제'란 말이 없었으면 그냥 일본 고유의 것이 되었으련만 선대로
부터 계속 그렇게 불렀으니 어쩔 수 없었던 모양이다. 법륭사는 우리에
게 대단히 친숙한 절이다. 국사 교과서에 반드시 등장하는 고구려 스님
담징은 바로 이 절의 금당(법당)에 아미타 삼존 불상을 그린 금당 벽화
를 그렸다. 그런데 이 벽화는 십수 년 전 보수 작업을 하던 중 담당 인
부들이 전기 곤로를 켜놓은 채로 자리를 뜬 사이에 홀랑 타버리고 말았
다. 그 주도면밀한 일본 사람들도 이런 어처구니없는 실수를 하는 모양
이다.

그건 그렇고 이 백제 관음상은 그 외형이 아주 늘씬한 빼어난 수작이다. 그런데 우리도 잘 알고 있는 프랑스의 문호이자 문화부장관을 지낸 — 프랑스에서는 우리나라와는 달리 문화인이 문화부장관을 하는 모양이다! — 앙드레 말로가 이 백제 관음상을 보러 왔던 모양이다. 그때 그가 남긴 말은 영원히 우리의 귀를 맴돈다. 그 내용은 대강 이런 것이었다. "만일 지구가 궤멸될 위난이 있어 예술품을 단 석 점만 구해낼 수 있다면 그중의 하나로 이 관음상을 고르겠다"는 것이다. 이건 도대체 어떻게 된 것인가. 우리 국민들은 이런 유적이 있는지도 모르는데 다른 나라 사람들은 세계 최고의 작품이라고 하고 있으니 말이다. 이걸 어떻게 이해하면 좋을까? 우리나라가 과거에 그렇게 뛰어난 문화국이었던가? 이런 작품은 절대로 그냥 생기는 게 아니다. 당시 백제가 문화적으로 세계 최고의 국가가 아니었다면 이런 작품은 나올 수가 없다. 그러면 백제의 그 수준 높은 문화는 다 어디로 갔을까? 백제의 멸망과 함께 다 스러진 것일까?

　나는 그렇게 생각하지 않는다. 한국인의 이런 드높은 예술감각은 분명 최근까지 면면이 계승되어 왔다. 그렇지 않고서야 청자나 백자, 분청사기 같은 세계 최고의 그릇들이 나올 리가 없다. 이 그릇들과 관련해 최근 들은 이야기가 있어 한마디 더 해야겠다. 어떤 일본계 미국 디자이너의 이야기인데 그는 한국 도자기를 틈틈이 모았던 모양이다. 그가 한번은 이런 질문을 했다. 일제강점기 동안 일본이 한국에 행한 최고의 죄악이 무엇이었겠느냐고 말이다. 그는 한국 문화가 단절된 게 가장 큰 피해라고 답했는데, 나도 그의 생각에 전적으로 동의한다. 사실 우리나라는 고조선 이래로 조선 말까지 한 번도 문화가 단절된 적이 없었다. 그러면서 그는 한국은 일본의 식민지가 되기 전까지는 정말 잘했다, 다시 말해 대단히 훌륭한 문화를 가지고 있었다고 덧붙였다. 그 예로 그는 자그마한 조선 자기를 들었다. 자신은 돈이 없어 비싼 그릇은 못 사지만 자기가 소장하고 있는 별로 비싸지 않은 그릇만 보더라도 조선이 얼마나 훌륭한 문화를 갖고 있었는지를 알 수 있다고 토로했다. 아주 단순하면서도 실용적인 그 그릇의 미를 뭐라 언설로 다 할 수가 없다는 것이다. 이런 그릇을 만들어낼 수 있는 것은 당시 조선 사회가 문화적으로 얼마나 난숙한 경지에 있었는가를 알 수 있게 해준단다. 그는 이어서 당신들은 그런 역사와 문화를 가진 사람들인데 지금은 이게 뭐냐고 가볍게 힐난하기도 했다. 지난 50~100년 동안 한국이 그렇게 헤맨 것은 다 식민지 경험 때문이었다는 것이 그가 남긴 말의 요지였다.

일본이 7세기에 새로운 나라를 시작하게 된 배경에는 백제의 멸망이 깊이 관여되어 있다. 663년 백강(白江) ─ 금강? ─ 전투에서 일본의 지원을 받은 백제 부흥군이 나당연합군에게 패배하면서 남은 백제의 귀족 및 왕족들은 일본으로 도망가게 된다. 그들은 "이제 다시는 부모의 묘소에 참배할 수 없게 되었구나" 하면서 새로운 나라를 세운다. 이게 일본의 시작이다. 사정이 이렇다면 이 이전의 일본은 백제(혹은 당시의 한국)의 분국(分國)이었을 수도 있다는 가정이 가능하다. 이 점은 너무 설이 많고 아직 확실하게 된 것이 없어 이 정도에서 설명을 마친다.

근대 일본인들은 이런 역사가 싫었다. 그래서 그들은 메이지 유신이 시작되면서 일본 열도에 남아 있던 수많은 한반도의 흔적을 하나하나 없애나가기 시작했다. 그러한 예는 수도 없이 들 수 있지만 내가 아는 예를 하나만 들어보자. 일본 나라에는 동대사(東大寺)라는 큰 절이 있다. 이 절도 물론 백제계의 기술자들이 동원되어 지은 것인데 이 절의 건축 경위를 설명한 안내판을 보면 바로 이 부분이 고의로 지워져 있다. 세계 최대의 좌불(坐佛)이 있는 그 영예스러운 절이 열등국가 사람들이 지었다는 것을 받아들일 수 없었을 것이다. 그건 그렇고 이 절 앞에는 가라쿠니 신사라는 신도(神道) 사원이 있다. 그런데 그 한자 이름이 희한하다. '가라쿠니'를 한자로 '辛國'이라고 써놓았는데 이것은 원래 '韓國'이었다고 한다. 매울 '신' 자와 한국 할 때의 '한'이 그네들의 발음으로는 같은 '가라'이기 때문에 그렇게 바꾼 것이다.

일본인들은 이렇게 우리의 흔적을 지워나갔지만 그래도 일본 열도에는 우리의 흔적이 곳곳에 산재해 있다. 이 점에 대해서는 재일동포 고(故) 김달수씨가 일본의 고단샤[講談社]라는 출판사에서 『日本中の韓國の文化(일본 안의 한국 문화)』는 제목 아래 전 12권의 문고판으로 방대하게 정리해 놓은 것이 있다. 지금도 오사카에 가면 '백제교(橋)', '백제역(驛)' '백제 소학교' 등 — 물론 백제를 '구다라(큰 나라?)'로 읽지만 — 수많은 한반도 관계 지명을 발견할 수 있다. 오죽하면 어떤 한국의 저자는 『일본은 한국이더라』라는 책을 썼을까.

그러나 이런 이야기들은 일본 문화에 고유성이 없다거나 일본 문화가 우리 문화보다 한수 아래라는 생각과는 아무 관계가 없음을 밝혀둔다. 일본은 그 뒤 계속 고유한 문화를 발전시켜 왔고 특히 17세기 이후인 에도[江戶] 막부 시대에는 대단히 독특하고 우수한 그들만의 문화를 창출해 낸 위대한 민족이다. 그래서 지금은 우리가 그들의 절대적인 영향권 안에 있지 않은가? 일본 이야기만 나오면 끝이 없다. 따라서 여기서 줄이기로 하자.

우리 문화의 뿌리인 백제가 되살아나야 | 아, 이렇게 외국인들은 우리 문화를 찬탄하는데, 왜 우리는 우리 자신을 인정하는 데에 인색할까? 나는 개인적으로 우리나라가 문화적으로 제대로 서려면 그 수준 높았던 백제 문화가 되살아나야 된다고 생각한다. 사실 문화적으로 보면 우리나라는 백제의 계통을 잇고 있다. 물론 백제는 고구려 혹은 부여 사람들

이 내려와 세운 것이지만 백제 문화를 이렇게 난숙하게 만든 것은 한반도 남반부의 민중들이었다. 이 백제 문화는 삼국통일 뒤 — 혹은 남북국 시대에 — 고스란히 신라로 넘어갔고 이게 고려, 조선을 거쳐 오늘에 이르고 있는 것이다.

그런 백제 문화가 오늘날 대접받고 있는 모습을 보라. 백제의 마지막 문화권이랄 수 있는 공주와 부여를 보면 참담해 말이 안 나온다. 유적 보호가 미개한 것은 말할 것도 없고 변변한 숙소 하나 없다. 그곳이 그렇게 낙후되어 있어도 일본인들은 자기네들의 고향이라고 일년에 수십만 명씩 찾아온다는데 왜 관광수입을 제대로 못 올리는지 정말 모를 일이다. 그러면서도 고구려 유적 찾자고는 비싼 돈 들여서 만주를 제집 드나들듯이 한다. 물론 고구려 것도 찾으러 가야겠지만 우리 가까이 있는 것부터 먼저 찾는 것이 순서 아닐까?

그런 가운데에서도 최근(2000년) 백제와 관련해서 매우 고무적인 소식이 날아왔다. 물론 조금 더 두고보아야 하겠지만 미스터리로 남아 있던 백제 하남 위례성의 소재가 밝혀질 가능성이 커지기 시작한 것이다. 사실 백제 하남 위례성 시절의 잃어버린 역사 400여 년은 말도 안된다. 우리가 사는 서울 바로 지척에 백제의 서울이 400년 이상 있었다는 것을 알면서도 그동안 이렇게 방치해 놓았다는 것은 사실 문화국에서는 있을 수 없는 일이다. 그런 위례성이 최근 풍납(風納)토성 — 원래 이름은 '바람들이' 토성이었다고 한다. 바람이 많이 불어 그렇게 이름을 지은 모양인데 이런 고운 우리말을 놔두고 왜 어색한 한자말을 쓰는지 모를 일이다 — 이 아니냐는 의견이 강하게 대두되고 있다. 정신 있는 나라였으면 진작에 이 토성 전체를 문화재로 지정하고 발굴했을 터인데 지금은 그 안에 민가들이 빼곡하게 가득 차 있어 대규모로 발굴하기는 거의 글러먹은 것 같다(그러나 정부에서는 토성의 부지를 모두 매입해 발굴

하겠다는 의지를 나타내기는 했다).

그런데, 그런데 참으로 기적적인 일이 일어났다. 토성 안에 민가가 다 들어차고 남은 땅이라고는 한 뼘밖에 안 되었던 모양인데, 이 남은 땅에 건설회사가 아파트를 지으려고 땅을 파다 백제 때의 집터가 발굴되기 시작한 것이다. 이게 우연히 모 대학 사학과 교수의 눈에 띄어 개발중지 명령이 떨어지고 발굴이 시작되었다. 자세한 것은 발굴보고서가 나와야 알겠지만 '여(呂)'자 형으로 생긴 이 건물은 주변에 말뼈 등이 나오는 것으로 보아 천제(天祭)를 지내던 건물이었을 개연성이 높단다. 천제란 한 나라의 수도에서만 지낼 수 있는 국가적 의례이니 이 풍납토성이 위례성일 가능성이 높은 것이다.

게다가 이 토성을 본격적으로 조사해 보니 성이 대단한 기술로 만들어졌을 뿐만 아니라 엄청난 규모라는 게 판명되었다. 성의 밑부분은 너비가 40미터나 되고 높이도 9미터나 되는 믿기지 않는 규모라는 것이 밝혀진 것이다.

이런 토성을 판축(板築) 토성이라고 하는데 땅을 한 판씩 다져서 깔기 때문에 나온 이름이다. 중국에서도 수도가 되는 도시에는 이런 판축 토성을 쌓는다고 한다. 이 토성은 엄청난 규모가 될 수밖에 없는데, 왜냐하면 흙을 한판 한판 다져서 쌓는 것이니 돌로 된 성보다 축조하는 법이 훨씬 힘들 것이다. 그래서 이런 토성을 쌓으려면 어림짐작으로도 100만 명이 넘는 인원이 동원되어야 한다고 한다. 그렇다면 이만한 인원을 동원할 수 있다는 것은 당시 백제가 절대왕권이 탄탄하게 확립된 고대국가 체제를 갖추고 있지 않았다면 불가능하다는 결론이 나온다. 이것은 그동안 우리나라 역사계에서 주장해 왔던 것과는 사뭇 다르다. 우리나라 역사계에서는 우리나라의 고대국가 체제의 확립을 이보다 훨씬 늦게 잡아왔다. 이제 한국 고대사는 전부 다시 씌어져야 한다.

    우리는 그동안 너무 위축이 되어 우리 역사를 제대로 쓰지 못했다. 이것을 보상하려 했는지 지난 역사 속에서 기상과 기개를 찾겠다고 뻔질나게 고구려가 있던 만주로 달려갔다. 그리고 우리나라 유적들이 결코 스케일이 작지 않다는 것을 — 북경의 자금성과 서울의 경복궁을 비교해 보라! — 보여주기 위해 만주 지역에 있는 고구려의 우람한 무덤이나 성을 예로 들었다. 한마디로 우리 민족도 크게 놀았을 때가 있었다는 것이다. 그러나 이제는 과거 역사의 찬란함과 웅장함을 보여주기 위해 만주로 내달릴 필요가 없다. 바로 우리의 지척에 잃어버린 백제가 있기 때문이다. 나는 일본 광륭사의 미륵반가사유상 하나만 가지고도 백제가 당시 세계 최고의 문화 선진국이었을 것으로 생각한다. 그런가 하면 1993년에 기적적으로 발굴된 용봉향로는 어떻고. 이 향로도 세계 최고의 작품임에 틀림없다. 백제 이야기는 끝이 없다. 이것 역시 후에 단행본으로 낼 수 있기를 기약하면서 여기서는 이만 줄여야겠다.

    당시 백제는 학승이 인도까지 왕래하고 해외 식민지까지 경영하던 강국이었다. 이런 백제가 이제 서서히 살아나고 있다. 나는 풍납토성에서 천제를 지내던 건물이 기적적으로 발굴되면서 이 성이 하남 위례성이었을 확률이 높아지고 있는 데에는 일종의 계시가 있는 것이라고 믿고 싶다. 이제 한국인이 뿌리를 찾는 것이다. 우리 문화의 뿌리였던 백제가 서서히 다가오고 있는 것이다. 석굴암이고 황룡사 구층탑이고 에밀레종이고 우리의 최고 문화유산을 만들어냈던 백제의 혼이 깨어나고 있는 것이다. 그 격조 있고 수준 높았던 백제 문화가 성큼 우리 주위로 다가온 것이다. 이것이 앞으로 우리 문화가 제자리를 찾으면서 옛날처럼 찬란한 꽃을 피우리라는 것을 예시해 주는 징조라고 생각하면 너무 신비사관(神秘史觀)적인 생각일까? 그러나 현실은 우리 인간들이 어떻게 해석하고 만들어나가느냐에 따라 얼마든지 달라질 수 있다.

끝으로 한 가지만 더 : 활자 이야기 | 조상들이 남긴 훌륭한 문화유산을 이야기하면 한도 끝도 없다. 사실 나는 과거의 이와 같은 유물도 중시하지만 현재 우리가 갖고 있는 것에 더 많은 관심을 갖고 있다. 현재 우리에게 있는 것이야말로 우리가 발전시킬 수 있는 것이기 때문이다. 그러나 그것을 보기 전에 마지막으로 꼭 짚고 넘어가고 싶은 게 있다. 이것은 우리가 문화적으로 얼마나 앞선 나라였나를 알 수 있는 중요한 사안이라 그렇다.

이미 다른 책에서도 간단하게 다룬 바 있는데 '활자'가 바로 그것이다. 우리는 정말 우리를 자랑할 줄 모른다. 그러니 저 대단한 백제를 1천 몇백 년 동안이나 쑤셔박아 놓고 있었던 것이다. 그런데 활자 하면 또 한국 아닌가? 세계에서 가장 오래된 인쇄본을 갖고 있을 뿐만 아니라 가장 먼저 금속활자를 발명한 나라가 우리나라 아니냐는 말이다. 우리는 이게 얼마나 대단한 것인지 모른다.

지난 1000년 동안 인류에게 가장 중요한 사건이 무엇이냐는 질문에 서양인들은 첫번째로 구텐베르그의 금속활자 발명을 들었다. 그만큼 활자가 우리 문화생활에 끼친 영향은 지대한 것이다. 그런데 활자는 책을 찍기 위한 것 아닌가? 책이란 바로 문화 그 자체이다. 책이 없는 문화란 상상할 수가 없다. 그런 책 가운데 인쇄된 것으로는 세계에서 가장 오래된 다라니 경문이 30여 년 전에 불국사 석가탑에서 발견됐다. 이것을 두고 중국 학자들은 자기네들 것이라고 우기는 모양인데 ― 다라니 경문에 쓰인 일부 한자가 당(唐)의 측천무후 시절에 쓰던 한자라고 주장하면서 ― 아마 그렇지 않다는 것이 학계에서 판명될 것으로 믿는다.

또 금속활자도 우리의 경우와 구텐베르그의 경우를 비교하면서 서양에서는 매우 실용화되어 계속 발전되어 갔는데 우리는 그렇지 못했다고 자책을 하는데 ― 그렇지만 우리도 세종이나 세조 때 좋은 활자가 많

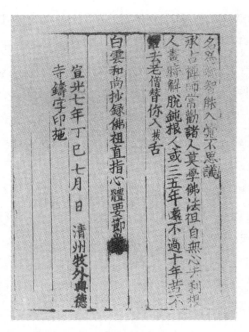

세계 최초의 금속활자로 찍은 『직지심체요절』. 프랑스 파리국립도서관 소장.

이 나왔다! — 이 경우에도 전혀 그럴 필요가 없다. 우리의 것이 구텐베르그보다 떨어지든 우수하든 제일 먼저 만들었다는 사실 자체만으로도 너무 중요하다. 그것 자체만으로도 너무너무 큰 자랑거리라는 것이다. 만일 같은 경우가 서구나 일본에서 있었다면 그들은 국가 이미지 쇄신을 위해 온갖 방법으로 자랑하고 다녔을 것이다. 아니, 적어도 금속활자학 같은 것을 만들어 엄청난 연구를 했을 것이다. 그런데 우리는 청주에 인쇄박물관 하나 있는 정도이고 연구하는 학자들의 수도 너무 적다. 얼마 전에 국가 이미지 올리겠다고 대통령 이하 국내에서만 통하는 대중 스타들이 청사초롱 들고 어쭙잖은 관광 광고를 찍어 방영한 적이 있었다. 그러나 우리나라가 활자의 최초 발명국이라는 사실 하나만 갖고도 전세계에 우리 한국이 높은 문화를 가진 나라임을 알릴 수 있는데, 왜 이런 기가 막힌 재료들을 이용하지 않는지 모르겠다. 이것은 모두 우리가 과거에 대해 자신을 갖고 있지 않기 때문이다.

지금 우리에게는 무엇이 있을까?

그러면 자꾸 과거만 이야기할 거냐면서 "과거가 화려하지 않은 나라가 어디 있느냐, 중요한 것은 현재이지 과거가 아니지 않느냐"고 독자들은 강하게 반문할지 모르겠다. 맞는 말이다. 그런데 내가 보기에 우리 한국인들은 자신의 능력을 너무 과소평가한 나머지 지금 잘하고 있는 것도 무관심하게 흘려보내고 있는 것 같다. 이제 나는 그런 것 가운데 대표적인 것을 몇 가지만 간단하게 보려고 한다. 앞에서도 말한 것처럼 보다 전문적으로 보기에는 무엇보다도 내 지식이 짧고 지면도 허용되지 않는다. 이제 보려는 것은 '맛배(보)기'로 생각하면 될 것 같다. 더 자세하고 전문적인 것은 앞에서 말한 것처럼 훌륭한 동학들과 더불어 단행본으로 출간했으면 좋겠는데, 이것은 나 혼자 하는 것이 아니니 두고보아야 한다. 그럼 지금부터 과거로부터 계승한 것이지만 현대의 한국인들이 새롭게 발전시키는 것 가운데 몇 가지만 보자.

한국은 그렇게 간단한 나라가 아니다. 나는 이제 한국인들이 얼마나 훌륭한 문화적 변용력 혹은 포용력을 갖고 있는지를 보여주기 위해 세 가지 예를 들어 설명해 보려고 한다. 다른 수많은 예가 있겠지만 다 비슷한 능력의 발현으로 생각되기 때문에 굳이 여러 가지를 들어 설명할 필요를 느끼지 않는다. 나는 이 예를 우리의 삶을 대표한다고 생각되는 세 가지 영역에서 뽑아보았다. 우선 생각이나 정신을 담아내면서 무형적으로 표현되는 영역이 있을 터이고, 또 생활문화라는 대단히 일상적인 영역이 있을 것이다. 그런가 하면 생각이나 정신이 표현되는 것이지만 유형적으로 표현되는 경우도 있을 게다. 공연히 복잡해진 느낌인데 실제의 예를 들어보면 쉽게 알 수 있다. 지금부터 드는 예들은 항상 우리 곁에 있던 것이었지만, 그 진가는 잘 모르고 있는 것 가운데 대표적인 것일 게다. 원래 가까이 있으면 안목이 흐려지는 법이다.

우리의 얼인 한글도 잘 모르는 우리 | 위에서 말한 것 가운데 첫번째 예부터 보자. 이제 내가 보려고 하는 예는 우리의 얼과 문화를 가장 잘 나타내고 대표하는 것이다. 또 우리는 이것이 없으면 하루도 생활을 영위하지 못한다. 그러면서도 그 진가는 모른다. 아니, 꽤 안다고 생각하는데 실제로는 잘 모른다. 이게 뭘까? 이것은 다름아닌 우리가 매일매일 쓰는 한글이다.

우리는 어려서부터 귀가 아프도록 한글은 세계에서 가장 과학적인 글이고, 더 나아가서 한글은 세계의 언어 가운데 가장 우수한 글이라는 교육을 받아왔다. 그러나 정작 한글의 어떤 면이 그렇게 훌륭하냐고 물으면 우물우물하다가 마는 게 우리나라 사람들이다. 미국 어떤 대학교의 언어학과 교수는 매년 한글 반포일이 되면 지인들과 더불어 개인적으로 한글 반포 기념식을 한다는 소식을 들은 지가 이미 오래되었다. 또 유네스코가 세계인의 문맹퇴치를 위해 힘쓴 사람에게 주는 상이 '세종대왕상'이라는 이름으로 수여된다고 한다. 그외에도 한글을 숭앙하는 소리는 지구촌 곳곳에서 들린다.

그런데 그 귀중한 우리의 글을 우리는 그동안 어떻게 대해왔을까? 한글은 모두가 잘 알다시피 반포된 뒤 400년 동안 '언문'이니 '암클'이니 하는 모욕적인 이름이 붙여진 채로 무시당해 오다 갑오경장 때(1894년) 간신히 공식 언어의 위치를 차지한다. 그러나 한글은 그 제정부터 운명이 순탄치 않았다. 한글의 창시자에 대해 말할 때 이전에는 세종과 그의 신하들이 같이 만들었다고 했는데, 요즘에는 세종이 대신들을 제쳐놓고 왕실 측근들하고만 지었다는 설이 유력해지고 있다. 대신들이야 한문에 능통했을 터이니 한글 같은 게 필요없었을 것이라는 것이다. 반면 세종은 대신들과의 권력투쟁에서 — 조선 정치사는 어떻게 보면 왕실과 귀족들 간의 권력투쟁의 역사라고 보아도 된다 — 백성들을 끌어들여 자기 편으로 만들기 위해 (그들이 해독할 수 있는) 한글을 창제했다는 설이 있는데, 이것은 매우 설득력 있게 들린다. 어떻든 그렇게 해서 간신히 세상에 나온 한글은 400년 동안 한자의 질곡에서 헤어나지를 못한다.

사실 나는 한국인은 반드시 한문을 기본적으로 배워야 하고, 따라서 지금의 한문교육은 더 강화되어야 한다고 생각하는 사람이지만[16] 그렇다고 아무 데서나 국한문을 혼용하는 것은 반대한다. 한문은 그동안 우리나라 사람의 어문 생활에 많은 공과(功過)를 가져왔다. 한문이 없는 우리말 그리고 글은 생각할 수 없다는 의미에서 한문은 정말로 우리말을 풍부하게 해주었다고 할 수 있다. 또 우리는 한문을 통해 대륙으로부터 엄청난 양의 선진문물을 받아들일 수 있었고, 그런 덕택에 우리는 문화 국민으로 살 수 있었다. 그러나 우리는 그동안 지나치게 한문에 의존하다 보니 우리말을 발전시킬 수 있는 기회를 너무 많이 놓쳤다. 그 결과 지금 우리말에는 중요한 말이, 그중에서도 개념어 — 특히 명사 — 가 대부분 한자로만 구성되는 일이 벌어지고 말았다. 한자를 쓰지 않아

---

16) 그렇지만 지금처럼 한문교육을 해서는 안 된다. 단도직입적으로 말해서 한문은 미국에서 배우는 게 훨씬 더 쉽다(이것은 나의 경험이다). 그들은 언어를 어떻게 가르쳐야 되는지에 대한 노하우를 갖고 있기 때문이다. 우리는 그동안 한문을 외국어로 간주하지 않고 한문도 아니고 한글도 아닌 상태에서 어정쩡한 교육을 해왔다. 한문은 가르치는 방법에 따라 정말로 재미있는 문자가 될 수 있다.

도 되는 말을 공연히 한자로 쓰게 되고, 그 결과 우리말은 스스로 발전할 수 있는 기회를 자꾸 박탈당해 주세력권에서 자꾸 밀려났던 것이다. 그동안 우리가 잃어버린 유려한 우리말은 얼마나 많을까?

한글이 공식 언어로 자리잡은 지가 이제 100년인데 그동안 일제강점기에도 간신히 지켜온 한글이 또다시 수난기를 맞이하고 있다. 영어공용화론이 그것이다. 그런데 이건 한마디로 난센스다. 영어를 공용으로 하자는 것 자체부터가 실현성 없는 일이지만 그렇게 하면 우리 한글이 없어지지는 않더라도 앞으로 더 발전하는 데에 엄청난 장애를 갖게 된다(영어공용화를 하면 통일된 다음에 북한과의 위화감은 어쩌려고 하는지 모르겠다).

우리 한글은 물론 대단히 뛰어난 글자이지만 태어난 지가 아직 500년밖에 안 된 어린 글자이다. 영어가 생긴 것이 2000여 년 전이니 이와 비교하면 한글은 한참 어린 언어이다. 이것은 한글이 앞으로 더 많이 발전해야 한다는 소리이기도 하다. 실제로 한글은 그동안 이 못난 후손들이 제대로 가꾸지 못해 그다지 활발하게 발전하지는 못한 것 같다. 창제 초기에 세종은 이 글자로는 개나 닭 소리도 적을 수 있다고 아주 자신만만해했다. 그러나 시간이 흐르면서 후손들이 사용의 편의만을 내세우다가 원래 있던 글자 가운데에서 서너 개가 없어지기까지 했다. 쓰기 쉬워지는 건 좋은데 그렇게 되면 우리말의 표현능력이 떨어지는 것은 부인할 수 없다. 가령 영어의 'f'나 'r', 'th' 소리는 없어져버린 글자 — ㅸ이나 ㆄ, ㅿ 등 — 를 사용하거나 지금 쓰는 글자를 약간 변형시키면 정확하게 적을 수 있는데, 우리는 정말로 웃기는 영어 발음을 하고 있다. 가령 fax를 팩스(pax)로 발음하고 fashion도 패션(passion)으로 발음하는 게 그것이다. 한글로 표현할 수 없다면 할 수 없는 일이지만 전문가들의 이야기는 충분히 할 수 있다고 하니 이게 답답하다는 것이다. 어떻든 이런 따위의 일부터 해서 한글은 아직도 발전해야 할 여지가 많은 문자이다. 그런데 지금 영어공용화가 시행되면 이런 식의 한글 발달은 종을 치게 될 게 틀림없다.

게다가 지금 같은 영어교육으로 무슨 영어공용화를 말하는지 모르겠다. 영어책은 귀신같이 보고 번역은 거뜬히 해내면서도 일상생활 속에서는 영어를 사용해서 햄버거 하나 못 사먹는 죽은 영어만 가르치는 교육으로 웬 영어공용을 하겠다는 건지 참 꿈도 야무지다. 나는 이 문제를 심각하게 생각해 보지 않아 현재로서는 대안을 가지고 있지 않다. 다만 영어는 영어대로 제대로 배우고 — 조기교육도 제대로 된 것이라면 오히려 환영할 만하다! — 한글은 한글대로 더욱더 갈고 닦자는 원론적인 말밖에는 할 수 없을 것 같다. 우리가 지난 조선조 동안 한문에 밀려 한글을 소외시켰듯이 또 영어에 밀려 한글을 소외시킨다면 한글은 발전할 수 있는 기회를 영원히 잃어버리게 되는 것이다.

그러면 한글은 도대체 뭐가 그렇게 대단한 글자라는 걸까? 이에 대해 자세한 것은 전문서로 미루기로 하고 — 그런데 제대로 되고 쉬운 전문서도 없는 것 같다 — 한글이 갖고 있는 큰 특징 혹은 탁월성에 대해서 일반 독자들이 반드시 알아두어야 할 것만을 중심으로 보기로 하자. 그렇지만 지금 여기서 보고자 하는 특성 외에도 한글은 무수히 많은 특장(特長)을 갖고 있다.

가령 세종대왕 당시 외국어였던 중국말이나 만주말, 몽고말, 일본말 등을 적을 수 있게 자음을 변형시켜 탄력적으로 응용했던 점이 그 첫째 특징이 될 게다. 가령 'ㅈ'을 'ㅈ'나 'ㅈ'처럼 획을 변형시켜 한글의 ㅈ 발음하고는 다르게 한 게 그것이다.[17] 그리고 한 음절을 초성, 중

---

17) 가령 중국말의 잇소리[齒音]를 낼 때 ㅅㅈㅊ의 획을 변경해서 적도록 했다.

성, 종성으로 나누어 조합함으로써 적은 글자로 많은 음을 표기할 수 있어 매우 효율적인 문자 사용을 한 것도 한글의 빼어난 특장이다.[18] 또 모음도 밝은 모음과 어두운 모음, 중간 모음으로 나누어 같은 계열의 모음을 가지고 모음조화를 꾀한 것도 특징으로 들 수 있다. 가령 '놓어두아'가 아니라 '놓아두어' — ㅗ와 ㅏ는 밝은 모음이고 ㅜ와 ㅓ는 어두운 모음이다 — 라고 하는 게 그것이다. 이것은 특히 중국어와 비교해 볼 때 그렇다는 것이고, 같은 현상이 이른바 알타이어군에 속하는 몽고말이나 만주말 등에서도 일반적으로 나타난다고 한다.

이런 특성에 대한 자세한 설명은 모두 전문서로 미루기로 하고 여기서 검토하려고 하는 것은 글자로서 한글이 이룩한 '진화'된 모습이다. 세계의 글자들은 우리가 학교에서 배운 것처럼 보통 표의문자(그림글자 혹은 뜻글자)에서 시작한다. 이것이 발전된 게 이른바 표음문자(소리글자)이다. 그림글자 가지고는 복잡한 인간의 마음을 다 전달하기가 힘들다. 그래서 글자가 자꾸 늘어난다. 대표적인 그림글자인 한자가 기원전 200년쯤에는 3천 자 정도밖에 없다가 현재 6만 자 가까이 늘어난 것은 이 사정을 잘 보여준다. 한자는 앞으로도 늘어나면 늘어나지 줄어들지는 않을 게다. 이 글자를 생전에 다 깨친다는 것은 불가능한 일이다. 한자의 이런 사정 때문에 확인되지 않았지만 들리는 소문에는 청나라 말에 대신이었던 이홍장이 그들의 글로서 조선의 한글을 빌려올까 하는 생각을 심각하게 했다고 한다.

이런 그림글자를 무한히 창작하는 데에 부담을 느낀 인류는 그림글

___

18) 세종은 초성이 다시 종성으로 쓰일 수 있게 함으로써 적은 수의 글자를 가지고 많은 수의 글자를 만들어낼 수 있었다. 자세한 것은 김정수, 『한글의 역사와 미래』(열화당, 1990)의 44~45쪽을 참고하기 바란다. 이 문제는 다소 전문적인 것이라 더 깊이 논하지 않으려 한다.

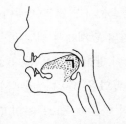
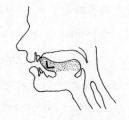

ㄱ자의 뿌리, 혀 뒷부분이 목젖에 붙은 모습　　　　ㄴ자의 뿌리, 허끝이 잇몸에 붙은 모습

음성기관의 모양을 본뜬 한글의 자음

자에서 소리만을 따와 뜻과는 무관하게 쓰기 시작했다. 다시 한자로 되돌아가서 설명해 보면, 예를 들어 일본어는 한자에서 발달한 소리글자 혹은 소리마디글자라 할 수 있다. 가령 일본어의 が[가]는 加라는 한자에서 따왔을 것이다. 그래서 음도 같다. 그러나 が는 원래의 의미인 '더 한다'와는 아무 관계 없이 그 소리만으로 사용된다. 그럼으로써 일본어 50자만 가지고도 한자로 발음되는 그 수많은 단어들을 발음할 수 있게 되니 굉장히 경제적이 되는 것이다. 그러나 일본어는 아직 음소(音素)로 구분되지 않아 ― 우리말의 초성이나 종성처럼 ― 더 발전할 여지를 갖고 있다.

　　이 소리마디글자에서 음소문자로 발전한 게 바로 영어의 알파벳이다. 예를 들어 리로 발음되는 일본어의 'り'는 한 글자이지만 우리말로는 'ㄹ+ㅣ'로, 영어로는 'l + i'라는 음소로 나뉠 수 있다. 따라서 우리말이나 영어에서는 이 음소를 가지고 다르게 조합함으로써 다른 많은 단어를 만들 수 있게 되니 훨씬 더 다양한 말을 표기할 수 있는 것이다.

　　영어는 일본어와 같은 소리글자에서 한 단계 더 발전한 문자로서 음소글자라 부른다. 이집트어에서 수백 수천 년을 거치면서 발달을 거듭하다 마침내 영어의 알파벳이 생겨나게 된 것이다. 한글에 빗대어 이야기하면 자음과 모음이 완전히 구별되는 음소문자가 탄생한 것이다. 그런데 항간에는 한글도 영어와 같은 음소글자의 단계에서 발명된 문자로 알고 있는 경우가 흔하다. 그러나 만일 한글이 영어와 같은 단계에 있다면 영어권 학자들이 한글에 별 관심을 갖지 않았을 것이다. 앞에서 인용한 김정수 교수는 외국 언어학자의 말을 빌려 한글은 음소문자의 단계를 한 번 더 넘은 특이한 소리글자라고 주장했다. 이게 무슨 소리인가?

우선 자음부터 보자. 한글 자음은 잘 알려진 것처럼 그 모습이 자음을 소리낼 때 변화되는 음성기관을 흉내내어 만들어진 것이다. 가령 'ㄱ'은 'ㄲ, ㅋ'과 함께 혀뿌리가 목구멍을 막은 모양을 본뜬 글자이다. 이와 같이 한글은 자음 전체가 "저마다 음소를 나타낼 뿐만 아니라 그 음소의 음성학적인 요인, 곧 소리바탕〔音韻資質〕까지를 나타내고 있는 것"(앞의 책, 59쪽)이다. 모음도 비슷하다. 가령 'ㅏ'나 'ㅗ'를 보면 원래는 긴 금과 '·'로 표시되었던 것이지만 '·'가 짧은 선으로 바뀌어 긴 금의 밖과 위에 위치하게 했다. 그럼으로써 밝고 작은 느낌을 주는 밝은 모음이 되었다. 반면 'ㅓ'와 'ㅜ'는 그 반대로 되면서 어둡고 큰 느낌을 주는 어두운 모음이 되었다. 이렇게 모음에도 소리를 다루는 음성학적인 요인들이 모든 모음에 조직적으로 나타나 있다. 그래서 샘슨(Sampson)이라는 영국 언어학자는 우리 한글을 두고 음소문자에서 한 걸음 더 나아간 "소리바탕글자"라고 불렀다. 이것은 우리의 한글이 소리에 기본을 두고 만들어졌다는 것을 말한다. 그러니까 시각적인 기능과 시각적인 모양 사이에 치밀한 대응이 있다는 것이다. 도대체 이게 무슨 소리일까? 예를 들어보자.

영어로 'city'는 원래대로 읽으면 '씨티'라고 해야 하지만 미국에서는 보통 '씨리'라고 발음한다. 또 'huntington'도 원래대로 하면 '헌팅톤'이지만 보통 '허닝톤'으로 발음된다. 같은 't'가 한 군데에서는 'ㅌ'로,

또 다른 데에서는 'n'으로 발음되는 것이다. 그런데 영어의 t나 l, n은 지금 바로 본 것처럼 발음적으로는 상통할 수 있을 정도로 가까움에도 불구하고 형태적으로 볼 때는 아무 관련이 없다.

그러나 우리 한글은 그렇지 않다. 한글의 'ㅌ'나 'ㄹ', 'ㄴ'은 모두 'ㄴ' 군(群)에서 나온 같은 계열의 글자이다. 혀의 끝이 잇몸에 붙은 옆 모습을 본뜬 'ㄴ'에서 시작하여 →ㄷ→ㅌ→ㄸ→ㄹ→ㄹ에까지 변화되어 간 게 'ㄴ' 군의 자음들이다. 그러니까 이 자음들은 같은 군에 속하기 때문에 서로 왔다갔다할 수 있는 것이다.[19] 이런 걸 두고 한글은 소리에 바탕을 두어서 만든 글자라고 하는 것이다. 한글의 탁월성 혹은 세종대왕의 천재성은 바로 여기에 있는 것이다. 이런 소리바탕글자는 인류의 글자 가운데에는 더 나아갈 데가 없는 최고로 발전한 글자라고 하니 이것을 믿어야 할지 말아야 할지 난감하기만 하다.

그런데 이런 한글을 두고 걸핏하면 영어를 써대는 지식분자들이나 대중문화계에 종사하는 사람들은 천벌을 받아 마땅하다. 우리 민족은 이 한글 하나만 가지고도 문화민족이라고 자부하면서 전세계를 누빌 수 있다. 이런 글자를 만들어내고 쓰는 민족이 문화민족이 아니면 어떤 민족이 문화민족일까? 그런데 우리는 — 이런 한글의 우수성을 잘 모르는 우리는 — 한글을 더 완벽하게 발전시킬 생각은 안 하고 영어를 공용화하자고 한다. 이것이야말로 멀쩡히 집 안에 있는 보석을 바깥에서만 찾으려 하는 어리석은 짓이다. 만일 일본인들이 한글과 같은 지극히 우수한 문자를 갖고 있었더라면 아마 이렇게 자국의 문자를 냉대하지 않았을 것이라는 생각을 해본다. 우리는 하루빨리 이 한글의 우수성을 온 국

___

19) 이것은 모음도 마찬가지이다. 영어에서는 a나 o는 그 모습으로 보면 아무 상관관계가 없다. 그러나 우리 글의 'ㅏ'와 'ㅗ'는 한글을 전혀 모르는 외국인이 보더라도 유사성이 있다는 것을 알 수 있을 것이다.

민에게 보다 적극적으로 또 정확하게 알려야 한다. 사실 한글의 전모를 쉽게 알 수 있는 대중교양서가 없는 것은 기이한 일이다. 한편 전문학자들은 한글을 보다 완벽한 문자로 만들기 위해 — 정말 개·닭 소리뿐만 아니라 전세계에 있는 언어들의 소리를 다 적어낼 수 있게 하는 등 — 지금보다 가일층 노력해야 할 것이다.

태권도에 나타난 우리 민족의 문화 변용력 | 이제 한글을 떠나 조금 다른 영역으로 가려 한다. 지금부터 한국인의 문화 변용력을 보기 위해 예로 들려 하는 것은 다소 엉뚱하게도 태권도이다. 원래는 예술을 보려고 했으나 이 방면에 대해서는 다른 책에서 살펴본 적이 있으므로 방향을 바꾸기로 했다. 사실 예술은 한 나라의 문화를 가장 잘 알 수 있는 분야여서 이 장르를 검토하는 것이 여러 모로 효율적이다. 그러나 지금 보려고 하는 태권도도 춤과 같은 몸짓에 해당되니 예술적 표현과 크게 다르지 않다. 따라서 태권도만 보아도 예술 장르를 본 것과 다름없을 것으로 생각된다.

독자들은 웬 뜬금없는 태권도일까 할 테지만, 나는 우리나라 사람들이 현재 갖고 있는 문화 변용력에 대해 보려고 이 주제를 택했다. 내가 보기에 우리나라 사람들은 자신의 능력을 — 특히 문화를 수용하고 우리의 것으로 바꾸는 면에서 — 너무 과소평가하고 있는 것만 같다. 앞에서 우리의 선조들이 남겨놓은 '휘황찬란한' 유물들을 이야기했지만 이런 문화유산을 가진 민족이 강한 문화적인 변용력을 가지고 있지 않을 리 없다. 그런데 우리는 우리의 과거 문화유산들에 대해 무지하니 스스로의 능력에 대해서도 낮추어 평가하고 있는 것이다.

우리 민족의 집단 무의식 — 이런 게 있다면 — 속에는 외래문화를 전폭적으로 수용하고 그것을 재빨리 한국화할 수 있는 능력이 있는 것

무용총의 수박 장면(무인의 모습이 중앙아시아인처럼 보인다)

같은데. 정작 본인들은 이것을 모르고 있다는 말이다. 그러나 우리 자신이 알든 모르든 그 능력은 때가 되면 예외없이 그 힘을 발휘하게 마련이다. 물론 스스로의 능력을 알 때 더 장한 힘이 나오게 마련이니 자세한 사정을 모르는 것보다 아는 게 훨씬 낫다는 것은 말할 필요도 없다. 우리가 자신의 능력을 확실히 알고 있으면 더 많은 차원에서 다각도로 응용할 수 있기 때문이다.

웬만한 독자들은 거의 틀림없이 태권도 하면 보통 신라 화랑도들 때부터 수련해 오던 우리 민족의 고유 무술이라고 생각하고 있을 게다. 그럴 수밖에 없는 것이 태권도 역사를 적은 책들이 대부분 그렇게 적고 있으니 그렇게밖에는 믿을 수 없을 것이다. 이런 책들을 보면 하나같이 우리 태권도의 원형을 고구려 무용총(춤무덤)에 그려져 있는 수박도(手搏圖) — 말 그대로 손을 맞부딪치면서 하는 무술인데 지금은 육태완씨 등이 수벽치기라는 이름으로 전승하고 있다 — 라든지 각저총(角抵塚)의 그림에서 찾는다. 또 어떤 때는 절 앞에서 절을 지키기 위해 중국의

석굴암의 금강 역사상

쿵후〔功夫〕 자세의 모습을 한 금강 역사의 자세에서 태권도의 상하단막
기 자세의 원형을 찾기도 한다.

　　그런데, 그런데 말이다. 우리나라 예술을 조금이라도 아는 사람이

현재 행해지고 있는 — 1960년대의 초기 태권도가 그런 경향이 훨씬 더 심하지만 — 태권도의 자세나 모습을 보면 금세 고개를 갸우뚱할 것이다. 특히 '형'이라고도 하고 '품새'라고도 하는 태권도의 기본 자세는 한국적이라고 하기에는 영 석연치 않은 부분이 많다. 주지하다시피 태권도의 기본 동작들은 대부분 직선 운동으로 되어 있다. 이것은 기마 자세를 하고 주먹 지르는 모습이나 앞뒤로 움직이면서 손으로 상하단을 막고 발로 차는 모습을 상상하면 된다. 이 움직임들은 지극히 직선적이고 절도가 있다.

그런데 우리나라 사람들의 전통적인 몸짓에 그렇게 직선적인 게 하나라도 있었을까? 무예와 사촌쯤 되는 우리나라 춤을 보자. 궁중춤이나 민속춤인 살풀이, 승무에 어디 직선적인 움직임이 있는가. 다른 것을 보아도 그렇다. 초가집의 지붕은 말할 것도 없고 전통한옥의 지붕선이 살짝 휜 것도 그렇고 버선이나 한복 저고리에 나타나는 선도 모두 곡선적이지 않은가. 또 음악도 그렇다. 우리 음악의 가장 큰 특징은 농현이다. 농현이란 '이이잉잉~' 하는 소리의 곡선적인 움직임을 말한다. 우리 것은 어디 어느 것으로 봐도 거의가 곡선적이다. 그래서 오죽하면 우리 예술의 미는 곡선의 미에 있다고 했을까?

그런데 왜 느닷없이 우리 민족이 신라나 고구려 때부터 간직하고 있었다는 태권도는 철저하게 직선적인 움직임으로 점철되어 있을까? 답은 간단하다. 이 태권도라는 것의 기원이 우리나라가 아니기 때문이다. 이런 이야기를 하면 펄쩍 뛸 이들이 많을 텐데, 특히 태권도에 몸담고 있는 선수나 사범들은 나에게 거세게 항의하러 올지도 모를 일이다. 그러나 잠깐 성질을 죽이고 이야기를 더 진척시켜 보자. 그러면 태권도의 기원은 무엇이라는 말인가? 대부분의 독자들은 크게 놀랄 것으로 생각되는데 그것은 바로 일본의 가라데[空手 혹은 唐手]이다. 아! 천지가 박살날 일이여! 우리나라의 국기이자 가장 전통적인 무예라고 믿어왔던 태권도가 일본의 가라데로부터 왔다니……. 태권도가 외국에서 들어온 게 사실이라면 차라리 중국에서나 들어오지 왜 우리가 그렇게 염오하는 일본에서 들어왔을까 하는 따위의 자탄하는 소리가 들리는 듯하다. 그런데 먼저 노파심으로 말하는데 문화란 그 기원이 중요한 게 절대로 아니다. 조금 과장되게 말하면 기원이란 '하나도 중요한 게 아니다.'

태권도가 일본 오리진이라는 것은 그 동작들을 보면 너무 명확하다. 일본의 예술을 보라. 그들의 예술은 많은 경우 직선을 선호하는 것처럼 보인다. 일본 전통건축의 지붕선이 그렇고 그들의 옷이 그렇다(어깨를 각지게 해서 과장되게 만드는 사무라이의 옷을 상상하라!). 아니 같은 무술인 검도를 보라. 그들의 검도에 나타나는 검법의 움직임은 대단히 직선적이다(물론 유도나 합기도에서와 같이 비직선적인 운동이 없는 것은 아니다). 이런 움직임들은 중국의 쿵후와 비교해 보면 금방 드러난다. 아니, 우리의 진짜 전통무술(혹은 놀이)인 태견과 비교해 보라. 태견의 움직임은 빼도박도 못하게 한국적이다. 탈춤의 그것과 거의 일치하지 않는가? 그러나 태권도에는 이런 곡선적인 움직임이 거의 보이지 않는다.

그럼 태권도는 언제 생겨난 것일까?[20] 우선 태권도라는 단어가 생긴 것 자체가 얼마 되지 않았다는 것부터 시작해야겠다. 태권도라는 단어는 정확히 말해 1955년 이전에는 없던, 다시 말해 그 이후에 새로 만

---

20) 지금부터 말하는 태권도의 기원에 관한 설은 내가 마음대로 지어낸 것이 아니다. 우선 우리 시대의 영원한 기인(奇人)인 김용옥 선생의 『태권도 철학의 구성 원리』(통나무, 1990)와 현재 용인대학교 태권도학과의 교수로 있는 양진방 교수의 석사논문「해방 이후의 한국 태권도의 발전과정과 그 역사적 의의—경기 태권을 중심으로」에 힘입은 바가 크다. 그리고 이화여대의 통역대학원에 있는 스티븐 케이프너(Steven Capner) 교수와의 사적 대담도 많은 정보를 주었다. 케이프너 교수는 태권도 6단으로 전미(全美) 태권도 국가대표 선수를 지내기도 하고 서울대학교에서 태권도를 주제로 박사학위를 딴 대단한 태권도 재원이다.

들어진 신조어라고 한다. 하기야 나도 어릴 때(1960년대)에는 태권도라는 말을 별로 듣지 못했다. 대신 '당수(唐手)'라는 말은 많이 들었다. 이 낱말이 생기게 된 대강의 배경은 이렇다.

1945년 광복이 되면서 일본에서 가라데를 배우고 있던 한국 유학생들이 고국으로 돌아온다. 이들은 청도관이니 무덕관이니 하는 도장을 만들어 가라데를 당수라는 이름으로 가르치게 된다. 도올 선생에 의하면 태권도라는 명칭은 1955년에야 이르러 후에 국제태권도연맹의 총재가 되는 최홍희라는 사람이 처음으로 만든 것이라고 한다. 당시 태권도는 '당수'라는 이름 외에도 '태수(跆手)도', '공수(空手)도'라는 이름으로도 불리고 있었다. 그러던 것이 1965년 월남 파병이 시작되면서 전장병에게 태권도 연무가 의무화되고, 또 국군 태권도 시범단이 국제적으로 활약하면서 태권도라는 이름이 서서히 일반 국민들에게도 익숙해졌던 것으로 추측된단다.

내 어릴 때의 일인데 레슬링 선수 가운데 당수로 유명한 천규덕 선수 — 천 선수는 김일 선수의 제자뻘쯤 될 것이다 — 가 링 위에서 소를 당수로 때려눕히던 기억이 아직도 생생하다. 그런데 어느새 당수라는 이름은 사라지고 태권도라는 이름이 일반화되었다. 나는 그 사이의 변화를 전혀 눈치채지 못했던 것이다. 어느날 갑자기 태권도는 우리 민족이 몇천 년 동안 지니고 있었던 전통무예로 변해 있었다.

그 다음에 진행된 우리나라 태권도 사범들의 국제적인 활약상은 이루 말로 다 할 수 없다. 그때 우리는 정말로 외교관 100명보다 태권도 사범 한 사람이 낫다는 말을 피부로 느낄 수 있었다. 전세계 어디든 태권도 사범이 가지 않은 나라가 없을 정도로 그들은 열심히 우리의 무예를 전세계에 알렸다. 그러나 그들이 편하게 그 일을 한 것은 결코 아니다. 말은 안 통하고 도장을 천신만고 끝에 개원하면 꼭 동네 불량배들이 시비를 걸고 와 그들을 반드시 꺾어야 도장에 사람들이 오는 등 그들의 고생담은 끝이 없다. 그런 피나는 과정을 겪고서야 태권도는 전세계에서 일본의 가라데를 '몰아내고(?)' 무술로서는 가장 유명한 것의 반열에 오르는 큰 성공을 거두었다.

그중에서도 미국에서 '준 리(Jhoon Rhee)'라 불리는 이준구씨는 가장 성공한 경우가 아닐까 한다. 최근 미국에서 성공한 이민자 백 사람 가운데 한 사람으로 꼽힐 정도로 그는 미국에서 인정받고 있다. 미국의 역대 대통령이나 고위 정치가들도 그에게서 지도를 받았고 그 유명한 이소룡도 그에게서 배운 적이 있다고 한다. 그런 그가 우리나라에 있었을 때 무엇을 했을까? 나는 대학 시절 싸구려 무술영화 보는 게 취미여서 어느날 2류 극장에서 「비밀객」이라는 무협영화를 보았는데, 나중에 알고 보니 영화의 주인공이 바로 이준구씨였다. 여기서는 그 싸구려 무협영화에밖에는 나갈 수 없었던 사람이 미국에서는 저렇게 성공을 한 것이다. 다시 한 번 인재를 알아보지 못하는 이 사회의 풍토가 야박하게 느껴졌다.

그러면 이렇게 생겨난 태권도는 그냥 일본식의 움직임만 고수하고 있었을까? 내가 하고 싶은 이야기는 바로 지금부터이다. 이 간단하지 않은 한국인들이 태권도를 일본식으로 그냥 가만 놓아두었을 리가 없다. 이것을 이야기하기 전에 다시 한 번 짚고 넘어가고 싶은 것은 일본 혹은 일본 것에 대한 우리나라 사람들의 태도이다. 일본에서 우리나라로 뭐가 전해졌다고 하면 큰일나는 줄 알고 펄쩍펄쩍 뛰는데, 이제는 그런 미성숙한 태도는 그만 버렸으면 좋겠다. 그건 공연한 열등감의 표현이다. 우리 문화를 바로 알면 그런 열등감에서 쉽게 벗어날 수 있다. 왜냐하면 우리 한국인들은 아주 커다란 문화적인 역량을 갖고 있기 때문이다. 가령 우리나라 '뽕짝' 노래나 꽃꽂이의 연원 같은 게 그렇다. 이

두 가지는 이리 보든 저리 보든 일본이 그 연원이다. 공연히 트로트 가수들이 뽕짝을 '전통가요'라고 하는데 이건 어불성설이다. 나와 같은 학교에 있는 황병기 선생과도 한 이야기이지만 뽕짝은 일본 엔카〔戀歌〕의 절대적인 영향 속에 생긴 것이다. 또 꽃꽂이도 그렇다. 자연주의 미감을 가진 우리 조상들은 죽었다 깨어나도 꽃을 꺾고, 그것도 모자라 그 꽃을 못에 박아 방안을 장식하는 일은 하지 않는다.

그럼 우리 한국인들은 또 이렇게 주장한다. 뽕짝의 경우에는 우리나라 가곡이 일본으로 건너가 엔카가 되고 그것이 다시 우리나라로 들어왔다고 하고, 꽃꽂이도 원래 우리나라에 있던 것이 일본으로 넘어갔다가 다시 들어온 것이라고 말이다. 그러나 그 증거를 대라고 하면 우물쭈물해 버리고 만다. 이건 억지에 불과하다. 그냥 일본 것이라고 하면 된다. 연원은 별로 중요하지 않기 때문이다.

이런 식으로 일본의 영향을 인정하지 않고 우리 것만 찾으면 우리에게는 남는 게 없다. 일본에서 들어온 것의 예를 들면 너무나 많아 다 들 수가 없다. 가령 우리말에서 일본의 직접적인 영향으로 생겨난 단어나 용법을 왜색이라고 없애버리면 우리의 언어생활 자체가 궤멸될 정도이다. 실제로 우리가 쓰는 용어 가운데 '정치'다 '경제'다 '경영', '종교' 이런 것들은 모두 일본인들이 만들어낸 단어들이다. 그외에도 조합, 견습, 엽서, 이서(裏書), 출입구, 할인, 단지(團地), 수순(手順), 선불, 대절, 수속 등 — 그래도 싫은 건 아직도 '범인의 신병(身柄)을 확보하고' 하는 식의 일본말을 쓰고 있는 것이다. 이런 건 하루빨리 들어내야 한다 — 정말이지 지면이 모자라지 단어가 모자라지는 않을 정도로 우리는 일본어 단어들을 많이 사용하고 있다.

그뿐만이 아니다. 우리의 김치가 빨갛게 되는 데에 결정적인 계기를 제공한 고춧가루도 일본을 통해 우리에게 들어온 것이고 감자 또한

혜원 신윤복의 「대쾌도(大快圖)」를 모사한 유숙(劉淑)의 「대쾌도」에서 태견 부분만을 확대한 그림

그렇고 담배, 조총 등 이루 헤아릴 길이 없다. 현대로 넘어오면 아예 한 국의 대중문화는 일본 대중문화의 복제판이라는 말이 나올 지경이 되어 버렸다. 이제는 조금 달라졌지만 신문 지형부터 해서 방송 프로그램들 의 외형(포맷), 대중가요, 만화 등등 일본이 없으면 우리 문화의 존립이 불가능하게 되었다(우리 헌법도 일본 것을 모델로 만들었다고 하지 않는 가?).

사정이 이러한데 태권도가 일본 무도의 영향으로 태어났다는 것은 전혀 부끄러워할 일이 아니다. 오히려 그런 일본 것을 철저하게 한국화 하여 세계 무대에서 가라데를 밀어낼 정도의 뛰어난 무술을 만들어낸 우리의 문화적 역량을 자랑스럽게 생각해야 할 것이다. 그리고 또 하나 지적해야 할 사항은 가라데도 일본 것이 아니라는 것이다. 가라데의 원 고향은 오키나와이다. 독립국가였던 오키나와를 일본이 병합해 버리고 현지인들의 무기 지참을 금지해 버리자, 현지인들이 발전시킨 게 빈손으로 하는 공수(空手)도라는 설이 유력하다. 문화는 이렇게 끝없이 흐른다.

또 일본 얘기 하다 옆으로 샜는데 일본에 관한 이야기는 참으로 끝이 없다. 다시 우리의 주제로 돌아가자. 애초에 일본식 몸짓으로 시작했던 태권도는 서서히 한국화되기 시작한다. 이것이 가능하게 된 것은 일본식 태권도가 경기 태권도로 발전하면서부터이다. 무술이란 무엇보다도 적을 거꾸러뜨리기 위한 것이다. 따라서 그것에 맞추어 많은 기술이 발전되게 마련이다. 그런데 평시에는 적과 싸울 일이 없기 때문에 그런 무술이 필요없다. 일본 가라데는 전시에는 많은 발전을 하지만 더 이상 사무라이가 필요없는 평화의 시대가 도래하자 살생의 목적이 아닌 인격 수양의 목적으로 무술의 큰 방향이 변모하게 된다.

그래서 나온 게 형, 즉 품새의 무술이다. 겨루기보다는 여러 가지 형을 수련함으로써 인격을 닦는 것이다. 초기의 태권도에도 — 내가 배울 때 — 천지형이다, 원효형이다 하는 식으로 많은 도식적인 형들이 있었다. 그런데 이 형만을 가지고는 무술의 기예가 발전하기가 힘들다. 무술은 그저 자꾸 (싸움으로) 붙어야 기술이 발전하는 법이다. 그런 것을 간파했는지 우리나라 태권도계에서는 경기 태권도를 만들어 점수제를 차용하게 된다. 이른바 대련, 그러니까 겨루기를 — 물론 보호대를 하지만 — 본격적으로 하는 것이다. 얼굴 등을 제외하고 마음놓고 손발로 칠수 있게 된 것이다(물론 태권도는 손을 잘 쓰지 않는다). 이로부터 태권도는 기술이 월등 좋아지게 된다.

이때 나온 가장 큰 변화는 다양한 발차기의 도입이다. 원래 일본 가라데는 발을 잘 쓰지 않는다. 그들의 검도가 발을 전혀 쓰지 않는 것과 맥락을 같이한다고도 볼 수 있겠다. 그런데 우리나라 사람들은 예로부터 발을 잘 썼던 것 같다.[21) 그 적나라한 예가 태견이다. 태견은 거의 발로만 하는 운동이다. 하다못해 어릴 때 편을 갈라 발로 차며 싸우는 '까기'라는 놀이도 그렇고 닭싸움, 제기차기, 널뛰기 등이 모두 발의 완력을 필요로 하는 놀이라는 데에서도 우리가 얼마나 발쓰기를 좋아했나를 알 수 있다.

여기에는 우리나라 사람들이 방바닥에 앉아서 생활하는 좌식 생활을 좋아했다는 주거환경적인 요인도 많은 영향을 미쳤을 것으로 생각된다. 좌식 생활을 해야 하니까 발을 사용하는 기회가 많아지고 그에 따라 발의 힘도 강해지리라는 것은 능히 상상할 수 있는 일이다. 또 우리나라 사람들은 허리가 강해 '뚝심'이 세고, 그 결과 다리가 굵어지게 되어 강한 힘을 낼 수 있다고 한다.

이런 발 쓰는 기술들이 경기 태권도가 생기면서 서서히 태권도 안으로 스며들어갔다. 사실 발이란 손보다 느려서 그렇지 빠르게만 쓴다면 손보다 몇 배나 위력적인 힘을 발휘할 수 있다. 태견도 겉보기에는 부드럽게 보이지만 발로 살수(殺手)가 들어갈 때는 매섭기가 그지없다. 변화되던 과정의 자세한 모습은 잘 모르지만 이제 태권도 하면 세계에서 발을 제일 잘 사용하는 무술로 자리를 잡았다. 우리 태권도가 가라데의 시장을 빼앗을 수 있었던 것도 바로 이 발차기의 파워 때문이었을 것이다. 많은 세계인들이 태권도의 발차기가 갖고 있는 힘에 매료되어 입문했을 것으로 생각된다. 또 그 특색 덕에 태권도는 세계 무도계에서도 인정받고 전세계를 관통하는 조직까지 갖게 된 것이리라. 그런 실력에 힘입어 시드니 올림픽에서는 정식 종목으로 채택되었던 것이다(그렇다고 계속 정식 종목으로 된 것은 아니고 올림픽이 열릴 때마다 심사를 받아야 된

---

21) 여기에 대한 이야기는 육태완씨의 『우리 무예 이야기』(학민사, 1990), 107~112쪽을 참고하였다.

단다).

　우리나라 사람들이 하는 스포츠 가운데 전세계적으로 제일 잘하는 운동이 딱 두 개가 있는데, 태권도와 양궁이 그것이다. 태권도는 비록 그 시작은 일본 — 아니 오키나와 — 적인 것이었지만 문화 변용력이 뛰어난 한국인들은 곧 우리 것으로 만들었을 뿐만 아니라 원래의 것보다 뛰어나게 만들어 새로운 무도로 탈바꿈시켜 전세계의 무도계에 선사했다. 여담이긴 한데 이런 과정을 거쳐 태권도라는 새로운 무술을 만들어내는 한국인들의 능력을 보면 우리나라 사람들이 정말 학교에서 늘상 배운 대로 평화를 사랑하는 사람들이었을까 하는 의구심이 든다. 물론 한국인들이 싸움을 드러내놓고 좋아했다는 것은 아니지만 우리나라 사람들에게는 싸움을 좋아하는 잠재적인 성향이 있지 않나 하는 객쩍은 생각이 든다. 그렇지 않고서야 태권도라는 출중한 무예를 저렇게 단기간 안에 만들어낼 수 없지 않았을까?(또 매우 호전적이라고 하는 '스타크래프트' 같은 컴퓨터 게임의 최고수 귀신들 가운데에도 한국인이 많다는 것은 아무리 봐도 우리나라 사람들이 그렇게 평화를 사랑했던 사람들만은 아닌 것 같은 생각이 든다.)

　끝으로 태권도를 생각할 때마다 아쉬운 것은 우리는 이렇게 훌륭한 무술을 만들어놓고 왜 더 크게 활용하지 못하느냐는 것이다. 전세계 태권도 인구들을 총괄하면 한국을 사랑하는 사람들의 조직을 어마어마하게 만들 수 있을 터인데, 들리는 소문에 의하면 국내의 태권도 인구도 잘 결집이 안 되는 모양이다. 태권도 하면 죽으나 사나 우리나라가 종주국인데 그것을 가지고 무슨 행세를 하자는 게 아니라 지금 세계가 필요로 하는 조화의 정신 혹은 부모의 소중함을 일깨워서 가족을 되살리는 효 정신 같은 것을 전세계에 퍼뜨릴 수 있지 않나 싶어서 하는 소리이다(지금 서양은 가족의 붕괴로 얼마나 곤욕을 치르고 있는가?). 앞에서도 말했

미국의 전 국가대표 선수 케이프너 교수의 발차기 모습(이화여대 체육관에서)

지만 우리는 한국을 사랑하는 외국인을 더 많이 만들어야 한다. 그게 우리를 전세계에 알릴 수 있는 가장 좋은 방법이다. 그런 면에서 이 태권도는 대단히 좋은 재료이다.

　　그런데 동료인 케이프너 교수로부터 가끔 듣는 이야기는 마음을 서글프게 한다. 그는 전미 태권도 국가대표 선수를 지냈는데 십여 년 전에 태권도 공부를 제대로 해보겠다고 큰 기대를 가지고 우리나라에 왔던 모양이다. 그런데 여기 상황은 그가 예상한 것과는 너무 달랐다. 우선 태권도에 대한 일반 한국인들의 인식이 별로였다. 아니, 우선 우리나라 사람들이 태권도에 별 관심이 없는 것에 그는 매우 놀랐다고 한다. 종주국에 가면 태권도 하는 사람들을 인정해 줄 줄 알았는데 전혀 그렇지 않은 것이었다. 나와 술자리를 할 때마다 그는 한국인들이 미국화되어 가는 현상에 대해 입에 거품을 물고 성토한다. 축구는 누가 잘하네, 야구는 누가 잘하네 하는 것은 귀신처럼 알면서 정작 자기네 무술인 태권도의 고수에 대해서는 어쩌면 그렇게 무지할 수가 있느냐는 것이다. 야구의 박찬호나 골프의 박세리는 잘 알면서 전세계 태권도 챔피언을 몇 년씩이나 했던 그 신화적인 김제경이라는 선수에 대해서 아는 한국인이 얼마나 되느냐는 것이다. 그의 말을 듣고 있던 나도 부끄러워서 어찌할 바를 몰랐다. 자신들 것에는 관심없고 오히려 더 업신여기는 한국인들의 고질적인 병폐는 여기서도 여지없이 발휘되고 있었다.

또 그를 괴롭힌 것은 국내 태권도계의 배타적인 태도였다. 그건 거기만 그런 게 아니니까 태권도계만 문제삼을 것은 아니지만 이런 이야기를 들을 때마다 나는 너무 안타까웠다. 문화적 변용력이 뛰어나 저렇게 훌륭한 것을 만들어놓고도 이용할 줄 모르는 우리가 너무 답답했다. 나는 케이프너 교수를 통해 태권도에 미쳐 우리나라에 와 수련하고 있는 외국인들을 많이 만나볼 수 있었는데, 그들이 이 배타적인 한국 문화에 동화되지 못하고 겉도는 것을 볼 때마다 무슨 방책이 없나 하고 고심했던 기억이 새롭다. 그중에는 입양되었다가 그래도 낳아준 조국이라고 고국을 찾겠다는 의미에서 태권도를 시작한 청년도 있었는데, 그 역시 한국인들의 예의 배타감 때문에 한국에 제대로 적응하고 있는 것 같지 않았다.

우리 문화의 근본을 보면 지금 태권도의 경우에서 보는 것처럼 한국인들이 외래문화에 대해 대단히 높은 변용력이나 수용력을 갖고 있는 것을 알 수 있다. 남의 것을 받아들여 금세 우리의 것으로 만들어내는 능력이 뛰어난 것이다. 그런데 우리들은 아직도 잘못된 우리주의(Weism) 때문에 '우리 한국'만 찾으면서 다른 민족들에 대해 배타적인 감정으로 일관하고 있다. 이런 점에서 경희대에서 한국학을 가르쳤던 러시아인 박노자 교수(현재 오슬로 국립대 교수)의 일갈은 참으로 값진 것이라 할 수 있다.[22] 그는 한국인들이 고구려를 영토 팽창적인 면만을 두고 숭앙하지만 실제로 우리가 고구려에서 배울 것은 그들의 문화 포용력이라는 것이다. 고구려는 당시 말갈이나 예맥, 옥저 등과 같은 변방 종족들의 문화를 존중하며 간접 지배했을 뿐만 아니라 귀화 중국인들을 우대함으로써 주변 모든 문화에 대해 지극히 개방적이었단다. 또 종교도 유교나 불교 일변도에서 도교를 수용하면서 다양함을 유지할 수 있었다. 이런 교훈을 오늘에 되살리려면 우리 현대의 한국인들은 재중 한국인(조선족)과 재러 한국인(고려인)부터 '포다듬어야' 한다는 것이다 (그런데 박 교수는 북한 동포에 대해서는 말하지 않았다!).

사실 우리가 포용해야 하는 사람들은 이들뿐만이 아니다. 미국이나 일본, 남미 등과 같은 전세계에 흩어져 있는 동포들도 우리가 안아야 할 사람들이다. 그러나 우리의 수용 정신은 너무도 빈약하다. 아니, 재중 동포들에 대해서는 사기와 협잡으로 원수가 될 짓만 골라 하지 않았던가? 정말 이럴 때는 내가 한국인임을 부정하고 싶어진다. 어떻게 그 순박한 동포들을 대상으로 우쭐거리고 사기를 쳐서 그 수많은 사람들의 가정을 파탄으로 끌고 갈 수 있을까? 전세계에 이런 민족은 다시는 없을 것 같다.

박 교수의 주문은 아직 끝나지 않았다. 한국인들은 그런 재외국 동포들뿐만 아니라 국내에 들어와 있는 외국인들도 수용해야 한다는 것이다. 그는 특히 아시아 각국의 노동자들을 주목한다. 이들은 한국 사회의 어엿한 구성원이 되어야 한다는 것이다. 생생한 실감을 내기 위해 그의 말을 그대로 옮겨보자. "네팔인들의 순수한 불심과 인내심이나 몽골인들의 인간 존엄성의 존중, 파키스탄인들의 상술이나 필리핀인들의 열정

---

22) 『한겨레신문』, 2000년 4월 4일, '서울 돋보기' 참고.

등은 단색적인 한국 사회를 다채롭게 만들 수 있다. 그들이 가난하다는 얇은 생각 이전에 독특하고 깊은 그들의 문화를 먼저 눈여겨볼 줄 알아야 한다. 그렇게 돼야…… 한국도 반세기의 숙제인 대미 종속성의 굴레에서 벗어나 독립적·국제적 문화를 발전시켜 나갈 수 있겠다." 정말로 깊이 새겨들어야 하는 명언 중의 명언이다.

이제 우리 문화도 잡종이 되어야 하는 것이다. 이런 많은 세계인들이 한국인이 되어 우리 문화의 미래를 같이 공구해 나가면 얼마나 좋을까 하는 환상을 잠시 가져본다(하기야 '신의 손'으로 불렸던 유고의 축구선수도 우리나라에 귀화하는 등 문이 조금씩 넓혀지고 있기는 하다).

김치를 잘 모르는 김치의 종주국 사람들 | 이제 거의 종착역에 다다랐다. 내가 마지막으로 다루고 싶은 주제는 김치이다. 독자들은 우선 "웬 김치?"라고 어리둥절해할지 모르지만 나는 이 김치를 통해 우리나라 사람들이 갖고 있는 뛰어난 문화 변용력에 대해 다시 한 번 보려고 한다. 김치 하면 말할 것도 없이 우리에게는 너무 친숙한 문화요소이다. 요즈음 우리 아이들이 가장 싫어하는 음식으로 김치를 꼽는 대사변이 있었다고는 하지만, 아직도 우리는 김치가 없는 식탁을 상상하기가 힘들다(특히 김치가 없는 라면은 생각하기조차 안쓰럽다!). 또 한국인이 외국 여행을 할 때면 된장(혹은 고추장)과 함께 항상 그리워하는 식품이 김치이다. 아무리 낮에 본 외국의 문물이 좋아도 저녁에는 한국 식당을 찾아 김치찌개를 먹어야 속이 풀린다는 게 우리 한국인들이다.

외국에서도 김치 하면 가장 전통적인 한국 음식일 뿐만 아니라 한국을 대표하는 식품으로 생각한다. 영국의 명망 있는 백과사전인 브리태니커 사전에 순수 한국어로 등재되어 있는 것은 'ondol(온돌)'과 'pulgogi(불고기)'와 'kimchi(김치)'와 같이 소수밖에는 없다고 하는데,

김치가 그 하나가 되어 있을 정도로 김치는 우리 문화를 국제적으로 대표하는 식품이 되어버렸다. 게다가 최근에는 난데없이 일본에서 '기무치' 바람이 불어 덩달아 김치가 또 유명해졌다. 그러니 이래저래 김치는 우리나라를 대표하는 문화 상징 중의 하나가 되어버렸다.

그런데 그런 김치에 대해 우리는 얼마나 알고 있을까? 도대체 김치는 왜 좋다고 하는 걸까? 이렇게 물어보면 대부분의 사람들은 또 그냥 우물우물하고 만다. 조금 아는 사람은 김치의 항암력에 대해 말한다. 기실 김치의 항암력에 대해서는 많은 곳에서 그 소문이 들려온다. 아마 마늘 때문이리라. 암을 예방하는 마늘의 신이한 효능은 이미 임상실험으로 입증된 바 있다. 단군신화에서 보는 것처럼 곰이 이 마늘을 먹고 사람으로 변했으니 마늘이 신비로운 효능을 가졌으리라는 것은 상상하기 어렵지 않다.[23] 이게 전부이다. 그런데 일반 한국인들이 김치에 대해 이렇게 무지한 것은 당연한 일이다. 김치에 대해 일반인들이 쉽게 알 수 있는 책이 지금까지 나오지 않았기 때문이다.

그동안 학계에서는 김치에 대해 200~300편에 달하는 논문이 발간되고 많은 단행본들이 나왔지만, 정작 김치는 무슨 특성을 갖고 있고 무엇이 좋길래 한 민족문화의 등록상표처럼 되었는가에 대해 평이하게 씌어진 책은 하나도 없었다. 그리고 맨날 김치는 우리의 세계적인 식품이라고 자랑만 한다. 이런 사정은 한글을 대하는 한국인들의 태도를 꼭 빼닮았다. 불세출의 좋은 걸 갖고 있으면서도 그저 막연하게 알 뿐이지 더 주밀하게 파고들어 더 좋게 만들고 그것을 잘 포장해 남들에게 선전할 줄을 모른다. 우리가 우리 걸 안 챙기니까 보다못한 일본 사람들이 또

---

23) 곰이 마늘만 먹었던 것은 아니다. 곰은 마늘과 더불어 쑥을 먹었는데, 쑥 역시 영묘한 물질이라는 건 이미 한의학에서 입증되었다.

나섰다. 김치가 아니라 '기무치'를 들고 나선 것이다. 물론 나는 일본인들의 이러한 시도가 쉽게 성공하리라고는 생각하지 않는다. 수천 년을 익혀온 우리나라 여성들의 손솜씨가 그렇게 쉽게 타국의 공장에서 재현될 수는 없기 때문이다.

그러나 이것도 안심할 일은 아니다. 문화 변용력 하면 일본인들은 세계 어떤 민족에게도 뒤지지 않는다. 이런 일본인들이 새로운 기무치를 만들어 들고 나오지 않으리라는 보장도 없다. 그러니 우리는 한시라도 빨리 우리 김치의 속성을 잘 파악하고 있어야 한다. 그래야 새롭게 우리의 김치문화를 발전시킬 수 있다.

내가 우리나라 사람들의 뛰어난 문화 변용력 혹은 소화력을 보여주기 위해 김치를 들고 나온 것은 다른 게 아니다.[24] 김치 하면 우리는 금세 배추김치를 연상한다. 그만큼 배추김치는 김치의 대표명사가 되어버렸다. 또 우리가 매일같이 먹고 있는 것도 바로 이 배추김치이다. 이것과 관련해서 우리 한국인들이 정말 모르고 있는 것은 김치의 가짓수이다. 우리가 너무 배추김치에 익숙해 있고 그외의 열무김치나 깍두기 정도를 항용하고 있으니까 김치의 가짓수가 얼마 안 되는 것으로 착각하고 있다.

그러나 놀라지 마시라. 김치의 종류는 무려 200종 정도가 된단다. 그러나 이것도 정확한 것은 아닐 것이다. 지방마다 혹은 집집마다 얼마든지 새로운 종류의 김치가 있을 수 있기 때문이다. 나도 서울 강남에 있는 김치박물관에 갔다가 김치 종류의 다양함을 보고 놀란 적이 있는데, 그곳에만도 한 100종에 가까운 김치가 있었다. 그런데 우리나라 김

---

24) 이하 김치에 대한 자세한 이야기는 특히 주영하 교수의 다음의 두 책을 주로 참고하였다. 『김치, 한국인의 먹거리 — 김치의 문화인류학 — 』, 공간, 1994; 『음식전쟁 문화전쟁』, 사계절출판사, 2000.

치박사로 널리 알려져 있는 주영하 교수에게서 들은 바에 의하면 김치의 종류는 그보다 두 배는 많다고 하니 참으로 놀랄 일이다. 그렇게 다양하게 발전시켰으니 김치는 우리의 등록상표격인 식품이 되는 데에 손색이 없겠다. 나는 이 다양한 종류의 김치를 보면서도 우리 민족이 참으로 문화민족이라는 느낌을 짙게 받았다. 한 요소를 저렇게 치밀하게 발전시키고 다양화하는 것은 뛰어난 문화력이 있지 않으면 안 되기 때문이다.

다시 주제로 돌아가서, 이 대표 김치의 자리에 있는 배추김치에 대해서 대부분의 한국인들은 대개 이 김치가 굉장히 오래된 것이라고 생각할 게다. 그런데 이 배추김치가 사실은 생긴 지 100여 년밖에 안 된 것이라고 하면 과연 몇 사람이나 믿을까? 원래 우리나라 김치는 무가 주종을 이루었다. 그러던 게 18세기 말 일단 중국으로부터 배추의 종자가 전해졌고 19세기 말에 또 한 번 큰 품종의 배추가 전해졌단다. 이걸 왕십리에 심어 성공을 거두면서 김치의 주종이 배추로 바뀌게 된다. 이게 배추김치의 시작이다. 그러니까 우리가 그렇게 즐기는 배추김치의 역사가 100여 년밖에는 안 되는 것이다.

그런데 점검해야 될 사항이 하나 더 남았다. 김치 하면 단연코 그 매운맛을 가장 으뜸 맛으로 친다. 또 우리는 그 매운 김치를 외국인이 먹고 손사래를 치면서 매워하는 것을 보고 공연히 우쭐해한다. 내심 그런 매운 것을 먹어도 아무렇지 않다는 자부심 때문에 그럴 게다. 그래서 우리는 매운맛 하면 한국의 대표적인 맛이라고 부지불식간에 간주한다. 하기야 그 매운 고추를 또 그 매운 고추장에 찍어 먹는 민족이 또 있을까?(그러나 우리의 고추장은 조청을 넣어 만들기 때문에 매운맛과 함께 단맛이 꽤 들어간다는 것을 잊어서는 안 된다.)

그래서인지 우리는 고추를 우리 고유의 식품으로 알고 있는 경우가 많다. 그런데 이 고추 역시 임진왜란 뒤에 일본 규슈를 통해 들어온 신식품이었다고 하면 얼마나 많은 사람들이 이 역사적인 사실을 기꺼이 받아들일까? 고추는 원산지가 멕시코라고 하는데 이게 먼 길을 타고 동북아시아로 전해져 중국과 일본을 거쳐 우리나라로 들어온 것이다. 그러니까 단도직입적으로 말해 우리의 김치가 빨갛게 되기 시작한 것은 17세기가 지난 다음부터였다.

사실 17~18세기 하면 서양에서는 바흐니 모차르트니 하면서 굉장히 고전적인 시기로 생각하지만 우리나라처럼 역사가 오랜 나라에서는 최근에 속하는 시기라 할 수 있다. 우리에게는 그래도 태조 왕건 정도 되어야 조금 오래된 인물 같지, 18세기의 영·정조 하면 너무나 가깝게만 들린다. 어떻든 이런 시기에 김치가 빨갛게 된 것이니 빨간 김치의 역사는 매우 일천하다고 하지 않을 수 없다.

김치만 빨간 게 아니다. 우리 음식은 유달리 고춧가루를 많이 쓴다. 우리가 매운맛을 좋아하는 데에도 무슨 연유가 있을 법한데 그것은 잠깐 뒤에 보자. 사실 문화라는 게 다 이런 거다. 굉장히 오래된 것 같아도 따져보면 최근에 형성된 것들이 많다. 이 문제에 대해서는 다른 책에서 이미 밝혔기 때문에 여기서는 생략하자. 다만 우리가 지금 가장 한국적이라고 생각하는 대부분의 것들이 조선 후기에 생긴 상대적으로 매우 모던한 것이라는 것만 밝히고 다음으로 넘어가자.

그럼 정말 본론으로 들어가서, 김치는 왜 뛰어난 식품이라고 할까? 김치 제조법에는 선조들의 어떤 슬기가 들어 있을까? 몇 가지로 나누어 볼 수 있는데, 우선 영양면에서 보자. 김치란 채소를 원래의 영양상태 — 특히 비타민 C — 를 상하게 하지 않고 오랫동안 채소의 원(싱싱한) 상태를 유지하면서 먹을 수 있는 대단히 좋은 방법이라는 것이다. 사실 김치는 특히 겨울을 대비해 만든 식품이라고 볼 수 있다. 주지하다시피 지금은 인간의 영악한 재배법으로 아무 때나 채소나 과일을 취할 수 있지만 이전에는 겨울에는 채소를 구할 수 없었다. 그러나 비타민 C를 많이 함유하고 있는 채소는 인간의 건강에 필수적인 것이다. 우리 조상들은 김치를 만듦으로써 겨우내 비타민 C에 대한 부족함 없이 보낼 수 있었다. 게다가 김치에 거의 필수적으로 들어가는 고추에는 비타민 C가 사과의 50배, 밀감의 2배나 들어 있다고 한다. 그러니 고춧가루로 범벅된 김치는 우리 민족에게 비타민 C의 주요 공급원이 됐을 게 틀림없다.

게다가 김치는 소금으로 절묘하게 절여놓았기 때문에 채소의 신선함을 조금도 잃지 않는다. 아니, 어떤 면에서는 김치의 배추절임 정도가 원래의 배추보다 먹기 더 좋게 만든다. 원래의 배추는 서걱서걱하고 뻣뻣하지만 김치로 화한 배추는 기가 막힌 맛과 더불어 인간이 먹기 좋게, 그러나 원래의 신선함을 유지하고 있는 최상의 상태로 바뀐다. 김치의 첫번째 위대함은 바로 여기에 있다. 그러니까 원상태보다 더 좋은 상태로 바뀌었지만 채소의 신선함과 영양은 그대로 간직한 최고의 식품이 되는 것이다. 지구상의 다른 나라 음식을 살펴보면 한겨울 내내 이렇게 신선한 채소를 먹을 수 있는 조리법을 가진 나라가 별로 눈에 띄지 않는다. 전세계의 음식을 다 열람한 것은 아니지만 중국은 노상 기름으로 볶아 먹기에 바쁘고 서양의 샐러드는 겨울에는 채소가 없으니 제대로 먹었을지 의문이고 일본도 그런 예가 잘 보이지 않는다.

사실 채소를 계속 먹을 수 있는 방법으로 가장 흔한 것은 말려서 먹는 방법이다. 그러나 채소를 말릴 경우 몇 가지 문제가 발생한다. 우선 바짝 마른 채소는 맛이 없어져 ─ 그러나 우리의 시래기처럼 국으로 끓여 먹는 방법도 있다 ─ 나쁘다. 아울러 말리는 과정에서 영양분도 다수 파괴된다. 이 때문에 인류가 진작에 발견한 게 채소를 소금에 절이는 방법이었다. 김치도 이런 종류에 속한다 하겠다. 채소를 소금으로 절이면 채소의 섬유질은 연해지면서 씹기에 더 좋은 상태로 바뀐다. 그러면서도 신선하다. 이와 같이 김치가 원래의 채소맛을 그대로 유지하고 있다는 것은 앞에서 말한 그대로이다. 이때 소금물에 있는 효소들이 채소의 섬유질과 화학반응을 일으키면서 발효하기 시작한다. 이 과정에서 생겨나는 아미노산과 젖산은 김치의 독특한 발효 맛을 낸다. 소금에 절인 김치가 아무 양념을 안 해도 나름대로의 맛이 나는 것은 바로 이 때문이다.

사실 양념한 김치도 좋지만 소금에만 절인 김치도 아주 좋은 식품이다. 어떻게 소금 하나로 이렇게 절묘한 맛을 낼 수 있을까 하고 백김치를 먹을 때마다 탄복했지만 이런 연유가 있는 줄은 몰랐다. 그러나 소금으로 절이는 것도 쉬운 일이 아니다. 소금을 너무 많이 넣으면 채소의 신선도가 떨어지고 배추의 구수한 맛이 없어지는 데 반해, 적게 넣으면 그 반대가 되기 때문이다. 이래저래 김치담그기는 처음부터 어렵다. 그래서 우리나라 여성들의 섬세한 손끝이 필요해지는 것이리라.

채소를 소금이나 다른 물질로 절이는 것은 물론 우리나라에만 있는 것은 아니다. 가령 중국에는 배추나 오이를 소금이나 식초에 절이는 파오차이[泡菜]란 식품도 있고 요즘에는 단무지라 일컫는 일본의 '다쿠앙'도 같은 종류의 것이라 할 수 있다. 일본에 가면 이런 채소절임 음식을 아주 쉽게 접할 수 있는데 그들이 자랑스럽게 내놓는 '우메보시', 즉 매실을 장에 절여 발효시킨 것도 이런 종류 가운데 대표적인 것이다.

이 우메보시를 먹고 너무 시어서 굉장히 힘들었던 기억이 나는데, 그들은 이 우메보시를 그들의 전통식품으로 대단히 자랑스럽게 생각한다. 또 우리가 햄버거나 피자를 먹을 때 같이 먹는 피클은 서양의 대표적인 채소절임 음식이다. 그런데 이런 식품들과 우리의 김치를 비교해보아도 김치의 독특함은 드러난다. 김치는 소금에 절인 데에서 끝나지 않고 수많은 양념이 가해지기 때문이다. 사실 여기서부터 김치의 신비함이 시작된다고 해야 하지 않을까?

배추에 소금물 목욕이 진행되면 여러 가지 복잡한 화학반응을 통해 — 여기에 독자들의 머리만 복잡하게 하는 많은 전문용어가 동원되는데 이런 것들은 모두 생략한다 — 섬유질에 일정한 세포 구멍이 형성된단다. 그 다음 절인 배추를 일단 헹구고서 곧 양념으로 버무리기 시작한다. 그런데 이 양념의 숫자가 장난이 아니다. 고추를 비롯해 마늘, 파, 생강, 젓갈, 오징어, 잣, 밤 등 김치마다, 지방마다 정말로 다양한 양념이 가해진다. 양념의 숫자를 다 합하면 10여 종은 되리라. 채소에 이렇게 많은 양념을 첨가해 완전히 다른 식품으로 만드는 문화가 흔한지는 모르지만 좌우간 우리나라의 김치 양념 버무림은 특기할 만하다.

이렇게 섞인 양념들은 열려 있는 섬유질 구멍 속으로 들어가 그 안의 여러 물질들과 화학반응을 일으키면서 발효된다. 김치의 독특한 맛은 바로 여기에서 나온다. 김치 전문서를 보면 이때 화학반응을 일으키는 물질에 대해 복잡하게 써놓는데 그런 건 그리 자세히 알 필요가 없다. 그러나 김치의 독특한 맛을 내는 유산균에 대해서는 반드시 설명이 필요하다. 유산균 혹은 젖산균은 당(糖)이 분해되어 생기는 것으로 이른바 정장(整腸)작용, 즉 장의 움직임을 활발하게 하는 작용을 하는 중요한 역할을 한다. 그래서 유산균 음료를 선전할 때 살아 있는 유산균이 장에까지 전달된다느니 마느니 하는 말을 하는 것이다.

그런데 이 유산균은 발효가 최고조로 달했을 때 가장 많이 생성된다고 한다. 그 시점이 지나면 유산균은 젖산균으로 바뀌고 '산'이라는 말 그대로 김치의 독특한 신맛이 나게 된다. 물론 이 과정이 계속되면 김치는 그냥은 먹을 수 없을 정도로 시게 변해 김치찌개나 만들어 먹을 수밖에 없다. 이 과정을 더디게 하기 위해 우리 조상들은 김칫독을 땅 속에 묻어두어 적절한 온도를 유지하게 했다. 이 신맛도 그렇지만 김치의 독특한 맛은 이 젖산균에 의해 만들어진다.

우리는 김치를 먹을 때 "시원하다"라는 말을 자주 한다. 이 시원한 맛 — 어떤 때는 코를 약하게 쏘는 맛 — 을 내게 하는 주범은 무엇일까? 이 맛이야말로 김치가 갖고 있는 대단히 매력적인 맛이라고 할 수 있다. 이 맛은 바로 젖산균이 발효과정에서 이산화탄소를 만들어내 이것이 국물에 녹아 탄산이 되기 때문에 나오는 것이다. 김치맛의 절정은 바로 이 탄산의 맛이 잘 익었을 때 생기는 것이라고 보아도 될 게다.

이런 김치라면 다른 반찬 도움 없이도 밥 한 사발을 후딱 먹어치우게 할 정도로 매력적인 시원한 맛을 지니고 있다. 그리고 이 살짝 쏘는 맛과 신맛이 적절히 배합될 때 — 물론 사람마다 맛의 취향이 다르지만 — 우리는 최고의 김치맛을 보는 것이다. 그러나 이 과정이 지나치면 탄산이 많이 배출돼 부글부글 '끓는' 현상이 생겨 김치의 맛을 망치기도 한다. 이렇듯 김치는 대단히 예민한 식품이다.

김치맛을 이야기할 때 빼놓을 수 없는 게 있는데 이는 바로 매운맛이다. 한국 음식 하면 먼저 매운맛을 연상할 정도로 우리는 매운맛을 좋아한다. 그러면 우리는 왜 매운맛을 좋아할까? 일단 매운맛은 입 안을 개운하게 해준다. 특히 기름기가 많은 느끼한 음식을 먹을 때는 이런 매운 식품이 필수적이다. 그런데 최근에 이 매운맛과 관련해서 재미있는 사실이 밝혀졌단다. 매운맛을 내는 성분은 고추 안에 있는 캡사이신(capsaicin)이라는 물질인데, 이것이 우리 몸 안으로 들어가면 소화효소로 바뀐다. 그래서 식욕을 당기는 것이다. 더 획기적인 발견은 이 캡사이신이 몸 안에서 지방질을 분해한다는 것이다. 다시 말해 다이어트 효과가 있다. 요즘 많은 사람들은 살을 못 뺄 난리들인데 김치만 잘 먹어도 비만을 방지할 수 있다는 이야기가 가능한 게 아닌지 모르겠다. 게다가 우리나라에서 생산되는 고추는 그저 매운맛만 갖고 있는 게 아니다. 매운맛과 더불어 단맛도 갖고 있는데 이게 또 우리 김치의 독특한 맛을 내는 것이다. 일전 어떤 TV 다큐멘터리 프로그램에서 일본의 김치 공장 현황을 소개하면서 인터뷰를 한 그곳 공장장의 이야기가 바로 이러했다. 자기들은 한국 안동으로부터 고추를 수입하는데 그것은 일본 고추가 그냥 맵기만 해 그 고추를 쓸 경우에 한국 김치맛이 안 나기 때문이란다.

이런 전과정이 사실은 한없이 섬세한 것이라 능숙한 솜씨가 아니면 그 세련된 맛을 내기가 힘들다. 과문해서 실수할 수도 있겠지만 과연 배추라는 지극히 간단한 재료를 가지고 수많은 양념을 가미함으로써 이렇게 오묘한 맛을 내는 음식이 지구상에 얼마나 될지 모르겠다. 물론 다른 나라 음식도 나름대로 독특한 맛과 향이 있지만 김치는 실로 단연 돋보이는, 대단히 고유한 식품임에 틀림없다. 김치의 특성에 대해서는 아직도 한참을 더 떠들 수 있다. 앞에서도 말한 것처럼 항암 효과가 있다느니 다이어트 효과가 있다느니 하는 것들은 모두 전문서에 맡기기로 하자. 위의 설명으로 김치의 '엑기스'는 충분히 설명했다고 생각된다.

김치에 대한 설명을 끝내기 전에 주위의 지인에게 들은 것을 소개해 보자. 지난 88올림픽 때의 일이었다. 개최국으로서 우리나라를 소개하기 위해 『뉴욕 타임스』지의 기자가 우리나라에 와서 김치맛을 본 모양이다. 그리고 평하기를 작게는 7~8종, 많게는 10여 종의 양념이 들어가서 만드는 김칫국물의 맛은 실로 환상적이라고 했다. 보통 양념이라는 게 두세 가지 들어가면 그만인데, 김치는 그렇게 많은 양념이 들어가 서로 잘 조화되어 차원이 다른 완전히 새로운 — 그리고 복합적인 — 맛을 내고 있다는 것이다. 이런 음식을 만들 수 있는 사람들은 문화적으로 대단히 뛰어난 민족일 거라는 칭찬과 함께 말이다.

그러나 김치가 완결된 식품이라는 것은 결코 아니다. 김치의 큰 문제점 중의 하나는 김치 국민인 우리도 어떤 때는 역겨워하는 냄새이다. 이 냄새는 그 주범이 마늘인데, 마늘 안에 들어가 있는 아미노산의 일종인 '알리인'이라는 물질이 만들어낸다고 한다. 그러나 우리 음식에는 마늘이 들어가지 않으면 맛이 안 난다. 또 마늘이 뛰어난 항암 효과를 갖고 있다는 것은 이미 널리 알려진 사실이다. 마늘의 영양은 유지하면서 냄새를 누그러뜨릴 수 있는 방법은 없을까? 앞으로의 연구과제가 아닐 수 없다.

또 언젠가 우리 음식의 세계화를 다룬 TV 다큐멘터리 프로그램을 본 적이 있는데 뉴욕인가 미국의 어떤 도시의 식당 평론가가 하던 말이 생각난다. 한참 앞에서도 언급했지만 그는 이렇게 다양하고 훌륭한 한국 음식이 세계에 알려지지 않은 것은 불가사의한 일이라고 역설했다. 미국 등지에서 우리 음식을 서양인이나 다른 외국인들의 입맛에 맞게 바꾸어 성공한 한국 식당들이 간혹 있지만 우리 음식에 대한 세계인의 인지도는 아직 너무 낮다. 우리가 게을리했기 때문이다. 우리 것이 좋은 줄 모르니 그냥 방치했고 그 결과 우리나라는 보유하고 있는 국력에 비해 세계에 너무 알려지지 않은 참사를 겪게 된 것이다.

미국인들은 인도나 태국, 베트남 음식들은 매우 친숙하게 생각하고 자주 이용하지만 한국 음식은 그들에게 아직도 너무 멀리 있다. 우리가 우리 것이 좋은 줄을 진심으로 몰랐던 때문이리라. 우리가 우리를 인정하지 않는데 외국인이 인정해 줄 것을 바라는 것은 사과나무 밑에서 사과가 떨어지기만 기다리는 꼴이다. 태권도도 그렇고 김치도 그렇고 정말로 '유구한' 과거의 문화를 잠재적으로나마 전승해 저렇게 훌륭한 문화요소를 만들어내 놓고도 정작 본인들은 자신들이 가진 문화의 변용력을 모르고 있는 것이다. 나는 김치 하나만 놓고 보아도 그 속에서 우리 문화의 깊이를 본다.

이런 우리 문화의 특성을 최봉영 교수의 표현을 빌려서 나는 '잡종 문화'라고 한다. 김치의 국물에서처럼 수많은 요소를 뒤섞어 아주 새로운 물질로 만드는 것은 우리 문화의 큰 특징 아닐까? 우리는 우리 문화가 단일하다 혹은 순종적이다라고 했지만 사실 그 내막을 보면 수많은 잡종적인 성격을 가지고 있음을 발견할 수 있다. 다시 말해 우리 민족은 외래의 이질적인 많은 요소를 가져다 잡종의 새로운 문화를 만드는 데에 뛰어난 것 같다는 이야기이다.

음식과 관련해서 이건 완전히 여담이지만 우리 음식 가운데 비빔밥[25] 같은 것도 대단히 독특한 것이다. 전세계에 이런 음식문화가 또 있을까? 나물이나 고기 같은 여러 가지 음식들을 고추장과 같이 비벼 전혀 다른, 그러나 아주 맛있는 맛을 내는 음식이 또 있을까? 그저 대충 비비는 것 같지만 비빔밥은 그 각각의 재료들에서는 찾을 수 없는 전혀 다른 새로운 맛을 창출해 낸다.

특히 일본인들은 비빔밥을 참 좋아하는데 비비는 것과 관련해서 이들이 뒤로 나자빠질 일이 있었다. 그들을 깜짝 놀라게 만든 주인공은 바로 회덮밥이다. 우리는 회덮밥을 아무 생각 없이 자연스러운 음식으로 먹지만 그들은 이게 접수가 잘 안 되는 모양이다. "아니, 밥에 회를 넣고 거기다 고추장을 넣고 비벼 먹어?" 이게 일본인들이 경악해하면서 내지른 말이다. 그들은 회란 정갈하게 간장에 찍어 먹는 것이라고만 생각했지, 그걸 고추장 양념해서 밥에 비벼 먹으리라고는 꿈에도 생각하지 못한 것이다. 나는 이게 우리 문화의 대단히 고유한 특색이라고 생각한다. 그저 섞어서 또 하나의 문화를 만들어내는 것 말이다.

한국인들의 이 비비는 재주는 라면 스프에도 이어진다. 라면은 알

---

25) 비빔밥의 기원은 보통 안동 지방에서 제사를 지내고 남은 음식을 비벼서 먹던 데에서 잡는다. 지금도 안동 지방에 가면 '헛제삿밥'이라는 음식이 있다.

다시피 일본에서 처음으로 만든 것이다. 그러나 지금은 우리나라가 라면 종주국이 되었다. 물론 면발도 잘 만들지만 압권은 단연 스프에 있다. 아무것도 아닌 것처럼 보이는 스프가 사실은 20여 종의 재료가 들어가 만들어졌다면 믿을 수 있을까?[26] 그래서 우리 라면의 국물 맛은 단연 일품이다. 세계에 다른 요리사들이 흉내낼 엄두를 내지 못한다. 한국인들은 김치에서도 오묘한 맛의 국물을 만들어냈듯이 라면 국물도 기가막히게 만들어놓았다.

미국 유학 시절에 일하던 가게 사장님에게서 나는 이런 이야기를 들었다. 자기 가게에서 일하는 흑인에게 선물로 라면 한 박스를 주었던 모양이다. 그랬더니 그 종업원이 그 다음날 와서는 "그 라면 어디서 살 수 있느냐? 도대체 그렇게 맛있는 국수는 처음 먹어봤다"고 라면에 대한 칭송이 자자했다는 것이다. 우리 것에 비해 일본 라면은 느끼하기만 하고 맛에 깊이가 없다. 그래서 중국이나 동남아에서 우리 라면의 인기는 대단해 유사품까지 나오고 있지 않은가? 이런 예들이 하찮게 들릴지 모르지만 이것은 한국인들이 잠재적으로 갖고 있는 문화 변용력이 발휘됨으로써 가능해진 일들이다. 우리는 이런 작은 예에서 스스로의 문화력을 확인해야 한다. 또 이런 예들은 우리 문화 속에 수없이 있어 소개하려면 지면이 부족하지 품목이 딸리지는 않는다.

---

26) 최근 국내 유수의 라면업체 간부와 대담한 결과 실제로 스프에 들어가는 재료는 그 종류가 50가지가 넘는다고 한다. 그런데 이는 회사의 중요한 기밀이기 때문에 공개적으로는 다만 20여 가지만 밝힌다고 한다.

3부 | 우리 문화, 어디로 가야 하나?

우리 문화, 어디로 가야 하나?

이제 1부와 2부의 긴 설명을 끝내고 정리할 시간이 되었다. 1부에서는 우리나라의 사회문화가 갖고 있는 문제점에 대해 주로 이야기했고, 2부에서는 우리 한국인들이 갖고 있는 문화적 역량에 대해 과거와 현재를 넘나들며 보았다. 그러니까 1부는 주로 개선해야 할 점을 중점적으로 본 것이고, 2부는 앞으로 더 키워나가야 할 문화적인 잠재력에 대해 본 것이다. 이제는 이런 개개적인 분석을 염두에 두고 보다 전체적인 조망을 하면서 결론을 내렸으면 한다.

　　과연 우리 문화는 크게 볼 때 어떤 방향으로 나아가야 할까? 나는 여기에서 정치나 경제적인 면의 개혁에 대해서는 언급하지 않는다. 그쪽 분야에서의 개혁은 그쪽 사람들이 하면 된다. 또 그 일을 할 사람도 많다. 그러나 진정한 정치개혁이나 경제개혁은 반드시 문화적인 개혁이 선행되어야 혹은 병행되어야 완결될 수 있다는 것을 잊어서는 안 된다. 정치이고 경제이고 모두 사람이 하는 것이니 그 사람들의 세계관이나 가치관을 지배하는 그 사회의 문화가 제대로 정립되지 않으면 결국에는 아무것도 이룰 수 없는 것이다.

　　이에 대한 예는 멀리에서 구할 것도 없이 우리나라의 '개떡 같은'

정치를 보면 된다. 우리나라의 정치가 이 모양 이 꼴밖에 안 되는 것은 우리나라 사람들에게 수준 높은 문화의식이 없기 때문이다. 그러니 남은 거라고는 수단방법 안 가리고 헐뜯기, 낯두꺼운 말바꾸기, 협잡 등 상저질적인 행태뿐이다. 우리는 국회의원들을 그렇게 욕하지만 그들의 모습은 더도 말고 덜도 말고 우리 자신의 있는 그대로의 모습이다.

무릇 한 나라의 진정한 힘은 문화력에서 나온다. 얼핏 보면 경제력이나 군사력 같은 하드웨어적인 힘이 한 나라의 부강을 결정할 것 같지만 그것은 반쪽일 뿐이다. 여기에 소프트 파워, 그러니까 문화력이 뒷받침되지 않으면 진정한 강대국이 될 수 없다. 소련이 냉전에서 미국에게 패할 수밖에 없었던 것은 문화적으로 내놓을 게 변변치 못해 그렇게 되었다는 견해가 있는데, 이는 매우 설득력 있게 들린다. 우리가 미국을 좋아하든 싫어하든 그 나라가 현재 강대국으로 남아 있는 것은 그 나라의 문화적인 소프트 파워가 전세계를 지배하기 때문이다. 그들이 만드는 영화나 대중음악, 영어 위주로 된 인터넷, 심지어는 맥도날드 같은 음식 등을 이용하여 미국인들은 전세계의 문화를 지배하고 있는 것이다. 그들은 상품을 직접 팔기보다는 자국 문화의 이미지나 상징을 팔아 전세계인들로 하여금 미국 문화에 — 잠식당하는지 모르면서 — 젖어들게 하는 마법적인 힘을 갖고 있다. 이게 바로 미국의 문화가 갖고 있는 소프트 파워이다.

이러한 문화력을 기르기 위해 우리는 무엇을 해야 할까? 나는 항상 우리나라 사람들에게 만연해 있는 문화적 열등감을 극복하는 것이 급선무라고 주장해 왔는데, 이와 동시에 진척시켜야 할 일은 문화적 통합감을 이루는 일이다. 문화적 통합감이란 바로 우리가 같은 배를 탄 공동체에 속해 있다는 것을 느끼게 해주는 것이다. 이런 공동체의식이 있어야 서로를 배려하고 선한 의식을 가질 수 있다. 지금 우리에게는 이런 공동체의식이 거의 없다. 그러니 지극히 편협한 이기주의가 판을 치고 파렴치한 돈의 추구밖에는 없는 사회가 된 것이다. 이런 공동체 의식을 중요시하지 않는 사회는 없다. 국가에서는 교육을 통해, 심지어는 경제적으로 따져보면 낭비일 수도 있는 스포츠를 이용하여 국민들에게 이런 의식을 심어준다.

그런데 우리나라는 이런 스포츠 같은 분야에는 엄청난 투자를 하면서 보다 더 근본적인 부분에 대해서는 함구로 일관하고 있다. 더 근본적인 부분이란 무엇인가? 바로 문화적 통합감이 생기게끔 해주는 것으로서 이 시대에, 그리고 우리나라 실정에 맞는 새로운 세계관 혹은 가치관, 더 크게 말해서 새로운 시대정신을 창출해 내는 일이다. 그리고 이런 작업을 위해 우리 문화를 대표할 수 있는 상징이나 이미지 혹은 영웅 같은 소프트웨어적인 것도 만들어내야 한다. 이것은 통합상징 같은 것을 말한다.

이런 이야기를 하면 항상 나오는 비판은 이렇게 통합원리를 주장하는 것은 너무 전체주의적인, 혹은 박정희식의 파쇼적인 경직된 국가관 주입 같은 게 아니냐는 것이다. 또 다양성을 중요시하는 현대사회에서 왜 자꾸 통합을 이야기하느냐고 짜증스럽게 힐난한다. 그런데 이건 하나만 알고 둘은 모르는 소리이다. 나도 누구보다 다양성을 존중하고 좋아한다. 그리고 획일적인 사회는 세상의 어느 누구보다도 싫어한다. 그러나 이런 다양함은 그 안에 내재된 보이지 않는 질서로 묶여 있지 않으면, 다시 말해 구심점적인 중심이 없으면 그저 단순한 다양함의 나열, 혹은 무질서로 끝나게 된다. 이 우주는 말할 수 없이 다양한 만물로 구성되어 있지만 내재적으로는 물샐 틈 없는 질서로 짜여 있다고 불교사상 — 특히 화엄사상 — 은 말한다. 다양함과 전체성이 공존할 때 건강한 부분과 전체가 되는 것이다. 한쪽으로 치우친 사회는 결코 건강하지 못하다. 너무 다양함만 추구하면 방종한 사회가 되고 전체성만 추구하면 획일적인 사회가 되어 활력을 잃어버리게 된다. 그런데 현재 우리 사회는 뒤의 경우에 해당하는 것 같지만 사실은 사회 전체에 규범을 제공하는 일정한 원리가 없는 지극히 방종적인 사회가 되어버렸다. 모두 자기 이익 추구에만 혈안이 되어 있을 뿐이고 전체 혹은 우리 공동체에 대한 생각이나 배려를 하는 사람들은 아주 소수에 불과하다.

내가 통합적인 세계관이나 원리, 상징을 제정해야 한다고 주장하는 것은 바로 이런 맥락에서이다. 우리 사회에 너무 규범이 없어졌기 때문에 이럴 때는 개별적인 것보다는 전체 질서의 중요성을 강조하는 주장이 적절하다고 느낀 것이다. 그러나 만일 사회가 너무 규범이나 전체만 강조한다면 그때는 주장을 바꿔 다양성을 강조해야 한다고 할 것이다. 이렇듯 세상사는 모두 상대적이다. 그러면 먼저 새로운 세계관의 제정 문제부터 보기로 하자.

새로운 세계관의 창출과 한국인의 소명에 대해

지난 조선조 때는 나름대로 훌륭한 세계관 혹은 가치철학이 있었다. 유교가 그것이다. 조선조의 유교는 다 알다시피 성리학(性理學)이었다. 성리학이란 무엇인가? 이(理), 즉 이치 · 원리를 강조하는 가르침이다. 따라서 매사에 합리를 중요시했다. 비록 이런 높은 합리성을 가진 사람들이 상층에만 속해 있어 소수에 불과했지만 이들은 사회 전체의 문화를 주도하고 있었다. 상층의 수준 높은 합리성과 기층의 자유로운 에너지가 합해져서 나온 게 조선조의 문화이다. 그래서 나름대로는 매우 훌륭한 문화를 만들어냈다. 그런데 지금은 상층문화가 붕괴된 상태이다. 상층문화가 없으니 사회에 규범이 없다. 지금의 상층은 진정한 의미에서 상층이 아니다. 그들은 돈만 많은 하층민들이다. 무엇보다도 그들에게 맞는 문화를 갖고 있지 않기 때문이다.

그러면 우리 시대의 상층에 걸맞은 가치관 혹은 세계관은 어떤 종교 혹은 철학이 담당해야 할까? 신라, 고려 때는 이것을 불교가 담당했고 조선 때는 유교가 담당했다. 그런데 지금은 종교사상계가 복잡하다. 불교와 유교는 물론이고 서양 종교인 기독교가 들어와 있다. 이 종교들은 다 훌륭한 가르침이긴 하지만 어떤 종교이든 한국인들의 주요 세계관을 지배하는 종교가 되지는 못한다. 이 종교들이 전인구를 부분적으로만 점유하고 있기 때문이다. 이런 상황이 다양성의 옹호라는 면에서는 좋을 수도 있지만 오히려 문제가 될 수도 있다. 왜냐하면 일정한 세계관이 중심이 된 새로운 형태의 철학이 나오지 않으면 국가의 미래가 밝을 수 없기 때문이다. 한 개인도 뚜렷한 인생관 혹은 세계관이 있어야 제대로 설 수 있고 진정한 인간이 될 수 있듯이 국가에도 경영 이념이나 철학이 있어야 한다. 이른바 잘 나가는 나라들은 이런 게 모두 확고하게 세워져 있다.

그런데 우리나라 지도계층의 삶에는 이런 부분이 너무도 취약하다. 앞에서도 말한 것처럼 우리나라 정치인들이 저렇게 개판을 치는 것도 우리에게 수준 높은 세계관이 없어서이고, 수많은 반대에도 불구하고 여전히 연명할 수 있는 것도 우리에게 그런 세계관이 없기 때문이다. 그들이나 국민들이 서로 아무렇게나 하니까 그냥 그대로 가는 것이다.

세계관이란 그다지 어려운 용어가 아니다. 아주 쉽게 말해서 한국인으로 태어나서 의지하고 살 수 있는 생활의 지침 같은 것이 바로 세계관이다. 어떻게 살아야 하는지, 결혼은 어떤 방식으로 해야 하는지, 또 자식들은 어떻게 교육시키고, 죽을 때는 어떻게 죽으며, 이웃들과는 어떤 관계를 가져야 하는 등등의 일상적인 생활의 지침이 바로 세계관이다. 한마디로 세계관이란 인간으로서 어떻게 살아야 하는가에 대한 포괄적인 지침과 같은 것이다. 이 세계관의 수준이 높을수록 우리들은 품위있게 살 수 있을 것이고 그렇지 않으면 수준 이하의 생활을 하게 될 것이다. 지금은 아무리 보아도 그렇지 않은 쪽에 가까이 가 있다. 그래서 국민의 반 이상이 이민가고 싶다고 하는 것이다.

이 수준 높은 새로운 세계관을 만들어내는 것, 이것이야말로 우리 세대의 임무이다. 그런데 아무리 생각해 보아도 우리나라는 이게 간단하질 않다. 종교사상계가 너무 분열되어 있기 때문이다. 분열되어 있어도 조금 비슷한 종교들이면 문제해결이 다소 쉽겠지만 서양에서 들어온 기독교와 전통적으로 있어 왔던 유교와 불교, 그리고 샤머니즘은 달라도 너무 다르다. "종교가 다 비슷한 거지 다르면 얼마나 다르겠느냐"고 하는 사람도 있겠지만, 종교를 공부해 볼수록 여러 종교의 근본에는 일치하지 않는 부분이 많음을 발견할 수 있다. 내가 보기에 종교가 하나라는 생각은 대단히 순진한 생각이다. 이 사정을 알기 위해 멀리 갈 것도 없다. 하나인 종교들이 그동안 왜 그렇게 싸웠는가를 생각해 보면 된다. 인류의 역사는 종교전쟁의 역사이기도 하지 않았던가?

우리나라는 종교적으로 볼 때 대단히 특이한 나라이다. 지금 세계지도를 꺼내보면 우리나라처럼 서양 종교와 동양 종교가 이렇게 비슷한 세력을 갖고 각축하는 나라가 흔치 않다. 우리나라 사람들은 기본적으로 유교와 무교를 신봉하고 살지만 불교도와 기독교도가 각각 1천여만씩 아주 비등한 신도의 수를 자랑하고 있다. 여기에 우리의 어려움이 있다. 게다가 북녘에는 또 다른 세계관인 공산주의를 삶의 신조로 살고 있는 2천만 이상의 동포들이 있다. 어차피 통일은 될 터이고, 그때 우리는 공산주의나 사회주의 이념까지 아우르는 좀더 포괄적인 세계관을 만들어내지 않으면 안 된다. 그런데 지금 남한에서조차 제대로 된 통합적인 세계관을 만들어내지 못하고 있는데 어느 세월에 북녘 동포들까지 감싸 안는 세계관을 만들어낼 수 있을까? 산 넘어 산이다. 우리에게는 샤머니즘적인 열정은 충분하다. 이제는 그 광적인 에너지를 방향 잡아줄 수 있는 미래지향적인 이정표가 필요하다. 반복되지만 이게 바로 수준 높은 세계관이고 이것이 창출되었을 때 진정한 의미에서의 문화국이 되는 것이다.

군이 김구 선생의 말을 빌리지 않더라도 내가 생각하기에 우리나라의 사활은 세계에 빛을 던져줄 수 있는 문화국이 되느냐 마느냐에 달려 있는 것 같다. 백범 말대로 우리나라가 경제적으로나 군사적으로는 아마 대국이 될 수 없을 게다. 세계의 슈퍼 파워들이 즐비하기 때문이다. 또 슈퍼 파워가 될 필요도 없다. 우리나라는 지금 한말과 같은 상황에 처해 있다. 이제 중국은 초강대국으로 떠오른단다. 일본은 어차피 슈퍼 파워이고 일본 뒤에는 항상 미국 — 미국은 울트라 슈퍼 파워 — 이 있었다. 러시아도 만만치 않다. 그런가 하면 대륙 저편에는 유럽의 통합제국이 도사리고 있어 꼭 한반도를 둘러싸고 세계 열강들이 각축하고 있던 19세기 말이 반복되고 있는 듯싶다.

그러나 한 가지 분명히 다른 점이 있다. 우리나라는 이제 절대로 망하지 않는다는 것이다. 우린 이제 그렇게 약한 나라가 아니다. 그렇다고 해서 우리의 주견대로 행동할 수 있는 정도로 강하지도 못하다. 강하지 못한 게 아니라 지극히 약체이다. 이 초강대국들 사이에서 여전히 그들에 의해 휘둘리면서 살고 있는 게 우리의 실정이다. 그 대표적인 게 이번 IMF '역모 사태'였다. 우리도 그동안 그렇게 잘한 것은 아니지만 저들이 일방적으로 휘두르는 칼에 변변한 대응도 못하고 넘어가 버렸다. 앞으로 이런 일이 언제 또 생길지 모른다. 우리는 지금도 여전히 경제적으로나 군사적으로 강대국에 예속된 삶을 살고 있다. 북한에 대한 위성

정보 가운데 98%를 미국에서 얻고 있다고 하니 이게 무슨 주권국가인가? 식민지이지.

우리나라는 어떻게 해야 이런 예속된 삶에서 벗어날 수 있을까? 그리고 더 이상 강대국에 의해 휘둘리지 않는 주체적인 삶을 살 수 있을까? 생각건대 여기에는 문화력밖에 없다. 우리가 전세계인이 공경할 수 있는 수준 높은 문화를 만들어낸다면 경제력이나 군사력이 조금 뒤져도 이 세상 누구도 우리를 무시하지 못한다. 우리에게는 그럴 수 있는 유구한 역사와 훌륭한 문화가 있다. 게다가 우리나라는 지금 세계의 모든 주요 종교나 이념이 각축하고 있는 실험장과 같은 상태에 있다. 앞에서 본 것처럼 우리나라에는 지금 세계를 움직이는 주요 종교나 사상들이 다 들어와 있다. 유교, 불교, 기독교, 공산주의가 팽팽한 세를 자랑하고 있고 한국인들의 기본 심성에는 보통 '원시종교'라 불리는 샤머니즘이 짙게 깔려 있다.

그런데 문제는 앞에서도 지적한 것처럼 이런 주요 종교사상들이 아무런 구심점 없이 뒤죽박죽 섞여 있다는 데에 있다. 서로 자기 장사하는 데에만 바빠 세상일이 어떻게 돌아가는지에 대한 관심이 없이 자기 서클 안에만 갇혀 있는 형국이다. 다른 종교에서 무슨 일이 일어나고 있는지 관심이 없을 뿐만 아니라 서로 어떻게 조화를 이루어야 할지에 대해서도 별 생각 없이 지낸다. 게다가 이렇게 사상적으로 혼란한 한국인들에게 어떤 새로운 세계관을 제공해야 할지에 대해서는 더욱더 감감무소식이다.

일찍이 우리나라 기독교의 대부라던 함석헌 옹은 『뜻으로 본 한국역사』라는 책에서 우리나라를 하수도에 비유했다. 하수도란 모든 찌꺼기가 나가는 곳이기 때문에 매우 더러운 곳이다. 그런데 함 옹에 의하면 우리나라가 마치 세계적인 주요 이념들의 하수구처럼 되어버렸다는 것이다. 왜냐하면 우리나라에는 세계의 주요 종교사상이 다 들어와 있지만 그것들이 한결같이 타락한 상태로 점철되어 있기 때문이라는 것이다. 온갖 비리와 욕심으로 물들어 있는 전근대적인 한국의 유교와 불교, 세계에서 유례를 보기 힘들 정도로 보수화된 한국의 기독교와 공산주의, 기복밖에는 안 남은 한국의 무교 등 그 고매한 사상은 다 어디로 출장가고 찌꺼기만 남은 게 우리나라 종교사상계라는 것이다.

그런데 하수도란 게 어떤 것인가? 집 안이 아무리 훌륭해도 하수도가 제대로 안 뚫려 있으면 집 안 전체가 엉망이 된다. 이와 마찬가지로 우리나라에는 전세계가 갖다 내다버린 사상적인 쓰레기들이 흘러넘친다. 그래서 하수도가 막혔고 그 결과 세계가 심히 어지럽다. 우리가 이것을 잘 정리하여 새롭게 만들지 않으면 하수도는 막힌 상태로 있고 세상은 항상 지저분한 상태로 남게 된다. 함 옹은 이 하수도를 잘 청소해 세상에 큰 빛을 선사하는 게 우리 민족의 소명이라 했다. 매우 기독교적인 선민사상이 들어간 발상이지만 난 이 이야기를 읽고 참 그럴 듯하다는 생각을 했다. 이렇게 보면 우리 민족은 세계의 주요 사상이 뒤죽박죽 섞인 속에서 가늠을 못하고 정신적 공황에 빠져 있다고도 할 수 있지만 이 위기를 기회로, 그것도 찬란한 천우의 기회로 바꿀 수 있는 위치에 있다고도 할 수 있다. 어떤 길로 갈 것인가는 전적으로 우리의 능력과 결단에 달려 있다.

우리나라에 들어와 있는 세계적인 종교와 이념들을 뭉뚱그려, 마치 신라의 원효가 당시 동북아시아에 들어와 있던 불교사상들을 모두 회통시켜 '십문화쟁론(十門和爭論)'과 같은 불세출의 철학을 발표했듯이, 가장 한국적이지만 전세계 정신계에 새로운 철학을 내놓을 수 있다면 얼마나 좋을까. 그러면 우리도 살고 세계도 우리 덕을 많이 볼 게다. 그렇지 않다면 우리나라는 항상 이렇게 강대국 사이에 끼여서 제자리를 차지하지 못하고 그들의 눈치만 보고 지내게 될 것이다.

다시 말해 우리나라는 정치·경제적으로나 문화적으로 자주권을 갖지 못한 채 이등(二等)국가로만 남아 있게 된다는 것이다. 세계의 주요 사상을 회통시켜 전혀 새로울 뿐만 아니라 세계로 열린 한국 사상을 만들어낸다는 것은 생각만 해도 신나고 살맛 나는 일이지만 현재의 우리나라 수준 혹은 상황으로는 그 실현이 어림반푼어치도 없다. 이렇게 자국 문화에 대해 무식하고 관심이 없어서는 새로운 것을 만들어내는 일은 날샌 일이다. 항상 과거를 바로 알아야 새로운 것을 만들어낼 수 있기 때문이다. 우리에게는 새로운 문화를 만들 수 있는 재료가 무궁무진하다. 다만 잘 모를 뿐이다. 우리 민족이 별볼일 없는 민족이었다면 지구상에서 벌써 사라져야 했을 것을 지금까지 버티고 있는 것은 그만큼 훌륭한 문화를 갖고 있다는 것을 반증해 준다.

문화적 통합은 국가적 상징이나 이미지의 제정으로 이루어야

우리나라 사람들이 약한 공동체의식을 갖게 된 배경에는 1부에서 본 바 있는 우리주의가 또아리를 틀고 있다. 그저 '우리, 우리'만 따지니까 우리가 아닌 남과는 심한 분리감을 느끼게 되고 배타감으로 일관하게 된다. 한국형 가족주의에서 파생된 이 지나친 우리의식이 불러일으키는 가장 큰 문제는 우리 사회에 너무 많은 분파를 만드는 것이라 했다. 그런 까닭에 우리 국민에게는 아직까지 우리가 같은 문화적 공동체에 속해 있다는 의식이 약하다. 그래서 우리는 누구를 만나더라도 저 사람과 나는 유구한 역사와 고유한 문화를 같이 계승한 한 나라의 국민이라는 생각보다는 '저 사람은 호남 사람이다', '어느 학교를 나왔다', '누구 누구를 안다' 등과 같은 작은 범주 속에서만 이해하려 한다.

일전에 중앙대 심리학과 교수이자 문화심리학회 회장인 최상진 선생은 이런 말을 했다. 우리 한국인들은 누구를 만나면 아주 빠른 시간 안에 저 사람이 내 편인지 아닌지를 가려내려고 한다. 그냥 한 개인으로 보고 개인 대 개인으로 만나는 게 아니라 고향이나 학교, 혹은 아는 사람들의 동이점 유무에 따라 재빨리 편을 가르는 것이다. 우리와 남으로 나누는 것이다. 그래서 우리 사회에는 온통 분파만 존재하게 되었다.

물론 분파가 많은 것 자체가 문제이기는 하지만 거꾸로 이것을 이용할 수도 있겠다. 이 많은 분파들을 하나의 구심점으로 엮어낸다면 더 큰 힘이 될 수도 있기 때문이다. 다시 말해 분파가 갖고 있는 다양함을 살릴 수 있는 것이다. 우리 사회에 없는 게 바로 이것이다. 그 개성 있는 한국인들을 하나로 묶을 수 있는 통합원리 혹은 중심점이 없는 것이다. 이 원리 혹은 중심점은 여러 가지 다른 것으로 불릴 수 있다. 국가의 상징 혹은 이미지라고 할 수도 있고 한국인이면 무조건 숭앙할 수 있는 영웅이 될 수도 있다. 사실 우리에게는 우리가 하나의 문화적 공동체에 속해 있다는 것을 느끼게끔 해주는 그 무엇이 없다. 그저 가족만이 최고이고 그외에는 막연한 혹은 원색적인 민족의식만이 있을 뿐이다. 그러니까 우리 한국인은 배달민족이다 혹은 단일한 핏줄을 가진 민족이다라고 생각하는 것 외에는 한 사람의 국민으로서 지켜야 할 기본적 질서 혹은 의무 같은 데에는 별 관심을 가지지 않는다.

이런 면에서 어떤 외국인이 월드컵 축구 경기 때 잠실운동장에서 우리가 응원하는 것을 보고 한 관찰은 정확하다고 할 수 있겠다. 일단 거국적인 경기가 벌어지면 우리 한국인의 응원 열기는 대단하다. 다른 어떤 것보다도 운동장의 크기와 관계없이 사물놀이가 등장하면 게임은 끝나버린다. 꽹과리하고 북을 쳐대면 웬만한 응원부대는 꼬리를 내려야 한다. 외국에 나가서 응원을 하게 되어 어쩔 수 없이 소수의 한국인만

참가할 때도 그렇다. 큰 운동장에 한국 응원단이 몇백 명 되지 않더라도 사물을 정신없이 쳐대면 온 운동장은 사물놀이에 의해 장악되어 버린다. 그런데 서울 잠실에서 경기가 벌어졌으니 그 열기가 얼마나 대단했을까? 그래서 그 외국인은 참으로 놀란 모양이다. "아, 한국인들은 이렇게 단결력이 강하고 나라나 민족에 대한 애정이 강하구나" 하고 말이다. 그런데 경기가 끝나고 매우 이상한 광경이 목격됐다. 버리고 간 쓰레기의 양도 문제이지만 정작 이해할 수 없는 일은 주차장에서 발생했다. 예의 급한 성격에 관중들은 서로 먼저 주차장을 빠져나가려고 싸워대기 시작한 것이다. 이 장면은 보지 않더라도 아주 쉽게 상상할 수 있다. 여기에 이 외국인이 놀란 것이다. "아니, 아까는 '민족은 영원히 하나다' 하는 것처럼 열광적으로 응원하더니 어떻게 경기가 끝나자마자 이렇게 원수처럼 돌변할 수 있느냐"는 것이다. 이것은 계속 주장한 대로 우리에게 기본적인 시민의식이 없기 때문에 일어난 현상이다. 그냥 '우리집', '우리나라' 하면서 감정적인 열정만 있었을 뿐 한 사람 한 사람이 모범 시민이 된다는 게 무엇을 의미하는지 모르고 있기 때문에 생긴 일인 것이다.

물론 이런 문제의 극복은 교육을 통해서도 점차적으로 가능하겠지만 역시 근본적인 해결방안은 국가적 상징을 만들어내는 것이다. 사실 이런 상징 혹은 이미지가 필요에 따라 인위적으로 만들어지는 것은 아니다. 이것은 문화가 축적되면서 자연스럽게 만들어지는 게 정상이고 또 그게 바람직하다. 그러나 그런 것이 절실하게 필요한 때가 되면 우리 자신이 그런 것이 생겨날 수 있는 분위기를 만들 수는 있다.

가령 고려 말에 몽고의 침입을 받고 우리 민족을 하나의 구심점으로 단결하기 위해 일연 스님이 단군을 새롭게 대두시킨 것은 좋은 예라 하겠다. 지금 우리에게는 바로 이 이미지 혹은 상징, 영웅이 없다. '한국' 혹은 '코리아'라는 단어를 스스로 연상해 보자. 무엇이 떠오를까? 태극기, 한글, 김치, 한복, 단군, 태권도, 세종대왕 등이 떠오르기는 하는데 딱 떨어지게 우리 국가 혹은 우리 문화의 대표 상징이라 할 만한 게 없다. 일본 하면 사무라이, 가부키, 기모노 입은 여인, 신도 사원 등과 같은 일본 특유의 이미지가 잡힌다. 그리고 이런 이미지는 그들이 만든 상품에도 들어가 있다. 하다못해 우리와 비교도 안 되게 못사는 티베트의 경우도 티베트 불교의 독특한 체취나 달라이 라마 같은 이미지 혹은 영웅이 떠오르는데, 우리는 이런 게 잘 잡히지 않는다.

혹자는 이런 나라의 이미지 찾는 작업이 무슨 의미가 있느냐고 반문할지도 모른다. 그런데 이것은 정신적 구심점을 만들어낸다는 의미에서도 중요한 일이지만 우리의 물리적인 생존 문제와도 연결되어 있다는 점에서 지극히 중요한 문제이다. 물리적인 생존 문제란 다름아닌 한국 상품의 수출 문제를 말한다.

우리나라는 다 알다시피 수출을 해서 먹고 사는 나라이다. 우리는 그동안 단순하게 좋은 물건만 만들어 수출하면 그곳 사람들이 알아서 사줄 것으로 생각했다. 그런데 그게 그렇게 간단치 않았다.

외국 시장에 물건을 갖다놓아 봐야 한국이라는 나라에 대해 아무 이미지가 없으니까 외국 고객들이 그냥 지나치는 것이다. 그런데 일본은 달랐다. 내가 어떤 회사 임원에게 들은 바에 의하면 일본의 소니 회사는 전자제품을 처음으로 미국에 수출할 때 물건부터 막바로 보내지 않았다고 한다. 그들이 먼저 보낸 건 가부키 공연단 같은 문화단체였다. 그들은 물건을 잘 팔기 위해서 일본 문화를 먼저 알리는 게 중요하다는 걸 파악한 것이다. 가부키 공연단에 주목하도록 하기 위해 공연되는 극장의 표를 소니사에서 대량 구입해 지역 언론의 관심을 유도해 내기도 했다. 이러한 일련의 노력을 통해 미국인들은 점차 일본 상품에 대한 인지도나 호감도를 높여갔을 터이고, 그것이 일본 상품의 구매로 이어졌을 것이다. 이런 과정이 우리에게는 없었다.

소니 말이 나와서 하는 말인데 이들이 전세계적으로 히트시킨 워크맨은 바로 일본의 문화적 이미지로 창조될 수 있었던 물건이었다. 워크맨이라는 물건의 가장 밑에 깔려 있는 정신은 자기 혼자만 듣겠다는 생각과 작은 것으로 승부하겠다는 것이었다. 워크맨을 처음으로 구상한 것은 얼마 전에 타계한 소니사의 사장이었는데, 그는 '어떻게 하면 남들에게 폐를 끼치지 않고 혼자서만 음악을 즐길 수 있을까' 하고 생각한 끝에 이 워크맨을 만들어냈다고 한다. 이것은 모든 일상생활에서 남들에게 폐 끼치는 것을 끔찍히도 싫어하는 일본인 특유의 정신이 반영된 것이다. 그 다음에 물품을 작게 만든 것은 무엇이든 작게 줄이기를 잘하는 일본인 특유의 예술혼이 발휘된 것이다. 정원을 만들어도 그 안에 모든 삼라만상을 축소시켜 넣으려 하고 분재같이 작게 만드는 데에는 선수인 일본인들이 능히 할 수 있는 생각이었던 것이다.

그러면 과연 우리에게는 이런 것이 있나 하고 생각해 보면 유형적인 것이든 무형적인 것이든 뾰족하게 떠오르는 것이 없다. 떠오르지 않는다는 것이 반드시 그런 정신이 없다는 것을 의미하지는 않는다. 아직 우리가 명확하게 개념화하지 않았을 뿐이다. 이것은 우리 문화 속에 녹아들어 있는 기본 정신이나 우리 조상들이 가졌던 자연관 혹은 미감각 등을 제대로 밝혀냈을 때에만 가능한 작업이라고 생각된다.

사실 근자에도 이런 한국적 이미지를 찾는 작업이 있었고 그 정신을 제시한 사례가 있었다. 우선 우리나라가 일본에 나라를 빼앗긴 20세기 초에 몇몇의 선각자에 의해 이런 일이 감행되었다. 그때는 때가 때인지라 정신적인 자주성이 긴요하게 주장되었다. 그 대표적인 것이 최남선 선생이 주장한 조선정신, 정인보 선생이 주장한 조선심(朝鮮心), 박

삼성과 LG의 로고

은식 선생이 주장한 국혼(國魂) 등이다. 이것들은 물론 나름대로 의미가 있지만 그다지 구체적이지 못해 아쉽다. 그리고 시각적인 점도 없다.

이것과는 다른 시도이지만 몇 해 전 문화부에서 나라를 상징하는 것들의 이미지를 만든다고 몇 품목을 선정해 디자인해서 발표한 적이 있었다. 지금 생각나는 것은 한복, 김치, 태권도 같은 것들이었는데 항목은 그렇다 치더라도 그 이미지의 디자인이 유치해 많은 디자이너들의 질타를 받았다. 아마 몇몇 선정위원들이 항목을 자의적으로 선정해 한 디자인 회사에 맡겨 만들어오게 한 것 같은데, 그 일을 처리하는 과정이 너무 졸속한 데에 놀랐다. 이 상징을 만드는 작업은 절대로 쉬운 일이 아니다. 정말로 엄선된 각계의 권위자들이 모여 오랜 시간을 두고 연구해야 하고 이를 위해 많은 예산이 투여되어야 한다. 이 이미지 만드는 일을 우습게 보면 안 된다.

독자 여러분은 삼성이라는 회사의 로고를 알고 있을 것이다. 그 디자인이 얼마나 간단한가? 나는 그 디자인이 잘된 건지 아닌지는 잘 모른다. 그런데 그렇게 간단하게 보이는 디자인 하나 만들어내는 데에 들인 돈이 몇백만 달러란다. 언뜻 보면 아무나 할 수 있을 것 같은 디자인인데도 말이다. 엘지(LG)도 이보다 더하면 더하지 덜하지 않다. 지금 우리가 보는 엘지의 로고를 만드는 데에 돈이 얼마나 들었는지는 정확히 모르지만 여기에도 수백만 달러가 들었을 게다. 게다가 엘지는 그 로

고에 나오는 빨간색을 'LG 레드'라는 이름으로 세계 시장에 특허까지 냈다. 다시 말해 지구상에 이제까지 없던 새로운 색깔을 만들어낸 것이다. 회사의 선명한 이미지를 만들어내기 위해 이렇게 많은 예산과 노력을 기울였던 것이다. 일개 회사의 로고를 만드는 데도 이렇게 엄청난 돈과 정성이 들어가는데 한 나라의 이미지를 만드는 것은 얼마나 어려운 일일까? 그런데 이걸 문화부에서 얼마 안 되는 예산으로 후딱 해치웠다니 기가 찰 노릇이다.

앞으로 우리나라의 상징 혹은 이미지가 되어야 하는 것은 그 상징성이 고도로 높아야 할 뿐만 아니라 시각디자인적으로도 매우 뛰어나야 한다. 이 이미지 속에는 과거의 모든 전통이 담겨져야 할 뿐 아니라, 또 미래지향적이어야 한다. 이런 상징으로서 지금까지 있었던 것 가운데 상대적으로 가장 뛰어난 것을 잡으라고 한다면 아마 우리의 국기인 태극기가 아닐까 한다. 그런데 이 태극기도 좋지만 이제는 좀더 현대적이고 미래지향적인 상징이 나왔으면 좋겠다는 생각이다. 이 태극기에 대해서 혹자들은 이게 중국 거지 우리 거냐고 하는데 그런 식으로 따지면 남아날 게 하나도 없다. 그냥 우리가 쓰면 우리 것이 되는 것이다. 이 태극에 대해서는 중국인들이 너무 안타깝게 생각한단다. 사실은 자기들 건데 한국에게 빼앗겼다고 말이다. 이제는 태극 하면 대한항공도 그렇고 우리 국기도 그렇고 세계인들은 한국을 연상하는 경우가 많다.

이런 상징 혹은 이미지가 만들어진다면 청와대의 대통령부터 제주도의 해녀들까지 이 이미지만 접하면 자신들이 하나의 문화적 공동체 속에 살고 있다는 것을 느낄 수 있어야 한다. 그리고 한국인으로 태어난 것에 대해 자랑스럽게 생각할 수 있어야 하고 우리 문화에 대한 자긍심을 가질 수 있어야 한다. 상징은 이래서 파워풀(powerful)한 것이다.

이런 상징 가운데 가장 단순하면서도 강력한 것으로 나는 항상 십자가를 꼽는다. 세상에 어떤 문양도 십자가보다 더 단순할 수는 없다. 그저 막대기 두 개를 교차시킨 것에 불과하기 때문이다. 그러나 그 단순한 문양이 가진 힘은 어마어마하다. 이 간단한 문양으로 되어 있는 십자가를 볼 때 기독교인들은 전세계의 신자와 하나 됨을 느끼고 자신들을 위해 죽은 구세주 예수 그리스도를 생각한다. 그리고 그를 따라 인류를 위해 자신을 희생하겠다는 다짐을 새롭게 한다. 교차된 막대기 두 개가 이런 엄청난 힘을 갖고 있는 것이다. 그래서 조선 말에 기독교를 박해할 때 기독교인에게 십자가를 발로 밟고 침을 뱉으면 목숨을 살려주겠다고 했는데도 그 간단한 행위를 거부해 죽어간 순교자들이 나온 것이다. 이만 하면 상징이 가진 힘을 알 수 있을 게다.

그런데 우리나라의 경우는 좀 복잡하다. 우리는 통일을 대비해서 이 상징 만들기를 계획해야 하기 때문이다. 남한 사람들만 이 상징을 보고 통합감을 느낄 게 아니라 통일 뒤 북한 사람들도 이 상징만 보면 한민족이라는 인식을 빨리 가질 수 있어야 한다. 아니, 우리는 통일을 대비하기 위해서라도 이 상징 만드는 작업이 더더욱 필요하다. 과연 통일된 다음에 남북한 사람들을 뭉치게 할 수 있는 그 무엇이 있어야 할 터인데 과연 준비를 하고 있는지 모르겠다. 분단의 세월을 뛰어넘을 만한 공통의 이미지가 창출되어야 할 텐데 걱정만 앞설 뿐이다.

지금 생각나는 건 단군밖에는 없지 않나 싶은데 내 어쭙잖은 생각에 단군은 상징으로서는 아직까지는 파워가 약한 것 같다. 게다가 단군을 앞세우면 남한의 일부 개신교인들이 가만히 있지 않을 것 같다. 또 단군이 요즈음에는 한민족지상주의 혹은 한민족우월주의를 표방하는 사람 혹은 집단들에 의해 이용되는 경우도 있고 해서 이래저래 우리 단군 할아버지 서실 땅이 자꾸 좁아만 가고 있다.

이런 막중한 작업은 몇몇 단체 혹은 몇몇 회사에서 할 수 있는 게 아니다. 또 짧은 시일 안에 되는 것도 아니다. 이 일을 위해서는 우선 많은 예산이 확보되어야 한다. 그리고 차분하게 결과가 나오기를 기다려야 한다. 우선 유능한 젊은 연구자들이 각계에서 선정되어 모여야 한다. 이 연구자들은 반드시 젊어야 한다. 지금처럼 70이 다 되거나 넘은 사람들이 모여 새 천년을 준비하느니 하는 것은 어불성설이다. 왜냐하면 그들은 새 천년의 주역이 아니기 때문이다. 새 천년은 그때 살아야 할 사람들이 만들어나가야 한다. 그래 40대 이하의 각계 전문가들이 몇 년이고 같이 숙의를 해야 한다.

이번 정권이 들어서서 제2건국이니 하면서 나라를 새롭게 세워야 한다고 주장하고 있는데, 진정한 새 나라의 건국은 바로 이러한 국가 이미지의 재창출에 있다. 이게 보이지 않는 일이라고 무시했다가는 새 나라가 설 가능성은 그다지 있어 보이지 않는다. 이 작업은 마치 건축을 할 때 기초를 다지는 작업과 비슷하다 하겠다. 기초 시공은 보통 건물 밑에 들어가기 때문에 밖에서는 보이지 않는다. 그러나 이것이 보이지 않는다고 해서 하지 않거나 소홀히 하면 그 건물은 오랫동안 버틸 수 없다. 한마디로 부실공사가 된다. 우리나라가 선진국에 들어가기 위해서는 이 기초 '인프라'가 잘 잡혀야 한다. 그런데 이 작업의 화급성을 아는 이가 적어 걱정이다.

글을 맺으면서

이제 정말 글을 맺을 때가 되었다. 지금까지 우리는 우리나라의 사회문화부터 시작해서 과거나 현재 갖고 있는 정신문화 혹은 유물들에 대해서 보아왔다. 결론이라고 달리 크게 쓸 것도 없을 것 같다. 이미 위에서 내용을 서술하면서 중요한 것들은 틈틈이 모두 이야기했기 때문이다. 그러나 간단하게라도 요약은 하고 끝내야겠다.

나는 문화적으로 볼 때 우리나라가 현재 갖고 있는 최대의 문제는 조선의 문화가 단절된 데에 있다고 주장했다. 이런 것에 비해 볼 때 우리나라 사람들이 줄을 잘 못 서고 교통질서를 제대로 지키지 못하는 등 공중도덕 준수 같은 문제는 사소한 일일 수 있다. 그것은 문화가 제대로 잡혀 있지 않았기 때문에 파생되는 곁가지 같은 문제이지 근본적인 뿌리의 문제는 아니기 때문이다. 달리 말해서 속에 병이 들면 피부에 종기가 생기듯이, 이러한 사회문화적 증상은 외적인 증후군에 불과하다는 것이다. 따라서 이런 것들은 어렵지 않게 고칠 수 있다. 실제로 요즈음 우리나라의 공중질서는 점점 더 나은 방향으로 고쳐지고 있지 후퇴하고 있지는 않다. 그리고 이런 문제들은 우리가 문화에 대한 자존감과 자신감을 회복하게 될 때 순식간에 그리고 '일괄적으로' 해결할 수 있을 것이다.

그러나 아직 우리나라 사람들은 우리의 문화에 대해 심한 열등감 — 아니면 그 반동으로 생긴 황당한 자만감 혹은 자기팽창(과장) 의식 — 을 갖고 있다. 열등감 속에 있으니 자괴감 때문에 일종의 패배자처럼 살고 있다. 나는 이것을 일찍이 '이등국민 의식'이라고 표현한 적이 있었다. 아직도 우리에게는 '우리에게 무엇이 있나' 하는 자조감(自嘲感)이 많이 남아 있다. 그러니 우리를 자신있게 외국에 소개하지 못한다. 국력에 비해 아직도 우리나라가 제대로 알려지지 못하고 있는 것은 많은 부분이 여기에서 기인한 것이리라. 우리가 자신들의 문화에 대해 열등감을 갖는 것은 우리 것을 잘 모르기 때문이다. 또 안다고 해도 어렴풋하게만 알지 정확하게는 잘 모른다.

그래 나는 우리나라 사람들을 생각할 때마다 '그런 찬란한, 또 대단히 독보적인 문화를 가진 사람들이 왜 이렇게 천민처럼 살까?' 하는 생각을 많이 한다. 본론에서 몇 가지 예로 본 것처럼 과거에도 굉장한 문화를 갖고 있었지만 현재에도 놀라운 문화적 변용력을 갖고 있으면서 정작 본인들은 잘 모르고 "우리가 그렇게 대단한가" 하고 자문한다. 이게 콤플렉스를 가진 사람들의 전형적인 반응이다.

우리 문화에 대해서 우리는 "자랑할 게 없다", 혹은"보여줄 게 없다" 그러는데 정작 외국인들은 "당신들은 보여줄 게 많다"고 한다. 그럼 그제서야 "우리한테 그렇게 좋은 게 있었나" 하고 머쓱해한다. 여러 예를 다 제쳐놓고 한 예만 들어보자. 한참 앞에서도 보았지만 동양에 대적할 만한 게 없다는 — 동양무비(東洋無比) — 그 굉장한 석굴암 갖고도 당최 장사할 줄을 모른다. 도대체 그 세계적인 불상을 가지고 조금 잘사는 나라 가운데에서 그런 식으로 외부를 디자인하는 나라가 어디 있을까? 석굴암을 볼 때마다 우리가 지금 돈이 없는 것도 아닌데, 또 기술이나 디자인 감각이 없는 것도 아닌데 이렇게밖에는 못하나 하는 모멸감이 밀려든다. 이게 모두 문화력의 부재에서 오는 것이다. 그러니까 맨날 "우리 것은 좋은 것이여" 하면서 왜 어떻게 좋은지, 또 단점은 뭔지를 객관적으로 보지 못한다.

이것은 다시 말해 우리 것에 대한 정확한 지식이 없다는 것과도 상통한다. 그런데 상황이 이렇게 된 데에는 위에서 누누이 주장한 것처럼 일제기를 거치면서 일어난 문화의 단절이 가장 큰 공헌(?)을 했다. 우리는 아직도 일제기를 극복하지 못하고 있다. 해방 직후 이승만이라는 어이없는 늙은이의 노욕 때문에 반민특위가 해산되는 바람에 우리는 일제기를 청산할 수 있는 절호의 기회를 놓쳤다.

그러나 그렇다고 허망하게만 있을 수도 없다. 이제 그 세대는 거의 가고 없다. 새 세대가 새판을 짜야 한다. 이를 위해서 우리는 우리 문화를 객관적으로 정확히 알 수 있는 연구를 해야 하고, 그것을 보다 많은 대중들에게 알려야 한다. 이것은 시간이 아무리 많이 걸려도 반드시 거쳐야 하는 과정이다. 일반 대중들이 향유하지 않는 문화란 아무 의미가 없기 때문이다. 그리고 문화의식의 향상이란 그렇게 단시일에 성공할 수 있는 게 아니다. 기다리고 기다리면서 우리 한국인들은 각 분야에서 매일매일의 노력을 아끼지 말아야 한다. 나 같은 학인들은 더 연구하고 그것을 효과적으로 더 많은 대중들에게 알릴 수 있는 방법을 강구해야 한다.

그래서 보다 많은 인민들이 자신들의 문화적 역량 혹은 변용력에 눈을 떠야 한다. 그러면 우리나라 사람들도 문화적 자립감 혹은 자신감을 가질 수 있다. 이건 생각만 바꾸면 되는, 어찌 보면 아주 쉬운 일일 수 있다. 정치나 경제는 강대국으로부터 자유로워지는 것이 거의 불가능하겠지만 문화적인 자주력을 갖는 것은 그냥 우리가 정신만 차리면 되는 것이다. 생각만 바꾸면 되는 일이니 돈 들 일도 없다. 그런데 이 생각을 바꾸는 일은 생각처럼 쉬운 일이 아니다. 아마 가장 어려운 일이 아닐까?

그러나 사정이 어떻든 우리는 이 일을 해야 한다. 그런데 이게 몇몇 지식인들의 노력만으로 되는 것이 아니다. 이것은 정부의 노력과 맞물려야 한다. 정책상 가장 필요한 것은 문화대계(文化大計), 다시 말해 문화의 큰 밑그림을 그리고 세우는 것이다. 지금 우리나라의 정부 정책에는 이런 게 통 없다. 우리 국민들이 문화적으로 어떤 생활을 해야 하는지, 그리고 그것의 실현을 위해서는 어떤 정책을 펴야 하는지 그런 생각이 도무지 없다. 그저 눈에 보이는 것만 가지고 매일매일 정책이 바뀔 뿐이다. 국민들의 문화적 행복감을 채워주고자 하는 배려가 없는 것이다. 삶의 행복은 무릇 문화의 향유에서 나온다. 아무리 돈이 많아도 문화를 즐기지 못하면 인간에게는 행복이 있을 수 없다. 문화는 삶의 질을 결정하기 때문이다. 이제는 더 이상 경제적 논리로만 가지 말자. 경제는 인간에게 밥을 먹여줄지는 몰라도 인간다운 삶을 살게끔 해주지는 않는다. 인간은 입으로만 밥 먹고 사는 게 아니라 귀로도 먹고 눈으로도 먹고 산다. 지금까지 우리는 입만 해결되면 모든 것이 해결되는 줄 알았다. 이제는 귀도 눈도 코도 만족시켜 줄 수 있는 문화가 나와야 한다.

그런데 이런 일을 지금 정치 하는 사람들이 과연 해낼 수 있을지 여간 의심스러운 게 아니다. 정치인 가운데 과연 몇 사람이나 문화의 중요성을 알고 있을지 모르겠다. 역대 문화부장관 가운데 문화를 아는 사람이 거의 없었다는 사실 하나만으로도 지금까지의 정부의 문화관을 알 수 있다. 하기야 문화를 체육이나 관광과 함께 묶어 부서를 만드는 사람들이니 더 할 말도 없다. 문화란 인간적인 삶의 근간이거늘 그걸 삶의 지엽에 불과한 체육에 묶고 관광에 묶는 발상은 도대체 어디에서 나온 것인지 그 사람들의 아이큐를 테스트해 볼 수도 없는 일이고 난감할 뿐이다.

한 개인도 좋은 삶을 살기 위해서는 자신만의 삶의 이정표가 있어야 한다. 그래야 다른 지엽적인 것들이 그 방향타를 따라 가지런히 놓이게 된다. 이른바 근본적인 가치관의 유무 문제이다. 자신의 삶에서 어떤 것이 가장 중요하며, 이것을 실현하기 위해서 자신이 해야 할 일이 무엇인가를 정확히 알고 있어야 좋은 삶이 보장된다. 이른바 질서 잡힌 삶이다.

국가도 마찬가지이다. 우리 한국인들은 어떻게 사는 것이 가장 좋은 삶이며 무엇의 실현이 한국인에게 가장 행복한 것인지를 설정해 놓아야 한다. 그래야 복지정책이나 통일정책 같은 실용적인 정책들이 나름대로의 질서 속에서 자리잡을 수 있다. 그러려면 이 나라를 이끌 수 있는 중심 철학이 나와야 한다. 물론 이것은 많은 연구가 있은 연후에나 가능한 것이다. 그리고 이것은 아주 짧은 표어로 제시되어야 한다. 해방

군정기에 우리 교육의 이념을 설정하는 자리에서 당시의 교육학자들은 ― 백낙준 박사가 주도했다고 하는데 ― 그것을 '홍익인간'으로 하자고 합의를 보았다고 한다. 하다못해 이런 식이라도 중심 철학이 명확하고 간결하게 제시되어야 한다. 그래야 일반 국민들은 삶의 방향을 잡을 수 있게 된다. 그런 덕의 정신이 나라에 흐르지 않으면 나날의 삶은 돈의 추구뿐이라는 극히 동물적인 삶에서 그치고 만다. 인간적인 삶을 살되 우리가 한국인이니만큼 어떻게 한국적인 인간으로 사는 게 행복한 것인가를 큰 그림으로 제시해야 한다. 인류 보편적인 가치도 중요하지만, 다시 말해 이웃과 조화롭게 살고 자신을 실현해야 한다는 보편적인 가치도 중요하지만 이것이 실현되는 곳은 한국이라는 일정한 지역이므로 한국 문화의 특수성이 더불어 실현되어야 한다. 가령 작은 실례로 효가 중시되고 개인보다는 집단이 중시되는 사회문화를 가진 우리나라는 이 특징을 충분히 살려 바람직한 사회문화를 만들어야 한다.

이런 것의 실현을 위해서 사실 가장 좋은 건 정말 훌륭한 대통령이 나오는 것이다. 지성이 있고 확고한 인생관을 갖추어 올곧게 섰을 뿐만 아니라 한국 문화에도 정통한 사람이 대통령이 되면 아주 짧은 시간에 우리 문화를 끌어올릴 수 있다. 우리나라는 그만한 기본이 되어 있는 나라이기 때문이다. 그러나 이것은 아직은 나무에 가서 물고기를 구하는 일인 것 같다. 아직까지 우리나라 정치가들의 수준은 너무나 미달이다. 그러면 이제 남은 일은 시민단체에 맡겨져야 한다. 지금까지 있었던 시민운동들은 그동안 혁혁한 공을 세웠다.

아무래도 일반 국민들에게 가장 피부에 와닿는 문제는 경제의 문제이다. 그래서 시민운동단체 가운데 경제정의를 바로잡는 '경실련'이 가장 먼저 떴다. 그 다음에는 정치문제다. 그래서 나온 게 참여연대였다. 이 생성 순서를 보면 참으로 신기하기까지 하다. 인간다운 삶을 영위하기 위해 하나하나 과정을 밟는 듯해서이다. 이 비슷한 시기에 나온 게 환경운동연합이다. 환경문제는 우리의 물리적인 삶의 근간을 회복하려는 귀중한 운동이다. 다음 순서는 문화연대의 효과적인 조직이다. 앞의 두 시민운동이 용(用)적인, 다시 말해 기능적이고 보이는 부분에서의 개혁운동이었다면 이제부터 해야 할 문화운동은 체(體)적인, 즉 보이지 않지만 삶의 근간을 개혁하는 운동이 되어야 할 것이다. 지금도 이런 비슷한 단체가 활동하고 있는 것으로 알고 있지만 아직은 활발하지 못한 것 같다.

　　나는 경실련이나 참여연대의 활동을 보면서 그들의 사심 없고 열렬한 운동에 탄복하면서 항상 미안한 마음을 지울 수 없었다. 하는 일 없이 그들의 행보에 '공짜로' 덧실려서 가는 느낌 때문이었다. 나는 우리의 물리적인 삶을 이만큼 향상시켜 준 그들의 노력에 다소 보답하기 위해서라도 우리가 아니면 할 수 없는 문화운동을 시작하자고 어제고 오늘이고 외치고 다니는데, 아직은 별 메아리가 없다. 그러나 뒤로 물러설 수는 없는 법. 오늘도 연구하고 알리는 작업을 하면서 언젠가는 새로운 문화를 만들어내자는 운동이 시작될 것을 굳게 믿고 이것으로 결론을 대신하려 한다.

한국인에게 문화가 없다고?

2000년 10월 17일 1판 1쇄
2015년 3월 31일 1판 9쇄

지은이 | 최준식

편집 | 류형식
제작 | 박홍기
마케팅 | 이병규 · 최영미 · 양현범

출력 | 한국커뮤니케이션
인쇄 | 코리아피앤피
제책 | 정문바인텍

펴낸이 | 강맑실
펴낸곳 | (주)사계절출판사
등록 | 제 406-2003-034호
주소 | (우)413-120 경기도 파주시 회동길 252
전화 | 031) 955-8588, 8558
전송 | 마케팅부 031) 955-8595   편집부 031) 955-8596
홈페이지 | www.sakyejul.co.kr 전자우편 | skj@sakyejul.co.kr
독자카페 | 사계절 책 향기가 나는 집 cafe.naver.com/sakyejul
페이스북 | facebook.com/sakyejul   트위터 | twitter.com/sakyejul

ⓒ 최준식, 2000

ISBN 978-89-7196-723-2 03300